W0095024

Holzheimer · Tworek · Woyke · (Hg.) · **Leiden schafft Passionen**

Holzheimer ▪ Tworek ▪ Woyke ▪ (Hg.)

Leiden schafft Passionen

Oberammergau und sein Spiel

A1 Verlag

Vorwort

Oberammergau, das »berühmteste Dorf der Welt«, ist ein Ort, der Vorurteile wie ein Magnet anzieht. Was den einen pure Geschäftstüchtigkeit ist, erscheint den anderen als letzte Bastion der abendländischen Christenheit. Auch im Inneren rührt sich etwas. Oberammergau steht an der Spitze, was die Zahl der Bürgerbegehren in Bayern betrifft. Streit und Auseinandersetzung gehören zum Bild der Gemeinde, dabei geht es stets um die eine große verbindende Sache: Wie ist unter heutigen Bedingungen etwas auf die Bühne des Theaters zu bringen, was einmal ein religiöses Versprechen war? Für Juden ein Ärgernis, für kritische Aufklärer eine Torheit, für Protestanten ein Verstoß gegen das Bilderverbot, und selbst in Bayern von katholischen Regierungen verboten, steht das Passionsspiel immer im Kreuzfeuer.

In Oberammergau wird ein höchst erstaunlicher Diskurs auf spiritueller, politischer wie poetischer Ebene geführt, der an die Polis der Athener denken lässt. Was sich in der Antike um die Akropolis als heiliges Zentrum an Theatern, Märkten und Versammlungsplätzen für basisdemokratische Abstimmungen gruppierte, setzt sich in neuer Weise am nördlichen Rand der Alpen fort – seit sich die Gemeinde an ein Gelübde aus dem Jahre 1633 gebunden fühlt, alle zehn Jahre das Spiel vom Leiden und Sterben Christi aufzuführen, wenn der Ort von der Pestseuche befreit würde.

Im Jahre 2000 bringen die Bewohner von Oberammergau erneut ihre Passion zur Aufführung, leiden auch selbst schon im Vorfeld immer wieder daran, doch stets voller Leidenschaft. Es geht um die Geschichte und um die aktuelle Auseinandersetzung ebenso wie um archetypische menschliche Strukturen, die mit dem Spiel in Zusammenhang stehen: um Sehnsucht und Leidenschaft, um Vertrauen und Verrat, Gemeinschaft und Vereinzelung, Verlorenheit und Verlogenheit.

Ausgehend von der Passion 2000 versucht dieser Band das vielfältige Geschehen in den Blick zu fassen. In den Kapiteln »Spiel« und »Geschichte« wird der Weg sichtbar gemacht, der notwendig war, um die Entwicklung des Spiels bis zur aktuellen Inszenierung voranzutreiben – im Sinne der Erneuerung des Volkstheaters, jedoch immer auf der Grundlage des alten Spiels. Unter dem Stichwort »Projektion« versammeln sich Texte, die zeigen, welches Ausmaß unterschiedlichster Reaktionen auf ein und dasselbe Spiel möglich ist. Diese Bandbreite spiegelt sich in gleicher Weise auf theologischer Ebene ab, eingefangen im Kapitel »Religion«, in dem ein Gang nachvollziehbar wird, der bis zu der heute in Oberammergau möglich gewordenen offenen Auseinandersetzung führt. Tief verwurzelt in christlicher Bilderwelt wird der Anspruch des Spiels durch ständige Auseinandersetzung um religiöse Fragen lebendig erhalten.

Der Disput, so grundlegend er seit 1990 geführt wird, gefährdet dennoch nicht den kommerziellen Erfolg, von dem der Ort auf materieller Ebene lebt – nachzulesen im Abschnitt »Geschäft«, eine zwiespältige Angelegenheit freilich im dörflichen Leben. Zuletzt folgt eine Dokumentation der »Politik« in Oberammergau in all ihrer Eigentümlichkeit, ehe sich auch der Leser wieder in übertragener Weise am Abendmahl einfinden kann.

Andy Warhol unterläuft mit seiner Vorstellung vom Letzten Abendmahl »unsere Hoffnung auf Eindeutigkeit und bietet stattdessen zu jeder Formulierung ihren irritierenden Gegenpart. Aber vielleicht liegen gerade darin Faszination und Überzeugungskraft eines Werkes, das uns nicht mit billigen Lösungen kommt, sondern Fragen über Fragen neu stellt, ohne uns mit Scheinlösungen abspeisen zu wollen«, schreibt Corinna Thierolf in »All the Catholic Things«, ihrem Beitrag zum Katalog der Andy-Warhol-Ausstellung »The Last Supper«. Mit diesen Formulierungen ließe sich auch die Absicht von Christian Stückl und Otto Huber, der Spielleiter der Passionsspiele von Oberammergau in den Jahren 1990 und 2000, umreißen. Diesem Anspruch gerecht zu werden, ist auch der Wunsch der Herausgeber.

Otto Huber, zweiter Spielleiter und Dramaturg, hofft, dass man in der »Schule der Liebe«, als die er nach Bernhard von Clairvaux die Passionsspiele erfährt, nie auslernt und »lange nicht an ein Ende kommt«.

Ähnliches haben die Herausgeber bei der Erarbeitung dieser Anthologie mit der umfassenden Unterstützung durch die Gemeinde Oberammergau erfahren. Unser herzlicher Dank gilt dabei insbesondere Bürgermeister Klement Fend, dem Leiter des Archivs der Gemeinde Helmut W. Klinner sowie den beiden Spielleitern der Passion 2000 Christian Stückl und Otto Huber.

Die Herausgeber

IM ANFANG WAR DIE TAT

Prolog

Welch Glück, daß wir noch ein außerpreußisches Deutschland haben.
Oberammergau, Bayreuth, München, Weimar –
das sind die Plätze, an denen man sich erfreuen kann.
Theodor Fontane

Gerd Holzheimer

Kraglfing oder Wahnmoching
Auseinandersetzung um die Moderne

Tradition ist nichts Statisches, weil das Statische an sich keine Tradition
sein kann. Tradition ist schon von seinem Wortsinn her etwas, was übergeben wird, weitergegeben und deshalb einer Veränderung unterworfen
ist. Die Gegner der jetzigen Spielleitung suchten die Tradition als Begriff
zu abstrahieren, ohne ihn inhaltlich formulieren zu können. Immer wieder wird von solcher Seite so getan, als gäbe es eine Tradition per se und
nicht ausschließlich deren dynamische Aneignung.
Die große Debatte der Jahrhundertwende, in der es um die Kontroverse
zwischen Avantgarde und einer sich als konservativ verstehenden Heimatkunst gegangen ist, setzt sich hundert Jahre später nahezu ungebrochen
fort. Eine Heimatkunst, die sich selbst als bodenständig apostrophiert,
orientiert sich am Ländlichen, am »schönen Leben« einer nach rückwärts
gewandten Sozialutopie – 1900 so gut wie im Jahr 2000.
Freilich bedürfen Kunst und Literatur, wie der erste Stock eines Erdge-
schosses, der soliden Grundlage, um sich weiterentwickeln zu können.
Die beiden Stockwerke können zwei imaginären topographischen Begriffen zugeordnet werden: »Kraglfing« (ein Ort aus Ludwig Thomas Erzählungen) und »Wahnmoching« (von Franziska von Reventlow gern ge-
brauchtes Synonym für Schwabing). Kraglfing ist ein traditionelles Dorf
mit fester Struktur, deren Bewohner sich gerne für den Nabel der Welt
halten, Wahnmoching hingegen ist der Treffpunkt avantgardistischer
weltgewandter Boheme.

Der »Blaue Reiter«
Auf der Basis von Heimatkunst und Volkstradition findet im »Blaue Rei-
ter« eine Revolutionierung der Malerei statt. In Murnau wurde Gabriele
Münter durch die volkstümliche Hinterglasmalerei für ihre eigene Malerei

beeinflusst: Minimalisierung der Darstellungsweise und leuchtende Farbigkeit übertrug sie in ihre eigenen Arbeiten. Mit ihren Bildern »hat sie in der entscheidenden Phase vor Gründung des ›Blauen Reiters‹ einen eigenen Beitrag zur spirituellen Botschaft seiner künstlerischen Bewegung geleistet« (Annegret Hoberg). Sakrale Hinterglasmalerei war für sie das Erdgeschoss, auf dem sie mit ihrem Lebensgefährten Kandinsky im ersten Stock die bildende Kunst um elementare Schritte weiterentwickeln konnte: in die abstrakte Moderne.

Noch heute lässt sich im »Russenhaus«, dem Museum für Wassily Kandinsky und Gabriele Münter, dieser metaphorisch gemeinte Weg ganz wörtlich durchs Treppenhaus nachvollziehen. Aus dem Fenster im ersten Stock sind die Giebeldächer der Gemeinde und die Dorfkirche zu erkennen, die in einer der Geburtsstunden der abstrakten Kunst aus ihrer Konkretheit in der bildlichen Wiedergabe herausgelöst und in ihr Material zurückgeführt wurden: in Farbe und Form.

Erneuerung des Theaters durch Volkskunst
Murnau wird für eine Zeit lang geistiger Stadtteil eines solchen Wahnmoching. Ödön von Horváth entwickelt in Auseinandersetzung mit einer zunehmend rückwärtsgewandten und engstirnigen Bewusstseinsstruktur des Kleinbürgertums das alte Genre des Volkstheaters fort. »Will man also«, sagt Horváth in einem Interview, »das alte Volksstück heute fortsetzen, so wird man natürlich heutige Menschen aus dem Volke – und zwar aus den maßgebenden, für unsere Zeit bezeichnenden Schichten des Volkes auf die Bühne bringen. Also: zu einem heutigen Volksstück gehören heutige Menschen ...«

Horváths Thesen zur Erneuerung des Theaters durch Volkskunst lassen sich nicht auf das Passionsspiel übertragen, oder zumindest so lange nicht, als nicht ein ganz neuer Passionstext dafür geschrieben werden kann. Otto Huber, nicht nur mit der praktischen Durchführung des Passionsspiels betraut, sondern selbst auch Philologe, könnte es. Erweiterte, also neue Passagen des alten Daisenberger-Textes sind ohnehin von ihm – seine Überlegungen über solche Neukonzeptionen offenbaren darüber hinaus eine sprachliche Wucht, die sich aus der Sprache der Heiligen Schrift ebenso speist wie aus Sprichwörtern, Volksweisheiten, Slang-Ausdrücken und dialekt-orientierten Versatzstücken.

Mit gutem Gespür dafür, was reformierbar ist und was nicht, muss man die Echowirkung lassen, die dem Felsen am Ölberg zu entlocken ist, »denn des mögens, die Oberammergauer« – aber dem Tobias, dem kann man das »Jammerige« nehmen, vor allem in der Wiederholung: »Ach, du armer Tobias!« In der 2000er Passion geht es mehr um den Ruck, der durch die Beteiligten geht: »Komm, jetzt schaun wir einmal, dass wir wieder aus dem Dreck hinauskommen!« So würde das in einer O-Ton-Fassung des Otto Huber heißen, »mehr das Powermäßige« käme heraus, »da geht natürlich dann der Rauch auf!«

Und der Abendmahlsszene würde nicht nur das neuscholastisch Theologische genommen, mit Otto Huber würden die Apostel auch so sprechen: »Was bringt uns das jetzt? Jesus, du hast dich da hineingeschmissen, und mit dir gehen wir, aber es kann ja alles nur noch schlimmer werden! Ja, Herrgott, was machen wir jetzt?!«

Doch auch solange solche sprachliche Umsetzung Zukunftsmusik bleibt, kann Horváths Vorstellung vom Volkstheater Einfluss auf die Inszenierung des Passionsspiels haben. Mit fast der gleichen Formulierung wie Horváth entwirft Otto Huber seine Vorstellung vom Jesus: »Wir müssen sagen, wie wir es mit unserem Jesus halten: Wie ist das Verhältnis zwischem dem, was vorgegeben ist, und unserer eigenen Gegenwart?«

Murnau und Oberammergau bilden – fast in Sichtweite zueinander – Antipoden einer Auseinandersetzung um die Moderne zur Jahrhundertwende. Doch versucht man hundert Jahre später in Oberammergau, wenn die Kluft auch noch nicht überwunden werden kann, sie spürbar zu verringern. Dieser Prozess setzt – abgesehen von der epochalen Wende 1990 – im Vorfeld der Passion 2000 ein.

Pestspiel

Eine ganz neue Form des »Pestspiels«, das die traditionelle Fassung mit der dadurch bedingten Inszenierung auf der Grundlage des Textes von Leo Weismantel ablöst, geht der Passion 2000 voraus. Auf dem Friedhof findet die große Verbindung von Pest, den Toten, die sie gefordert hat, dem Passionsgelöbnis 1633 und den daraus folgenden Aufführungen statt: Tod und Leben, Gelöbnis und Spiel gehen eine untrennbare Einheit ein. Allein durch den Spielort am Rande des Friedhofes wird dem Passionsspiel ursprüngliche Dimension zurückerobert. Der junge österreichische Dramatiker M. F. Wall wurde beauftragt, aus dem alten Weismantel-Stück eines zu entwerfen, das näher am Leben der Heutigen angesiedelt ist. »Was die Tradition uns geschenkt hat, das müssen wir in unseren Worten neu sagen«, so formuliert es eine Spielleitung, die noch im dritten Jahrtausend von manchen als revolutionär empfunden wird.

Filmfestival

Ein ebenso anspruchsvolles wie avantgardistisches Filmfestival mit dem Titel »Von Hollywood nach Oberammergau« schließt sich im Herbst des gleichen Jahres 1999 an. Am Abschlusstag der Filmtage, nach der Matinee-Vorstellung von Toni Attenbergers spektakulärem Film »Der Christus von Oberammergau« aus dem Jahre 1920, folgt Pasolinis »Das erste

Evangelium Matthäus« von 1964. Ungebrochen wirkt Pasolinis Film über die Jahrzehnte hinweg, nicht umsonst wünscht sich Christian Stückl, dass vor allem seine Jesus-Darsteller diesen Film sehen. In dem stellt sich die Geschichte des Jesus Christus als eine außerordentlich kämpferische dar. Erst aus dieser Position heraus wird überhaupt klar, weshalb dieser Mann so aufrührerisch wirkt und weshalb er schließlich zum Tode verurteilt wird. Das Dogma der Schriftgelehrten in Tateinheit mit der augenblicklich herrschenden politischen Macht erringt einen Sieg über eine radikale Botschaft, aber der Sieg ist vordergründig. Bürokratische Exegeten, dogmatische Schriftgelehrte und ängstliche Potentaten gewinnen nur kurzfristig die Oberhand.

Pasolinis Jesus bahnt sich seinen Weg, allein durch die Art, wie sich diese eigentlich schmächtige Figur bewegt. Selbst in erregten Volksaufläufen bleibt er ruhig, unbeirrbar und fest. Allenfalls kommt leise über seine Lippen: »Wehe über euch!« – doch umso vehementer artikuliert sich damit die revolutionäre Botschaft. »Wahrlich«, sagt Jesus, »selig ist der, der sich an mir nicht ärgert«, aber er ist sich dessen bewusst, dass er ein Ärgernis ist.

Ganz neue Fußstapfen sind es, denen in Oberammergau nachgegangen wird: nicht mehr ikonenhafte Adaption und damit veräußerlichte Identifikation mit der Figur des Jesus ist gefragt, sondern seine Rolle als irritierende Fragestellung, wenn nicht Provokation und Ärgernis, die sich konsequenterweise auch in der Inszenierung niederschlagen muss.

Ausstellungen, etwa über den Pfarrer Daisenberger oder Schwaighofers Rosner-Aufführung gehen der Passion ebenso voraus wie Gespräche mit der jüdischen Gemeinde in New York, Fahrten nach Israel sowie die nahezu revolutionäre Konzeption eines völlig neuen Kreuzweges durch den international renommierten Bühnenbildner Robert Wilson.

Tradition in dynamischer Aneignung

Tradition, wie sie auch die Spielleiter der Passion 2000 verstehen, kann keine statische sein; nur eine dynamisch sich fortentwickelnde Tradition entgeht der Statik und Unbeweglichkeit eines Heimatmuseums, kann als lebendige Auseinandersetzung weiterbestehen. Auch eine Tradition muss einmal anfangen, und jeder Anfang ist immer ein Schritt nach vorn; weshalb es mit diesem einen Schritt sein Bewenden haben soll, bleibt das Geheimnis selbst ernannter Traditionalisten.

Otto Huber beschreibt die Ambivalenz zwischen Bewahren und Aufbruch in seinem Artikel »Die Erlösung spielen« zur Passion 1990 so: »Wie in anderen Lebensbereichen gilt allerdings auch beim Passionsspiel, dass die Tatsache, etwas schon einmal gemacht zu haben, zwar Zuversicht für die erneute Wiederholung geben kann, dass diese aber nicht von vornherein leichter fällt. Das Passionsspiel ist ja nicht eine Ikone oder ein Museums-stück, das als solches ohne Bezug auf die Gegenwart weitergegeben wer-den könnte, vielmehr muss es immer wieder neu entstehen. Die Melodie, die hier zu spielen ist, kann nur auf den Saiten des eigenen Lebens zum Klingen gebracht werden – die Passion lebt nur, wenn die Mitwirkenden sie durch die eigene Person hindurch zum Leben erwecken.«

Hinzu kommt, was aus Oberammergau das ganz Besondere macht: Hier siedet Brauchtum nicht im eigenen Topf. Der Spielleiter Christian Stückl hat unter anderem Regie-Erfahrung bei den Kammerspielen in München gesammelt und wird zukünftiger Intendant des Münchner Volkstheaters. Der Philologe Otto Huber, zweiter Spielleiter und Dramaturg, der auch als Prologsprecher auftritt, arbeitet seit Jahr und Tag an einer Text-neufassung, der umfänglichsten seit Mitte des letzten Jahrhunderts überhaupt, und begleitet in zahlreichen, grundlegenden Beiträgen das Geschehen um die Passion. Markus Zwink, der musikalische Leiter, hat bei Nikolaus Harnoncourt gelernt, Stefan Hageneier, der Bühnen- und Kostümbildner, bei Robert Wilson – Oberammergau ist alles andere als künstlerische Provinz. Die Genannten könnten auch unabhängig von Oberammergau ihren künstlerischen Weg gehen, aber auch das gehört zu Oberammergau, dass seine Besten wieder in das Dorf zurückkommen. Sie gehen hinaus, lernen bei den großen Meistern und kommen heim, um es den eigenen zugute kommen zu lassen.

Passion 2000

»Authentisch« ist immer nur der gelungene Augenblick der Darstellung, nie eine behauptete, aber nicht beweisbare Ursituation. Leonardos be-rühmtes »Abendmahl« von 1495/97 ist nur in der Reproduktion zu sehen, und das seit langer Zeit. Das Original gibt es nicht mehr; was heute zu sehen ist, ist die sechste Restaurierung, fast wäre das Wandgemälde 1943 ohnehin einem Bombenangriff zum Opfer gefallen.

Andy Warhol, der Marylin Monroe, Campbells Tomatoe Soup oder den Elektrischen Stuhl als Kultobjekte abendländischer Ikonographie festge-halten hat, hat sich, selbst katholisch erzogen, auch des Letzten Abend-mahls angenommen. Die Reproduktion hat er noch einmal selbst in großer Serie reproduziert und seine Interpretation der vorhergehenden Deutung dieser großen archetypischen Szene beigefügt.

Im Medium der bildenden Kunst zeigt sich als fortschreitende Geschichte der Rezeption etwas, was auch auf die Entwicklung der Passionsspiele in Oberammergau zutrifft. Ein greifbares »Original« gibt es nicht, schon gar nicht ist ein historisch belegbares Geschehen für spätere Zeitgenossen fassbar. Weil sich Leonardos »Abendmahl« in den Köpfen festgesetzt hat, wird Leonardos Darstellung für eine authentische gehalten – eine hübsche Absurdität angesichts allein schon der Tatsache, dass sie eineinhalb Jahrtausende nach der Urszene entstanden ist; das heißt also, sie hat auch in Leonardos Kopf erst entstehen müssen, ebenso wie der heutige Mensch dieses Bild erst wieder in seinem eigenen Kopf zusammensetzen muss.

Wer das Geschehen auf der Bühne inszenieren will, muss noch einen Schritt weitergehen: Nicht mehr ein einzelner Mensch bringt das Bild hervor, sondern eine Gruppe, aus deren Zusammenspiel sich das ganze Bild ergeben muss, ein neues Bild. Für das Oberammergau dieser Tage bedeutet das: Erst in intensiver Auseinandersetzung wird Gestalt und Wirkung dieses Bildes für die Jetztzeit gefunden – und was für dieses einzelne Bild gilt, gilt für die gesamte Passion und die Konzeption der Jesus-Figur. Die Darstellung des Jesus und damit die Vorstellung, die er erweckt, wird den örtlichen Strukturen der Gemeinde gemäß in demokratischer Abstimmung erarbeitet.

Probe Einzug nach Jerusalem, April 2000

Spiel

Die Darstellung des Nichtdarstellbaren

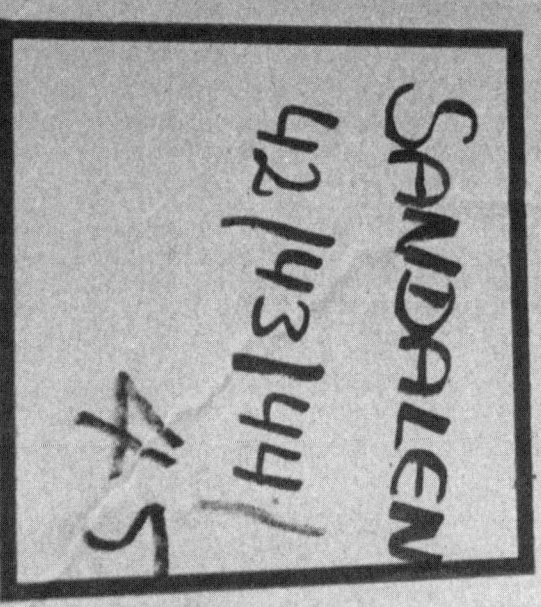

Hier haben wir verpackt:

SANDALEN
42|43|44|45

Backstage Passionsspielhaus

Gerd Holzheimer

Spiel, Spielen, Schauspiel, Theater

Das Spielen ist dem Menschen angeboren, jedem Menschen. Für das Kind ist es selbstverständlich, der Erwachsene muss sich, um nicht kindlich zu erscheinen, symbolische Formen suchen, das Theater etwa.

»Die Welt ein Schauspiel, das Schauspiel eine Welt: Für den Bayern war das Theater immer, im Ernst und im Scherz, ja selbst in der verwegensten ›Gaudi‹ eine Sache, mit der nicht zu spaßen war. Auch wenn er scheinbar bloß frozzelte, war etwas hinterkünftig Ernstes dabei. Kurz und gut: Er konnte sich gar nicht anders als dramatisch mit den Dingen, der Welt und den Dingen auseinandersetzen«, so bringen es Alois Johannes Lippl und Wilfried Feldhütter in ihrer Untersuchung »Das Alpenländische Volksschauspiel« auf den Punkt. Der bairische Mensch, so wagen sie es pauschalisierend auf sein Spiel hin zu fokussieren, bewältigt Teile einer widerspenstigen Wirklichkeit weniger, indem er ihren »Zusammenhang erkannte«, sondern indem er sie »darstellte«.

Wahr ist, dass katholisch-barocker Raum die Lust am Bild, an der Inszenierung und damit am Spiel fördert. Weshalb man alles spielen darf, aber ausgerechnet biblische Szenen nicht, ist aus solcher Sicht überhaupt nicht verständlich. So ist es kein Wunder, dass die Kinder von Oberammergau über die üblichen Räuber-und-Schandi- oder Cowboy-und-Indianer-Spiele hinaus auch die Passion in ihre Spiele miteinbeziehen.

Dass ein Jesus, ein Petrus oder auch ein Römer unverkennbar bairischschwäbisch redet, hat freilich schon manchen Kritiker gestört, ja schon

19

Oberammergauer Kinder spielen die Kreuzigungsszene aus der Passion nach,
Aufnahme vom August 1910

einmal eine Zuschauerin das Spiel verlassen lassen, wie Guido Görres aus dem letzten Jahrhundert berichtet, doch bewegt sich diese »Störung« auf dem gleichen Niveau, wie es ein historischer Fehler ist, wenn in bayerischen Krippen die Hirten auch bayerische Trachtenjanker anhaben. Wirklich komisch ist natürlich, wenn der Christus-Darsteller, noch dazu wenn es sich um den sagenhaften Anton Lang handelt, in überlanger Probe vom Kreuz herunterruft: »Herr Bürgermeister, jetzt gehts nimmer!« Oder wenn nach der Spielerwahl der Postbote Flunger, Sohn des Christus von 1850, vom Briefaustragen nach Hause kommt und es fällt ihm seine tränenüberströmte Tochter um den Hals: »Ich bin Muttergottes worn!«

Pragmatisch wird auch mit dem täglichen Spiel umgegangen. In der Neunziger-Passion freute sich zum Beispiel Peter Stückl, Judas-Darsteller und Wirt der »Rose«, dass er sich schon um halb vier aufhängen kann und gleich nachher wieder zum Schnitzelklopfen in die Wirtsküche kommt. Bei Schülern sehr beliebt sind Rollen, die vormittags, also zur Schulzeit, gefragt sind. Wer zum Beispiel bei der »Vertreibung aus dem Paradies« dabei ist, dem bleibt die Mathematik erspart.

Die Passion spielen

Seit dem neunten Jahrhundert gibt es die Form des lateinischen Lesedramas, seit dem 14. Jahrhundert auch als deutschsprachige liturgische Aufführungen in der Kirche am Osterfest. Diese werden später auf den Marktplatz verlagert und um possenhafte Bestandteile vor allem der Fastnachtsspiele mit Engels- und Teufelsszenen erweitert – Riesenschauspiele oft mit mehreren Tagen Spieldauer. Im Spätmittelalter wird das Lesedrama mit der Erweiterung des Osterspiels durch die Einbeziehung der Leidensgeschichte zur häufigsten Form des geistlichen Dramas.

Ein Passionsspiel ist kein Osterspiel, wenn es auch aus einem Osterspiel hervorgegangen ist. Eine ferne Ahnung vom Osterspiel, zumindest was die Kulisse betrifft, gibt es noch immer im Frauenmünster von Dießen. Der Altar wird zur Mysterienbühne, die auch in Bewegung gesetzt werden konnte. Wenn die große Glocke läutete, warf sich die beweglich konstruierte Christusfigur, mit blutigem Schweiß überströmt, auf das Angesicht, um sich dann in flehentlichem Gebet zum Vater wieder aufzurichten. Solche Szenen, so heißt es, erschütterten das Volk zutiefst, denn jeder fühlte sich miteinbezogen in das Geschehen. Die Darstellung der Todesangst Christi überwand die eigene Angst, doch machten Säkularisation und Aufklärung diesen Spielen ein Ende.

Das Passionsspiel ist auch kein Mysterienspiel. In der Auseinandersetzung mit dem Spieltext des Benediktiner-Paters Ferdinand Rosner vom Kloster Ettal aus dem Jahr 1750 wird bis in diese Tage spürbar, dass ein Passionsspiel in der Version des Pfarrers Daisenberger einen anderen Charakter hat, der bis heute noch mehrheitlich von den Oberammergauern so gewünscht wird.

In alten Aufführungen ging es dabei recht zünftig zu. Nachdem sich Judas erhängt hatte, traten kleine Teufel auf die Bühne, die ihm den Bauch öffneten und die Gedärme, die durch Strauben dargestellt wurden, unter dem Beifall der Zuschauer herauszogen und verschlangen. Strauben sind Ausgezogene, also ein Schmalzgebäck – eingesetzt als wunderbarer Theatergag, aber natürlich ein Gräuel für beinahe jeden Theologen. Mit dem Teufel spielt man nicht, aus ähnlichem Grund wurde auch schon der Kasperl von der Bühne verbannt: So viel Anarchie verträgt aufgeklärte Vernunft nicht. Also zurück zum traditionellen Passionsspiel!

Das Passionsspiel ist aber auch kein Festspiel, wie es etwa in Salzburg oder Bayreuth begangen wird, denn es hält essentiell am Grund des religiösen Gelübdes fest. So bleibt das Passionsspiel eine ganz eigene Gattung, das aber nicht bei der einmal gefundenen Form stehen bleibt, sondern sich stetig entwickelt. Dies hängt auch mit den Erwartungen zusammen, die seit gut 150 Jahren auf das Passionsspiel projiziert werden.

Spiel und Ritual

Spiel und Ritual stehen einander, so scheint es, unvereinbar gegenüber. Im Spiel wird die Befreiung von Ängsten angestrebt und die Freiheit zu Spontaneität, Kreativität und assoziativer Freude erprobt. Das Ritual bindet diese Möglichkeit in ein Regelwerk ein und erstickt in seiner strengen Form die Aktualisierung lustvoller Einfälle. Im Spiel manifestiert sich das Fest, die steifere Feier findet im Ritual die ihr gemäße Form. Im Spiel und im Fest gewinnt die Utopie der Freiheit die Oberhand, im Ritual und in der Feier die Realität der Ordnung.

Vielleicht bedarf es tatsächlich einer barock-katholisch-bayerischen Grundierung, um gleichzeitig tradierte Formen fortzusetzen und doch eben diese Glaubensinhalte einem Dialog auszusetzen. Wenn dabei das Komödiespielen zu einer Art von Religionsausübung wird, umso besser. Karl Theodor Heigel findet »kein Land auf der Welt, wo die Religion so bequem und die Andacht so lustig war, wie in Bayern.«

Der Heilige Geist, der an Pfingsten als Taube aus einem Loch in der Kirchenkuppel herunterschwebt, in das umgekehrt Jesus hinauffahren konnte, von zwei Engeln begleitet, lebende Krippen an Weihnachten, ein Graf Toerring, der sich als toter Christus in das zu jeder Karwoche aufgebaute Ostergrab legte: alles Spiel, ernstes Spiel, heiliges Spiel, und dann auch wieder komisches Spiel. So weit ist man noch nicht in Oberammergau, aber man kommt vielleicht einmal dahin, dass auch und sogar in der Passion gelacht wird wie in einer gelungenen Barockpredigt – dass wieder ein »risus paschalis« zu hören ist, ein österliches Lachen.

Ludwig Ganghofer, bekanntester und erfolgreichster Bestsellerautor seiner Zeit, selbst Verfasser eines Romans, der in Oberammergau spielt, »Der Herrgottschnitzer von Ammergau«, versucht seinem Freund und Kollegen Hugo von Hofmannsthal, die Passion schmackhaft zu machen. Ganghofer ist seit seinen Tagen in Wien mit Hofmannsthal persönlich bekannt und befreundet. Mit dem Hinweis auf die Passionsspiele ergibt sich eine interessante Verbindung zu den Salzburger Festspielen, zu deren Wiederbelebern Hofmannsthal gehört. Sein »Jedermann« wiederum wurde auch in Oberammergau zwischen den Spielen zur Aufführung gebracht.

Ludwig Ganghofer schreibt am 24. Juli 1900 von seinem Jagdhaus »Hubertus« in der Leutasch an Hugo von Hofmannsthal

Verehrter Freund!
Ich bin seit 4 Wochen immer auf der Fahrt gewesen, kam heute früh nach Hause – von Oberammergau – und muß morgen wieder nach Innsbruck. Das kleine »Schnauferl« meiner Wanderungen will ich benützen, um Ihnen einen Gruß zu schreiben ...
(Oberammergau)
Vielleicht haben Sie Lust, mit hinzufahren. Sehen müssen Sie das. Ich glaube, daß gerade auf Sie die Großzügigkeit dieser Darstellung, dieser zwischen künstlerischer Naivität und einer durch Jahrhunderte ins Gewaltige ausgeschulten Form hin- und herschwankende Stil einen tiefen Eindruck machen muß. Es steckt wahrhaftig ein Stück weltlicher Tragödie in der christlichen Kunst dieser Hochland-Bauern. Und wie unter freiem Himmel die Natur hier mitspielt! Bei der Vorstellung, die wir hier sahen, ging während der Kreuzigungsszene ein Gewitter mit Blitz und Donner über Theater und Bühne nieder.
Glauben Sie nicht, daß ich bayrischen Lokalpatriotismus spreche! Oder als Bauernfreund. Die Schlierseer sind mir ein Gräuel. Aber Ammergaus Passion habe ich vor 20 und 10 Jahren gesehen und konnte heuer merken, welch ein starker wirklich künstlerischer Fortschritt sich zeigt. Und dazu hat diese Naturbühne Wirkungen in sich selbst, die auf keiner Kunstbühne möglich sind. Freilich, wenn die Leute den Mund aufmachen, ist die Enttäuschung da. Aber das Wort ist hier Nebensache. Man ist zufrieden, volle 8 Stunden nur zu sehen, kommen Sie mit!

(Quelle: Deutsches Literaturarchiv Marbach am Neckar)

Oskar Panizza

Volkstheater

Oberammergau macht Schule! Das einzige ohne Unterbrechung auf uns
gekommene mittelalterliche Mysterium hat im Laufe der letzten Jahre eine ganze Reihe ähnlicher Unternehmungen, religiösen wie profanen Charakters, in allen Gauen Deutschlands und Tirols gezeitigt und geweckt.
(...) Es ist kein Zweifel, der demokratische Zug, der durch unsere Zeit
geht, und besonders der demokratische Kunstcharakter unserer Zeit, die
Vorliebe für das Unverfälschte, Rauhe, Kantige, Naturwahre, hat das Interesse der Gebildeten für diese stellenweise rohen, aber urwüchsigen
dramatischen Kraftäußerungen des niedrigen Volkes außerordentlich ge-
steigert. Aber dieses Interesse der Gebildeten birgt für die ursprünglich
nur für den Ort selbst oder die nächste Umgebung berechneten volks-
mäßigen Darstellungen eine große Gefahr: die des Hinneigens zu dem
Geschmack der Städter und deren Theatereinrichtungen. (...) Diesem, wie
wir glauben, eine Verirrung darstellenden Versuch, das Volksschauspiel
auf die Höhe eines Hoftheaters emporzuschrauben, gegenüber möchten
wie nur an die Zähigkeit erinnern, mit der die Oberammergauer bisher alle Versuche und Offerten, ihnen zu helfen, abgewiesen haben. Die Oberammergauer erhielten von Dutzenden hochstehenden Schriftstellern,
Dichtern, Komponisten, Schauspielern etc. seit 30 Jahren die verlocken-
sten Anerbietungen, ihnen den Text, die Musik, die Chöre zu ändern, zu
modernisieren, ihnen bestimmte Rollen vorzuspielen. Sie wiesen alles ab.
Sie lassen sich nur von ihrem Pfarrer und Schullehrer helfen, die unter
ihnen leben und mit ihren Anschauungen verwachsen sind. (...) – Allen
Theaterunternehmungen auf dem Lande aber möchten wir zurufen: Auf
eigenen Füßen stehen! –

*(aus: Oskar Panizza »Volkstheater«. In: Walter Schmitz (Hg.) »Die Münchner Mo-
derne«. Stuttgart 1990, S. 333 ff.)*

Wilhelmine von Hillern

Die Überwindung der Dekadenz

Der Fortschritt in Kunst und Wissenschaft reift das Urteil, das Urteil aber wird zur Kritik und die Kritik zur Negation. Der Dualismus, der durch die ganze Schöpfung geht, das schaffende und das zerstörende, das bejahende und das verneinende Prinzip, es kann auch jetzt, auch hier nicht ausbleiben, es muß auch hier den alten, nie ausgefochtenen Kampf kämpfen. Gegenüber dem Glauben tritt die kritische Analyse, gegenüber dem Idealismus der Materialismus, gegenüber dem Optimismus der Pessimismus! Die Menschheit ist an der äußersten Grenze der Erkenntnis angekommen, aber das genügt ihr nicht in ihrem unaufhaltsamen Siegeslauf, sie will sie durchbrechen und den Gott ergründen, der sich dahinter verbirgt. Denn dem alles zerlegenden Seziermesser, dem nichts widerstand, darf sich das Herz eines Gottes nicht entziehen! Aber die Grenze ist undurchdringlich. Und der eine Teil, statt der vergeblichen Mühe, zerrt die Aufwärtsstrebenden zurück: »Hinab zur Materie, der ihr entstammt, was sucht ihr noch? Die Wissenschaft hat das Höchste erreicht, sie hat das Protoplasma gefunden, aus dem alle Organismen hervorgegangen sind. Was ist nun der zeugende Gott? Ein physiologisch-chemischer Lebensprozeß in einer Zellsubstanz! Und zu diesem wollt ihr beten, für diesen wollt ihr leiden, ihr Toren?«
Ein anderer Teil wendet sich, angewidert, von dieser cynischen Ausbeutung wissenschaftlicher Ergebnisse ab und wirft sich der Schönheit in die Arme, in ihr das Göttliche suchend, ein dritter Teil aber harrt aus und kämpft zwischen Himmel und Erde, in der dunklen Ahnung, dem Ziele am nächsten zu sein! Es ist ein gewaltiges Ringen, als müsse die Welt zerspringen von dem Hochdruck nach Raum und verlangender Kraft, unvereinbarer Gegensätze!
Da, mitten durch die Schwüle der Hörsäle, durch die Fülle der Geschichte und Kunst und Wissenschaft, tönt eine längst vergessene Stimme aus der Kinderzeit! Und die gespannten Blicke wenden sich plötzlich ab von den Lehrern und Seziertischen, ab von den glänzenden Erscheinungen der Kunst und Sinnenwelt, der Bretterbühne Oberammergaus, dem Passionsspiel, zu.
Da steht sie wieder, die unscheinbare Gestalt mit der Dornenkrone und dem wehmütig fragenden Blick. Und mit einem Schlage fliegen ihr die

Herzen zu, und wie der ausgewanderte, reich gewordene Sohn, nachdem er alles genossen und besessen, sich immer wieder zurücksehnt nach der Armut der Heimat und dem verlassenen Vater reuig zu Füßen sinkt, so wirft sich die Menschheit mitten aus diesem Rausch des Erkennens und Genießens heraus, schluchzend nieder vor der blassen Pflanze des Nazarenertums und streckt sehnsüchtig die Arme nach dem hohen hölzernen Kreuz aus, an dem sie blüht!

(aus: Wilhelmine von Hillern »Am Kreuz. Ein Passionsroman aus Oberammergau«. Stuttgart Berlin Leipzig o. J., S. 8 f.)

Else Hasse

Alles Abbilden ist ein Einbilden

Denen insbesondere, die sich zum Innewerden und Erhören des Hochbedeutenden umstimmen wollen, kann das Passionsspiel in Oberammergau das Auge weiten und das Ohr verfeinern helfen. Es war immer so in alten wie in neueren geschichtlichen Werdezeiten und im Leben des einzelnen: ehe man den Geist erfassen konnte, wollte man ihn gestaltet sehen und ihn mit Menschen-, nicht mit Engelszungen reden hören. Es ist die Aufgabe der christlichen Kunst – wie es eine Mission der Kirche ist, – das Eingehen Christi in die Menschlichkeit zu verbildlichen. Der würdig dargestellte Christus, wo immer er uns anblickt, macht Christen und überzeugt schon Kinderseelen zu ihm hin. Wo immer wir die Klarheit seines Geistes in schwacher Widerspiegelung erblicken, wo seine innere Schöne leise durch Formen schimmert, seine Milde uns anhaucht, seine Liebe widerleuchtet, sein Leiden und Überwinden in menschlich rührenden Gebärden nachgebildet wird, da sind wir hingerissen. Alles Abbilden ist ein Einbilden in die Seele des Schauenden, und stets wird ein Bild der Anfang und Anhub sein, um das Wesen einzubringen. Das ist das beste Bild, in welchem schon ein weniges vom Wesen erschlossen wird und das den Blick gleichsam weiterführt hinter die äußere Gestalt. Sie wird alsdann um dessentwillen, was das Geistesauge gewahrt, beinah vergessen. Und so vergißt man in Oberammergau das Theater im Theater, und über der mit kleinen menschlichen Mitteln abgebildeten Tragödie erscheinen höhere Wirklichkeiten. Wie ein kindliches Gestammel den ganzen Reichtum der Sprache ahnen läßt, so das bunte Spiel die innerliche Fülle des Lebens Christi. Es ist fast symbolisch, daß die hohe Wölbung des Zuschauerraumes an der Bühne endigt und über derselben und jenseits die Berge und der Himmel das Auge auf große Formen und in unendliche Fernen leiten. Was sich auf kleinem Raume abspielt, was die gelöbnistreuen Dörfler vorzustellen sich redlich bemühen, das vertieft sich dem Betrachter und gewinnt seine weltgeschichtliche und überirdische Weite. (...)
Alle kleine Passion kommt aus verborgenen Winkeln des Ich; dort lauert unter tausend Mißgefühlen auch die Krankheit, und wohl sind selbstverschuldete Leiden zu scheuen. Die Unsumme von Leiden in der Welt wäre um soviel kleiner, wenn das Ich nicht wäre und die Selbstsucht, die

da hungert und begehrt, jammert, zetert, tobt, raubt und tötet. Das Ich ist wahrlich ein Mörder von der Art des Judas: es mordet viele Unschuld mit Gedanken, und so fehlbar, schwach und sterblich, wie es selber ist, will es noch den Größten haben. Allenthalben ist's ein Mehrer der Leiden und immer heillos. Nichts ist so verletzlich wie das Ich: jeder Mückenstich scheint ihm ein Natterbiß, jede Wunde fängt an zu schwären, die geringste Widerwärtigkeit wird ihm zum schwersten Schicksal, und auch fremder Leiden Spitze fühlt es auf sich gerichtet. Die Hälfte seiner Schmerzen besteht in Selbstbemitleidung, und an dem Zagen und Klagen, an der Ungebärdigkeit und Ungebühr erkennt man den vom Ich hervorgebrachten Schmerz. Und leiden wir durch andere, so leiden wir auch da noch an uns selber, durch alles, was wir bei ihrem Tun und Treiben an Ungeduld und Ärger, Gefühl der Kränkung, Gram, Erbitterung, Zorn empfinden; wir leiden – so wie Pilatus, wie Petrus im Palasthof des Hohenpriesters, wie das zum Ruf des Hasses verführte Volk – durch irgendwelche Widerspiegelung fremder Irrungen und lästerlichen Wesens. Die Macht, uns ein Wehe anzutun, haben andere zumeist nur dann, wenn dieser Macht sich unsre Schwäche willig beugt – und so läßt ein mittelalterlicher Gottesmann die ewige Weisheit reden: »Es ist meine Ordnung, daß ein ungeordnetes Gemüt sich selber eine Marter und schwere Buße sei.« (...)
»Nun, Seelen, kommt zum Kreuzesstamme!« ruft der Oberammergauer Chor. Anderes hängt mit den Kleinen und anderes mit dem Größten am Opferholz. Kaum aber, daß in uns ein weniges von Selbstgefälligkeit und Eigensucht erstorben ist, begreifen wir den edlen Beruf der Schmerzen und nähern uns der leidenden und überwindenden Größe. Wir finden ein heiligendes Ja auch für Kummer und Sorge, ein Ja, das freilich nicht dem Schlimmen selber gilt, sondern dem, was es in uns sterben und lebendig werden läßt. Ein Oberammergauer »Vorbild« zur letzten Marter Christi zeigt uns Moses in der Wüste, wie er die eherne Schlange auf ein Querholz hebt und das von Natterbissen wunde Volk durch diesen Anblick heilt –: so werden selbstische Leiden durch schmerzliche Erkenntnis dessen, was uns krank gemacht, und durch erhöhtes Leid um alles, was wir abtun müssen, geheilt.

(aus: Else Hasse »Betrachtungen zur Oberammergauer Passion«. In: Hochland. 7. Jahrgang, Nr. 2, Dezember 1909/10, S. 746 ff.)

Theodor Lessing

Epilog eines Ewig-Malkontenten

Nun aber bekommt man alle zehn Jahre in Oberammergau auch das durch die Bildung und Stilisierung verderbte Volksdrama zu Gesicht, den traurigen Überrest des deutschen Mysterienspiels. Das stammt noch aus einer Zeit, wo Engel mit Menschen verkehrten und die Aelterahne auf der Ofenbank erschauernden Kinderseelchen zu sagen wußte, wie es auf der goldenen Himmelsaue ausschaut, droben, bei den Toten, zur rechten Seite unsers lieben Herrn. Da wuchsen bunt und wild die Träume der Legende aus dem Herzblut unsrer dumpfen deutschen Arbeitsmenschen hervor. Da zitterte alles von Erlebnis; aus dem Staube die Blumen und über den Blumen die Schmetterlinge im Hochzeitsgewand. Da sprach Sehnsucht und Angst in Gleichnissen der Bibel. So roh und blutschwer erzählte die Mythe, so weich und in Tränen selig, wie unser Volk ist. Denn dieselbe rauhe Faust, an der trotzig zu jeder Stunde der Schlagring droht, pflegt gerne zarte Wiesenblumen zu pflücken, um sie dem himmelblauesten Madönnchen zu Füßen zu legen. Das war Herzensgeschichte der vielen Mühseligen und Beladenen. Nicht eine zur Schau gestellte Einfalt, für amerikanische Millionäre dekorativ zurechtgeschminkt. Man spielte auf den Friedhöfen bei den Toten. Nicht ohne Grund. Denn alle die trüben und vergessenen Menschen hatten die große Passion gedichtet. Aus kindergläubigen Gemütern zahlloser banger Geschlechter strömte dem alten Judenmythos neues Blut zu. Trostbedürftig und unwissend, abergläubisch und zweifelfragend, hintersonnen und farbenfroh, lebensgierig und doch des schnellen Todes gewiß. Ihrer fleckigen armen Seele karge Schönheiten und den verschwiegenen Traum ihrer wenigen stillen Stunden, das allein ließen sie auf der Erde zurück für die Nachfahren. All ihr Armseliges und Eitles, ihr ganzes kleines Gebirgsdörflerdasein war bald vergessen. Aber sie waren Träger einer Würde. Und ihre Würde wuchs so hoch, daß selbst das taktlose, unfromme, verwaschene Aktendeutsch ihres stümpernden Ortspfarrers und die ebenso leere wie unnaive Musik ihres stümpernden Lehrers die Schauer des alten Legendenspiels nicht vernichten konnten. Die Schauer wirken, wenn uraltes Weistum der Volksseele aus dem Bilderstrom des Evangeliums steigt. Mit bleicher Hand winken dann die Toten. Aus gutem treuen Gefühl tönen die alten adligen Worte der Bibel in all diesen albernen Schwulst, mit »welcher« und »derselbe« papieren verbrämt und von dem uferlosen Räsonnement schlechter antikisierender Verse überschüttet.

Schön ist es, an einem Sommertag schauend dazusitzen, wenn Schatten und Licht auf den bescheidenen Berghängen spielen, hinter der klug und großzügig ausgebauten Volksbühne, unterm schlichten Eisenbogen, der im glücklichsten Gegensatz zu Bayreuth aufs edelste die Aufgabe erfüllt, viertausend blühwillige Seelen einen Tag lang an würdige Kultstätte festzubannen. Schön ist es, hinauszublicken über die Bilder des frommen Traumes, hinaus auf die ruhigen Mattenhänge, von deren Grün bisweilen ein bleicher Schmetterling auffliegt und hinstreicht über Kreuz und Christi Leidensgang, über lärmende Juden und rasselnde Römer, indes die Schwalben unterm Eisengerüst der Decke zwitschern. Was da oben auf der Bühne gesprochen und gedudelt wird – was hätte wohl das mit Erhebung der Massenseele zu Gott, was mit neuer Kultur der Künste zu tun? Es ist nicht mehr das eine und das andre noch nicht. Religiöser Aufschwung, Inbrunst – wer könnte sie wohl von unheiligen, zerstreuten Menschen erwarten, Geschäftsleuten und überfüttertem Amüsiervolk aus aller Welt, aus allen Töpfen naschend! In jeder Wallfahrtskapelle brennt inniger und schöner der gerettete Funke vom großen Glaubensbrand als auf solchem Mysterienjahrmarkt, zu dem längst nicht mehr die Kranken und Armen des Landes pilgern, um an der Leidensgeschichte des Herrn sich Trost zu schauen und im nahen Kloster zu beten. (...)

Ist Religion und religiöses Symbol schon ein historischer, antiquarischer, traditioneller Formenschatz geworden? Und dann die lebendige Seele, die lebendige Psychologie! Was können wir Heutigen für diesen Altarchristus und seine holzgeschnitzten Jünger empfinden? Das Volk versteht und fühlt nicht mit dem Herzen, was es auf der Bühne vor sich sieht. Das ist eine Predigt, aber kein Erleben! Es versteht nicht, warum denn Christus alles so lammfromm erduldet. Es versteht den Bauern besser, der, als er Jesus allversöhnlich duldend und bleich-schweigend vor Kaiphas stehen sieht, die Fäuste ballt und, voll Wut auf die Quäler blickend, heimlich murmelt: »I, wann i jetzt derfet!« Wir verstehen nicht, warum denn die Pharisäer so bös und die Juden so rachsüchtig sind. Warum Judas ihn verrät und Petrus ihn verleugnet. Wir sehen nicht die Notwendigkeit ihrer Schicksale. Und es erweist sich der alte Erfahrungssatz der Tragödie: Bloß passive Vorgänge der Passion, auf dem Theater verkörpert, lassen das Gefühl kalt. Das bloße Leiden und Geopfertsein, das endlos ausgedehnte Sterben in Portionen hat nichts Tragisches. Nur das aktive Geschöpf, das gegen den Schmerz reagiert und gegen die Verunrechtung seines Seelenrechts sich zur Wehre setzt; nur das schuldige Geschöpf, das zuletzt den Tod als Sold der Sünde leidet, in Schwäche und Verschuldung verstrickt, einfach weil es lebt und alles Leben eine Schuld ist; nur

die ringende Seele unsrer eigenen Art – nicht das Lamm, das sich
schlachten läßt oder der Gott, über den der Schmerz, der das Wesen alles
Lebens ist, gleichsam dahingleitet – kann erschüttern, erheben, erlösen.
Es ist keine Negation in dem, was ich niederschreibe. Die Ammergauer
trifft keinerlei Vorwurf. Wenn wirklich in Paris und London Leute wohnen, die mit Vergnügen Hunderte von Mark dafür zahlen, daß sie in einem leidlich reizvollen Gebirgsdorf einen jämmerlich verhunzten Text
von mittelmäßigen und keineswegs naiven Spielern stümperhaft schlecht
deklamiert, geleiert und dargestellt bekommen – nun, die ehemaligen
Holzschnitzer wären Narren, wenn sie solches Geschäft sich entgehen
ließen. Und wenn der ganze Mangel an Intelligenz Europas just in diesem Bergdorf alle zehn Jahre zusammenströmt und einige Millionen hinterläßt, so denke man an das Goethewort: Es ist gut, daß die Menschen
sich begeistern und nicht gar so wichtig, wofür sie sich begeistern. Aber
wir wenigen, die auswertend und denkend unser Leben ableben müssen,
dürfen nicht blind und unwahr werden vor Suggestionen des öffentlichen Meinens und der Meinungmacher. Wir haben auswertend Grenzen
zu setzen und unsre subjektive Wahrheit zu sagen, wenn auch tausend-
mal geschieht, was die Oberammergauer pathetisch singen und darstellen: »Denn wer die Wahrheit spricht, den schlägt man ins Gesicht.«

(aus: Theodor Lessing »Oberammergau. Epilog eines Ewig-Malkontenten«. In: Die
Schaubühne. VI. Jahrgang (1910), Nr. 38, S. 954 ff.)

Die Vertreibung aus dem Paradies, Passionsspiel 1910

Hans Brandenburg

Was ist das Spiel von Oberammergau?

Jedesmal, in Jahrzehnten, hat mich Oberammergau anders über sich belehrt. Das erstemal sah ich dort nur gewöhnliches Theater, aber – als Laientheater – schlechtes Theater, nachgeahmtes Hoftheater und Meiningerei. Ich hätte mir nicht träumen lassen, daß ich viele Jahre später überhaupt noch einmal hingehen, geschweige, daß ich dann davon künstlerisch erregt, ja aufgewühlt werden würde.

In der vorigen Jahrhundertmitte hatten Münchener Schauspieler und Künstler die Ammergauer Passion entdeckt und ihr leider ihren Stempel aufgedrückt. Das wirkte sich noch aus bis ins erste Spieljahr nach dem ersten Weltkriege. Doch damals war die Blütezeit des jungen deutschen Laienspiels, und ich sah in der Passion unter jener späten und schon längst wieder toten Aufopferung plötzlich Laienspiel in ganzer Großartigkeit, in einziger ununterbrochener Überlieferung, noch mehr: ich sah die gesamte Geschichte des deutschen Theaters wie in einem Durchschnitt fossiler Ablagerungen und ließ mich auch durch die mir schrecklichen lebenden Bilder nicht irremachen. (...)

Die Oberammergauer Landschaft ist ein gewaltiger Zirkus, umstellt von den Kulissen der Voralpen. In den Hauptwochen jenes Spielsommers war diese Arena ein Tummelplatz für Luftdämonen. Die Berge wuchteten als drohende Gesetzestafeln in dem Aufruhr; auf ihren düsteren Schiefergrund schrieben Blitze feurige Schrift. Stand man hoch, so sah man die Echelsbacher Brücke ihre Fäden spannen über das schluchtig zerrissene Land und durch ihr Gespinst die Spielzeugwäldchen der Autos gleiten. Sie glitten vom frühesten Morgen an hindurch und hinüber auf dieser neuen Brücke zur Passion. Die Ammergauer Berge kamen im Fluge näher und entgegen, sie rauchten gleich Vulkanen, und der Himmel schlang ihnen bleiche Leichentücher um die Brust.

Es konnte geschehen, daß erst den Heimfahrenden der Himmel zum ersten und einzigen Male lächelte – mit der Sonne des Untergangs lächelte wie mit einem verweinten Auge. Dann sah man, aus einem schon entfernten Bezirk des Ammergaus noch einmal zurückblickend einen Regenbogen genau aus der Stätte der Passion entspringen. Er schwang sich im Triumph über die ganzen bayerischen Berge und hob seinen Scheitel bis in den Zenit des Himmels. (...)

Aber so sehr die Natur in Oberammergau mitspielen muß und mitspielt – sie steigert höchstens das Wesentliche unseres Erlebnisses. Und was Darstellungsreform und Geschmacksreinigung zuletzt geleistet haben, sie bilden doch nur Vordergrund und Oberfläche des alten Spiels.

Was aber sind neben dem religiösen Mysterium der Heilsgeschichte die Unter- und Hintergründe dieses einzigartigen Theaters?

Die Oberammergauer Passion ist kein Bauerntheater, wie immer wieder irrtümlich behauptet wird. Vielmehr sind die Bewohner dieses Alpendorfes seit Jahrhunderten Schnitzer und Verkäufer von Schnitzereien, also Kunsthandwerker und Kunsthändler, und als solche gebildete Kleinbürger, wenn auch mancher nebenher Felder und Vieh besitzt, also keine Bauern, sondern höchstens Ackerbürger. Und sie waren sicher wie alle Oberbayern in ihrer Art bereits Schnitzer, Bauernmaler, Former, als ihnen das Kloster Rottenbuch die höhere Schnitzerei, die eigentliche Schnitzkunst, brachte und ihren künstlerischen Naturtrieb zum Gewerk und Gewerb ausbildete. Ferner gehören für die Oberbayern von jeher Schnitzerei und Schauspielerei unzertrennlich zusammen, menschliche Darstellung und Selbstdarstellung. Man darf daher auch die Überlieferung nicht wörtlich nehmen, daß Oberammergau erst seit dem Dreißigjährigen Krieg, erst seit seinem Pestgelübde spielt. Dies Gelöbnis scheint sich nur auf den geistlichen Inhalt des Spiels oder nur auf die regelmäßige zehnjährliche Wiederholung eines ausgesprochenen Passionsspiels zu beziehen.

Am unrichtigsten und ungerechtesten wäre es, die Oberammergauer Passion als Fremdenverkehrsangelegenheit zu beurteilen. Das Dorf hat schon vor jedem Fremdenverkehr in langen Zeiten gegen weltliche und geistliche Behörden und ihre Spielverbote gekämpft, mit einer Heftigkeit, daß auch das Gelübde nicht als Erklärung ausreicht, denn von ihm wäre man ja durch die kirchliche Entziehung der Spielerlaubnis entbunden gewesen. (...) Auch gesellig, umgänglich, öffentlichkeitsfroh, verkehrsgewandt und weltläufig sind die auftragnehmenden, handelsreisenden Oberammergauer immer gewesen. Sie scheinen an ihrer Alpenpforte bis heute etwas von römischem Kolonialcharakter, auch von lateinischem Blutseinschlag bewahrt zu haben. Ihre Passion galt von je einer Gemeinde, der eigenen Dorfgemeinde zunächst, doch auch von Anfang an der durch Zustrom von nah und fern vergrößerten und schließlich der ganzen Christengemeinde, was ja schon in dem erbaulichen Inhalt der allchristlichen Aktion begründet liegt. Der internationale Fremdenverkehr mag das Spiel gerettet, jene Gemeinde ungeheuer erweitert und den Charakter der Oberammergauer endgültig ausgeprägt haben – er hat nichts Wesentliches geändert oder erst hervorgerufen. (...)

Mode und Mache, Betrieb und Organisation allein erklären es nicht, daß die Welt herbeiströmt, und Reklame für eine einzige Sache hat keine Gewalt über die vielen Jahrzehnte und Generationen, in denen Oberammergau nun schon unverminderte, ja wachsende Anziehungskraft bewährt. Hier herrschen andere Gewalten doch auch. Einmal ist es die Gewalt des religiösen Bedürfnisses, des kultischen Theatererlebnisses, und zum anderen die Form des letzten großen abendländischen Stiles, die in diesem kleinen Alpendorfe einer bloß noch zivilisierten, bloß noch gebildeten Menschheit die Ausläufer eines kulturdurchdrungenen, eines bildenden Menschentums vorstellt.

(aus: Hans Brandenburg »Was ist das Spiel von Oberammergau?«. In: Hans Brandenburg »Vom reichen Herbst. Bekenntnisse zu europäischer Kunst«. Stuttgart 1950, S. 30 ff., S. 38)

Mit Sitzkissen zur Passion, Oberammergau 1950

Josef Georg Ziegler

Vom Volk für das Volk

Die Faszination des Oberammergauer Passionsspieles rührt daher, daß es ihm gelang, ein »Spiel vom Volk für das Volk« zu bleiben. Das ganze Dorf betrachtet es als seine Angelegenheit und ist stolz darauf. Sonst wäre der Einsatz nicht zu erklären. Zwanzig Jahre muß man im Ort gelebt haben oder dort geboren sein, um mitspielen zu dürfen. Nur unverheiratete Frauen unter 35 Jahren (Ausnahmen bestätigen die Regel) werden zugelassen. Das Spiel ist Sache der kommunalen Gemeinde. Zum Passionsspielkomitee, das durch Mehrheitsbeschluß die Entscheidungen fällt, gehören die 16 Gemeinderäte, der Bürgermeister, der katholische und evangelische Pfarrer, 6 mitwirkungsberechtigte Bürgerinnen bzw. Bürger und der erste Spielleiter. Mit knapper Mehrheit wurde 1988 der 27 Jahre alte Christian Stückl zum ersten Spielleiter gewählt. Beinahe 1.400 von den 4.800 Einwohnern, davon 800 evangelischer Konfession, sind direkt oder indirekt am Spiel beteiligt. 700 Erwachsene mit über 120 Sprechrollen und etwa 250 Kinder im Alter von 5 bis 15 Jahren, ungeachtet ihrer Konfession oder des muslimischen Glaubens, agieren auf der Bühne. Bei den Massenszenen wirken annähernd 600 Menschen gleichzeitig mit.

Das Dorf lebt für die Passion. Sie bestimmt den Rhythmus des Lebens des einzelnen wie der Gemeinschaft. Die Lebensabschnitte werden durch die Spieltermine markiert. Wer als Kind beim Einzug in Jerusalem auf dem Arm seiner großen Schwester den Palmwedel geschwungen hat, darf das nächste Mal vielleicht schon als Statist in den »Lebenden Bildern« dabeisein, bis der Greis als »Brustklopfer unter dem Kreuz« Abschied nimmt. Ein Jahr vor dem Spiel setzen die Proben ein. Kein Wunder, daß das Dorf von einem »Passionsspielfieber« erfaßt wird. Daß die Männer die Haare wachsen lassen, ist nur ein äußeres Zeichen. Die Texte und die Melodien sind allen bekannt.

Die Dörfler verwuchsen seit 12 Generationen mit dem Spiel, ein Grund mehr, es nur behutsam zu ändern. Die ungekünstelte Verwurzelung des Spieles im Leben der Spieler erklärt den Anklang, den das Spiel findet. Es ist nicht zu hoch gegriffen, wenn von einem unschätzbaren Dienst an dem Menschen unserer Zeit gesprochen wird. Nicht selten gelingt es nämlich, daß aus dem unbeteiligten Zuschauer unversehens ein betroffener Teilnehmer wird. Intensiver als das Lesen oder das Betrachten einer bildlichen oder filmischen Wiedergabe ergreift die szenische Darstellung. Vorausgesetzt wird beim Zuschauer eine wenigstens unvoreingenommene Erwartungshaltung, die sich nicht von vorneherein sperrt.

Auf der Seite der Spieler ist, wie gesagt, eine gläubige Identifizierung mit der Handlung Vorbedingung.

Stellvertretend für viele Stimmen, die nach dem Spiel ihren Eindruck äußerten, sei das Urteil des Philosophen Maurice Blondel (†1949) angeführt: »Das hauptsächliche Element des dramatischen Interesses ... ist unsere mögliche Einführung und gleichsam mit den Darstellern des Dramas vereinbarte Mitwirkung, in der wir zumindest im Keim die Leidenschaften und die Entscheidungen unseres geheimsten Seelengrundes wieder erkennen. Wir beschränken uns nicht darauf zuzuschauen, wie sich die Dinge entwickeln, wir bilden uns ein, daß wir sie selbst bewirken.«

Beinahe wie ein Bekenntnis schildert in unseren Tagen ein Journalist seinen Eindruck, wenn er feststellt: »Es geht auf einmal von diesem so weltberühmten und weltberüchtigten Passionsspiel eine Art von einfältigem Zauber aus, den auch ein hartnäckiger Heide nicht ohne Rührung empfindet... Wäre dieses Passionsspiel nur ein Produkt des Zynismus, der touristischen Interessen (und nicht ein vielleicht absonderliches Dokument des Glaubens), es kämen bald auch keine Touristen mehr.« Die von der Sozialpsychologie verifizierte Lehre von der »selektiven Wahrnehmung« erklärt die verschiedenen Reaktionen. Man sieht, was man sehen will, und sieht nicht, was man von vorneherein ablehnt.

Mit C. G. Jungs Archetypenlehre läßt sich die Einsicht verständlich machen: »Tua res agitur – Du selbst bist es, der hier verhandelt wird«. Der berechnende Opportunismus nimmt in Judas Iskariot Gestalt an, die dankbare Liebe in Maria Magdalena, die furchtlose Hilfsbereitschaft in Veronika und in Simon von Cyrene, die erbärmliche Feigheit in Pilatus, die Trennung des Kindes von der Mutter in Maria, die leichte Beeinflußbarkeit der Menge in der Empörungsszene. An die Undankbarkeit erinnert die Kreuzigung, an die Gewißheit, daß das Gute siegt, die Auferstehung, an die Hoffnung als der unerläßlichen Grundhaltung des Lebens die Schlußszene.

Neben der Botschaft von der allumfassenden Zuwendung Gottes in Jesus Christus zu uns Menschen erklärt die meist unbewußte Tiefenwirkung dieser Identifikationsfiguren und Paradigmen, die angespannte Aufmerksamkeit der 4.800 Zuschauer. Sie hält 5 $^1/_2$ Stunden hindurch an. Ein Passionsspiel zeitigt eine Qualität des Miterlebens, die eine religiöse Alternative zum Stress des modernen Alltags anbietet. Bedeutsam ist sicher auch der Umstand, daß die Spieler hinter ihrer Rolle zurücktreten. Oberammergau vermeidet den vormals teilweise eingerissenen Personenkult. In den offiziellen Textbüchern und Bildbänden werden keine Namen genannt, mögen auch die Hauptdarsteller bekannt sein. Wegen des Zehnjahresrhythmus kann nur ausnahmsweise eine der Hauptrollen mehrmals vom gleichen Darsteller übernommen werden. Infolgedessen wird die Aufmerksamkeit von der Person auf die Handlung gelenkt. Man braucht dieses Spezifikum von Oberammergau nur mit dem Starkult eines professionellen Theaters zu vergleichen, um den Unterschied zu bemerken.

(aus: Josef Georg Ziegler »Das Oberammergauer Passionsspiel. Erbe und Auftrag«. St. Ottilien 1990, S. 59 ff.)

Pietà – Jesus in den Armen Marias, Passionsspiel 1990

Ist Jesus der Erlöser der Welt?

1. Die Oberammergauer Passion gehört zu den Passionsspielen, die sich inhaltlich auf die Darstellung der Ereignisse zwischen Palmsonntag und Ostern beschränken. Sieht man von der Tempelreinigung ab, lassen sich aber die Gründe, warum Jesus Feindschaft auf sich zog, eigentlich nur aus den Taten und Reden erkennen, die dem im Spiel behandelten Zeitraum vorausliegen. Daher wird nun Entsprechendes nachgetragen, z. B. Worte aus der Bergpredigt, die verstehen lassen, warum Jesus zu einem Zeichen wurde, »dem man widersprach«.

Im Gegensatz zu früheren Spielen, wo der Widerspruch zu Jesus fast nur in den Reihen seiner Gegner laut wurde, wird nun aber – den Evangelien entsprechend – sichtbar gemacht, wie auch die Jünger, die Verwandten sich schwer tun, ihn zu verstehen (»Andere haben ein Haus, eine Familie, eine Stellung in der Gemeinde. Du hast nichts, rein gar nichts. Ein Wanderprediger! Wovon lebt ihr eigentlich?«) bzw. wie er durch seinen unerhörten Anspruch (z. B. »Wer Vater oder Mutter mehr liebt als mich, der ist meiner nicht wert.«), sein Selbstverständnis als »Sohn Gottes«, seine »weltfremde« Botschaft Widerspruch provoziert. Auch weil er sich nicht vereinnahmen lässt und sich nicht vorgegebenen Erwartungen, z. B. nationalpolitischen Messiashoffnungen, anpasst. Die dramatische Frage, ob Jesus aus Nazareth der Messias, der Erlöser der Welt ist, stellt sich nun nicht mehr nur in einigen Kernszenen vor Kaiphas, Pilatus etc., sondern sie zieht sich durch das ganze Spiel.

2. Im Gegensatz zu historischen Passionsspielen, die vorwiegend auf die Erregung von Mitleid zielten und Jesus nur passiv, Abschied nehmend, leidend vor Augen führten, sind jetzt Szenen eingefügt, die Jesus als streitbaren Propheten, als »Knecht Gottes« zeigen, den »der Eifer für das Haus seines Vaters verzehrt«, der allem Missbrauch der Religion als Machtinstrument, allem Benützen von Menschen, aller Entfremdung den Kampf angesagt.

Und entsprechend seinem Vorbild eines furchtlosen Einsatzes für Gott und den Menschen, sendet er die Jünger aus (»...ich sende euch wie Schafe mitten unter die Wölfe. Was ich euch im Dunkeln sage, davon redet am hellen Tag...«).

3. Mit der veränderten Akzentuierung der Jesus-Rolle verbindet sich auch die Korrektur einer Schwäche im dramatischen Aufbau des Spiels. Die Weis-Daisenberger-Fassung hatte an den Anfang den Konflikt mit den Händlern gestellt, die, aus dem Tempel vertrieben, gegen Jesus intrigieren, sich bei den Priestern beklagen, Judas anwerben etc. Dadurch wurde u. a. das Klischee vom jüdischen Schacherer bestätigt. Seit 1960 waren nun aus Einsicht in die Antijudaismus-Probleme die Händlerrollen stark gekürzt – und damit der dramatische »Motor« des Spiels lahmgelegt worden. An die Stelle des Konfliktes mit den Händlern wird jetzt der Konflikt mit Vertretern der geistlichen Macht gesetzt, vor allem durch das Einfügen einer inhaltlich an Matthäus 23 orientierten Szene (»Wehe euch, Schriftgelehrte und Pharisäer, ihr Heuchler, die ihr den Zehnten gebt von Minze, Dill und Kümmel, und lasst das Wichtigste im Gesetz beiseite, nämlich das Recht, die Barmherzigkeit und den Glauben! Weh euch, ihr Heuchler, die ihr seid wie die übertünchten Gräber, die von außen hübsch aussehen, aber innen sind sie voller Totengebein und lauter Unrat!«)

4. Das Oberammergauer Passionsspiel verfügt mit seiner über Jahrhunderte hin entwickelten Struktur eines Wechsels zwischen meditativen, musikalisch ausgestalteten Präfigurationen (Vorbildern aus dem Alten Testament) und dramatischen Spielszenen im Grunde über einen wirkungsvollen Rhythmus. Diverse Änderungen galten dennoch einer Steigerung der Dramatik:
– Damit das Spiel nicht zur spannungslosen »Ölbergsandacht« wird, wurde u. a. mehr Antithetisches, Kontroverses in die Szene hineingebracht. Z. B. wurde unmittelbar vor die Liebeszeichen von Fußwaschung, Brot, Wein, die apokalyptische Rede gesetzt von der Zeit, »in der die Liebe kalt wird«, und die Gerichtsrede über diejenigen, die es dem Geringsten seiner Brüder an Liebe fehlen lassen. Kontroverser gestaltet wurden etwa die Verhandlungen des Synedriums über eine Schuld Jesu, indem Figuren eingefügt wurden, die, erkennbar in der Tradition stehend, Jesus verteidigen.
– Vor allem wurden einige der Hauptfiguren schärfer konturiert. Die Rolle des Pilatus etwa in Richtung auf das historisch richtigere Bild eines rücksichtslosen, gegenüber der jüdischen Religion verständnislosen Okkupators. Teilweise bot sich für die Ausarbeitung der Figuren auch der Rückgriff auf das Daisenbergersche Original von 1860 an, etwa im Fall des als rein genussorientiert gezeichneten Herodes. Von Daisenberger übernommen wurde auch das Mittel, eine etwas blassere biblische Figur nach dem Muster einer anderen auszumalen, z. B. den Hohenpriester Annas als verkehrten greisen Simeon. Klischeehaftes wurde zu

vermeiden gesucht, z. B. die Reduktion des Judas auf Geldgier. Die Frauenrollen, früher auf das Mitleiden fixiert, wurden aus der Ecke des nur Weinerlich-Sentimentalen herausgeholt, v. a. Maria und Magdalena. Letztere verkündet als »apostola apostolorum« in einem weitgehend neu geschriebenen Schlußmonolog die Osterbotschaft.

– Um den dramatischen Fluss nicht durch Umbauen zu hemmen, wurden v. a. im Bereich der verschiedenen Verhör- und Prozess-Szenen Umstellungen vorgenommen.

5. Da das Gerüst der Präfigurationen auf Grund früherer Streichungen lückenhaft geworden war, wurde durch die Einfügung neuer bzw. die inhaltliche Veränderung bisheriger Lebender Bilder dem Spiel eine klare Architektur gegeben.

Neue Lebende Bilder: Dem Ringen Jesu mit einer zur Selbstvergötzung tendierenden Priesterschaft wurde vorangestellt das Ringen Moses mit denen, die um das goldene Kalb tanzen; dem Abendmahl das dramatische Moment des Pessachmahls beim Auszug aus Ägypten; dem einsamen Kampf Jesu mit der Last seines Auftrags (Ölberg) die analoge Situation des Moses vor dem brennenden Dornbusch; vor den Verhören Jesu bei Annas und Kaiphas und seiner Verspottung stehen »Daniel in der Löwengrube« und »Hiob im Elend«; die Blindheit des Pilatus gegenüber Jesus wird präfiguriert in der Blindheit des Pharao gegenüber Moses. – Im Gegensatz zu früheren oft weit hergeholten Analogien wurden Bilder gewählt, die biblisch von Gewicht und an zentrale Gestalten gebunden sind. Die Konzentration auf Moses als Vergleichsfigur lässt sich schon im Neuen Testament, vor allem bei Matthäus, finden.

Die Veränderungen bei den Lebenden Bildern erforderten neue Prolog- und Gesangstexte. Bei den Prologen wurde nicht versucht, den daisenbergerschen Rückgriff auf antike Strophenformen zu imitieren. In freien Versen gehalten, lehnen sie sich inhaltlich und stilistisch eher an Sprache und Bildwelt der Psalmen und der Gottesknechtslieder an.

6. Viele Textänderungen der vergangenen Jahrzehnte waren darauf ausgerichtet, antijudaistische Untertöne auszuschließen bzw. der Tatsache Rechnung zu tragen, dass Jesus, Maria, die Apostel in der jüdischen Glaubenstradition lebten. Auch manche der obengenannten Änderungen für 2000, z. B. der Pilatus- oder der Judasfigur, sind von Bedeutung für diesen Problembereich. – Weitere diesbezügliche Änderungen: Auf den nur aus der matthäischen Theologie heraus verstehbaren und von einer unseligen Rezeptionsgeschichte belasteten Blutsatz Mt 27, 25 wird verzichtet. – Wenn jetzt in das Abendmahl Elemente des Pessachrituals hineingenommen wurden oder wenn Jesus, später Maria in Jerusalem Wall-

fahrtspsalmen zitieren, zeugt dies auch davon, dass die Neuentdeckung der jüdischen Wurzeln des christlichen Glaubens als Bereicherung erfahren wird.

7. Zum Sprachstil: Es ging nicht darum, den Text vordergründig sprachlich zu »modernisieren«, heutigem Alltagsdeutsch anzugleichen. Nicht nur, weil die Vorgabe des Gemeinderats bestand, den Text »auf der Grundlage der Weis-Daisenberger-Fassung« zu erarbeiten, sondern auch, weil die sprachliche Patina Farbe bringt und ihre Fremdheit dazu führen kann, dass sich Worte neu erschließen. Überdies besitzen die alten Texte rhetorische Qualitäten, die gut in den Kontext öffentlicher Verhandlungen passen. Deshalb wurde teilweise restaurierend auf die Sprache der Passionsspielfassungen des 19. Jahrhunderts zurückgegriffen. Um Bibelzitate einzufügen, die darin nicht enthalten waren, wurden ältere Übersetzungen verwendet, nicht selten die Luthersche.

(Auszug aus dem Pressetext der Gemeinde Oberammergau zur Passion 2000)

Probe für die Passion 2000

Szenen-Aufbau beim Passionsspiel 2000

Der Aufbau des Spiels ist nur vermeintlich kompliziert, denn in ihrem Grundablauf wiederholen sich, abgesehen vom Vorspiel, die einzelnen Akte. Grundsätzlich ist immer einem, manchmal zwei »Lebenden Bildern«, auch »Vorbilder« genannt, eine »Vorstellung«, also Spielszene, aus der Passion des Jesus von Nazareth zugeordnet. Das Vorbild des Alten Testaments verweist so auf das Geschehen des Neuen Testaments. Auf dramaturgischer Ebene stellt sich das Statische des Vorbildes dem dynamisch Dargestellten der Spielszene gegenüber.
Die dazwischen liegenden Texte des Prologsprechers und des Chors, die Musik des Orchesters und der Solostimmen sind der Überschaubarkeit wegen in der Übersicht nicht berücksichtigt.

Vorspiel

Einführendes Bild:
Jesus öffnet wieder das Tor zum Leben, das sich vor Adam verschloss

1. Vorstellung:
Einzug Jesu in Jerusalem

2. Vorstellung:
Jesus in Bethanien

Lebendes Bild:
Tobias bricht auf, Heilung zu finden für die Blindheit des Vaters

Lebendes Bild:
Die um den Geliebten klagende Braut aus dem Hohen Lied

In Bethanien (Spielszene)

3. Vorstellung:
Gang nach Jerusalem

Lebendes Bild:
Moses, mit Gottes Gesetz vom Berg Sinai kommend, zieht das Volk weg vom Götzen des Goldenen Kalbs und sammelt die dem Herrn Treuen um sich

Gang nach Jerusalem (Spielszene)

4. Vorstellung:
Abendmahl

Lebendes Bild:
Das Pessachmahl vor dem Auszug aus Ägypten

Abendmahl (Spielszene)

5. Vorstellung:
Ölberg

Lebendes Bild:
Der Verrat an Amasa bei den Felsen von Gabaon

Ölberg (1. Spielszene)

Lebendes Bild:
Moses vor dem brennenden Dornbusch

Ölberg (2. Spielszene)

6. Vorstellung:
Jesus vor Annas – Verspottung – Verrat und Reue des Petrus

Lebendes Bild:
Der Prophet Daniel in der Löwengrube

Lebendes Bild:
Hiob im Elend

Vor Annas (Spielszene)

7. Vorstellung:
Verhör bei Kaiphas – Verzweiflung des Judas

Lebendes Bild:
Kain, der seinen Bruder Abel tötete, verzweifelt

Vor Kaiphas (Spielszene)

8. Vorstellung:
Erstes Verhör bei Pilatus – Jesus vor Herodes – Zweites Verhör bei Pilatus – Geißelung

Lebendes Bild:
Moses wird von Pharao verstoßen

Vor Pilatus (1. Spielszene)

Vor Herodes (2. Spielszene)

Vor Pilatus (3. Spielszene)

9. Vorstellung:
Pilatus verurteilt Jesus zum Tod

Lebendes Bild:
Joseph wird als Retter und König Ägyptens gefeiert

Empörung (Spielszene)

10. Vorstellung:
Kreuzweg – Kreuzigung

Lebendes Bild:
Isaak trägt das Opferholz auf den Berg Moria

Lebendes Bild:
Der Aufblick der ehernen Schlange bringt den Israeliten Rettung

Kreuzweg – Kreuzigung (Spielszene)

11. Vorstellung:
Auferstehung

Die Begegnung mit dem Auferstandenen (Spielszene)

Die Darstellung von Szenen aus biblischer Geschichte, antiker Sage oder vaterländischer Geschichte, schließlich auch von bekannten Werken der Malerei und Plastik durch lebende Personen, begann nach Vorläufern in der Antike als selbständiger Kunstzweig im Mittelalter mit religiösen Darstellungen, etwa von Krippenszenen. Diese Tradition setzt sich bis zum heutigen Tag – in dieser Form allerdings auch nur dort – in den Passionsspielen von Oberammergau fort. Anstelle eines Bühnenbildes, einer optischen Projektion oder eines anderen Kunstgriffes stellen Schauspieler in vollkommener Statik ein gleichwohl »Lebendes Bild« dar. Beim Oberammergauer Passionsspiel dient dabei das »Lebende Bild« jeweils als Vorbild aus dem Alten Testament für ein Geschehen aus dem Neuen Testament, so dient zum Beispiel das »Pessachmahl vor dem Auszug der Israeliten aus Ägypten« als Folie zur Spielszene des »Letzten Abendmahls«.

Alois Fink

Die Lebenden Bilder

Vor allem die Lebenden Bilder wurden oft als überflüssig, als bloßes theatralisches Beiwerk oder als Verstoß gegen den »guten Geschmack« abgetan. Sie kamen ins Spiel als einer der Beiträge des barocken Jesuitentheaters, aber ihre Geschichte reicht viel weiter zurück, wahrscheinlich bis in die Antike.

Innerhalb der christlichen Thematik gab es wohl schon sehr früh Krippendarstellungen in der Art der Lebenden Bilder. Später finden wir sie als Höhepunkt von Festzügen, wobei mannigfache Wechselbeziehungen zwischen Dichtung, Malerei und Lebenden Bildern anzutreffen sind. Schon im 14. Jahrhundert wird in einem Epos von Boccaccio (Amorosa Visione) der Triumph des Ruhmes, der Liebe und des Glücks in Lebenden Bildern geschildert. 1362 stellten bei der Fronleichnamsprozession in Viterbo Mitglieder des Heiligen Kollegiums Lebende Bilder aus der Heiligen Schrift. Um 1500 waren sie in den spanischen Niederlanden sehr verbreitet. Einer derer, die sie in Deutschland eingeführt haben, war der Humanist Conrad Celtis (1504 Rhapsodia de laudibus et victoria Maximiliani). Die »Ordnung des Umgangs« der Fronleichnamsprozession in Ingolstadt 1507 zählt 33 Bilder aus dem Alten und Neuen Bund auf, die von verschiedenen Zünften dargestellt worden sind. Von der Mitte des Jahrhunderts ab finden wir ähnliche Darstellungen aufgezeichnet in München, Wasserburg, Landshut, Eichstätt, Miesbach und anderen Orten. Die »Stumme

Prozession« von Vilgertshofen hat einen solchen Umzug bis heute bewahrt. Neben Fronleichnam spielen in dieser Entwicklung wohl von Anfang an auch die Karfreitagsprozessionen eine große Rolle. Das mittelalterliche Mysterienspiel und das humanistische bürgerliche und Schultheater verwendeten die Lebenden Bilder auf der Bühne, bis dann das Jesuitentheater ihre große szenische und dramatische Entfaltung brachte. Jetzt wurde, unter ganz neuen Voraussetzungen, das Lebende Bild ein wesentliches Element des Dramas. Eine dieser Voraussetzungen für eine neue Sinngebung war die propagandistische oder besser erzieherische Idee, in einem schaubaren Symbol die große Synthese von Welt und Überwelt und ihr Zusammenwirken in der christlichen Heilsgeschichte Gestalt werden zu lassen. Das synthetische Drama des Mysterienspiels ersteht neu mit seiner Unbegrenztheit der Handlung, des Raumes, der Zeit. Eine Dokumentation für das Ineinandergreifen von Diesseits und Jenseits in der Bild- und Wortkunst wird die Vision, die um 1600 auf dem Jesuitentheater erscheint.

Nicht zufällig ist es auch die Zeit der großen Fresken, wo auf ausgedehnten Flächen Massen von Figuren »inszeniert« werden. In den Kirchen wird dem Volk das Religiöse zum schaubaren Erlebnis gemacht. »Die Form des Gleichnisses ist die Wurzel aller katholischen Dramatik.« Es entstand ein Theater von einer ganz neuen Weise und Transparenz. Eine Spekulation der Bildführung, die das spectaculum zum speculum, zum großen Spiegel macht. Die Spiegelung des Seins, das Lebende Bild als Theater auf dem Theater zeigt eine vollkommene Parallelität allen Seins, der Leibniz einige Generationen später in seiner »praestabilierten Harmonie« den philosophischen Ausdruck gegeben hat. Dieser »Parallelismus« ist wichtig für die Entwicklung und das Verständnis der Lebenden Bilder. Das vielleicht erste Beispiel für eine symbolische Parallelität zweier selbständiger (und zeitlich getrennter) Bühnenhandlungen finden wir in einem Stück des Jahres 1611; schon der Titel erklärt, um was es geht: »Servus Abrahami Rebeccam Isaaco ex Mesopotamia adducens – sive Franciscus Xaverius sponsam Christi ex India magno labore adducens.« Für die barocke Parallelität himmlischer und irdischer Erscheinungen, für das vor- und nachchristliche Geschehen, für Typ und Antityp der dramatischen Handlung entstehen nun auch, etwa um 1640 in Graz und Olmütz, die großen Doppelbühnen, ja sogar die dreigeteilte Bühne für das Geschehen im Himmel, auf der Erde und in der Hölle. Gegenüberstellungen von Szenen des Alten und des Neuen Testamentes und die dadurch gezeigte Erfüllung des Alten und des Neuen Bundes stärken über die Zeiten hinweg den Glauben an den Sinn der Geschichte vor der Ewigkeit, der in der Gegenwart und für den einzelnen verborgen ist. So wird der im Barock besonders stark entwickelte Sinn für die Vergänglichkeit zugleich ein Trost; eben weil alles vergänglich ist, kann sich die Geschichte zu ihrem Sinn und Ziel hin entwickeln.

Nach der Wende zum 18. Jahrhundert kommt ein neuer Ausdruck für das Theaterstück mit Lebenden Bildern auf: »Meditationen«. Das Theater als Hilfe für die Betrachtung. Man versammelte sich zu Gebet und Gesang, dann hob sich der Bühnenvorhang und zeigte in Lebenden Bildern das zu betrachtende Geheimnis. Nach einer kurzen Erklärung folgte ein Stillschweigen, das mit einem Gesang abgeschlossen wurde. Es handelte sich bei diesen Szenen selbstverständlich nur um biblische Geschehnisse. Einen eigenen Namen bekamen dann die Bilder aus dem Alten Testament: »repraesentationes«, das eben sind die »Vorbilder« (repraesentare heißt ja wörtlich: wieder gegenwärtig machen), wie sie der Ettaler Benediktinerpater Rosner in das Oberammergauer Passionsspiel gebracht hat. Hier haben wir sie heute noch, und das ist eine kulturgeschichtlich einzigartige Leistung. Denn sonst fielen die Lebenden Bilder einer zunehmenden Entartung anheim, sie gerieten in massenhafte Übersteigerung und wurden immer mehr eine Schaustellung für die gaffende Menge. Oberammergau hat einen jahrhundertelangen Verfall des Lebenden Bildes aufgehoben.

(aus: Alois Fink »Oberammergau«. In: Alois Fink (Hg.) »Unbekanntes Bayern. Das Komödi-Spielen«. München 1961, S. 82 f.)

Kain und Abel, Passionsspiel 1930

Kritik an der Rosner-Probe 1977 wegen Wegfall der Lebenden Bilder

Bei der Rosner-Probe des Jahres 1977 wurden die meisten Vorbilder (= Lebende Bilder) gestrichen. Das hatte zweierlei Gründe: Erstens besitzen die Menschen heute nicht mehr die Bibelkenntnis, wie sie sie einst besaßen, und zweitens mußte Rosners Werk als Ganzes – nämlich um weit mehr als die Hälfte – gekürzt werden. Diese Lebenden Bilder zeigen dem Passionsbesucher den Zusammenhang zwischen dem Alten und dem Neuen Testament, sie »füllen den geistigen Raum zwischen Wort und Handlung – Bildworte wie die Gleichnisse der Propheten und Jesu – und deuten sein Kommen durch die Geschlechter des Alten Bundes.« Denn wo das Wort nicht mehr genügt, da helfen die Lebenden Bilder, weil das Religiöse »ohne diese leibhafte Darstellung nur zu leicht entweder in der bloßen Tiefe des Gewissens erstickt oder wie unwirklich sich in der Abstraktion des Geistes verflüchtigt.« In wenigen Worten wurden die eindrucksvollsten Vorbilder nach der Betrachtung des Schutzgeistes als Vorstellung bei der Rosner-Probe 1977 wiedergegeben.

(aus: Roland Kaltenegger »Oberammergau und die Passionsspiele 1634–1984«. München 1984, S. 192 f.)

Aus der Literatur sind Lebende Bilder in romantischen Erzählungen und Romanen bekannt, ebenso in Goethes »Wahlverwandtschaften«, dieser hochprekären Liebesgeschichte, die mit dem Eintritt Ottiliens in die Handlung beginnt und in einer Tragödie endet. Im Schlosse des reichen Barons Eduard und seiner Gemahlin Charlotte besorgt ein junger Architekt die Einrichtung des lebenden Spieles für die Weihnachtsfeiertage. Ein schöner, frischer Knabe wird gefunden; an Hirten und Hirtinnen fehlt es auch nicht; aber ohne Ottilien ist die Sache nicht auszuführen. Der junge Mann hatte sie in seinem Sinne zur Mutter Gottes erhoben.

Johann Wolfgang von Goethe

Die Wirklichkeit als Bild

Die Weihnachtsfeiertage nahten sich, und es wurde ihm auf einmal klar, daß eigentlich jene Gemäldedarstellungen durch runde Figuren von dem sogenannten Präsepe ausgegangen, von der frommen Vorstellung, die man in dieser heiligen Zeit der göttlichen Mutter und dem Kinde widmete, wie sie in ihrer scheinbaren Niedrigkeit erst von Hirten, bald darauf von Königen verehrt werden.

Er hatte sich die Möglichkeit eines solchen Bildes vollkommen vergegenwärtigt. Ein schöner, frischer Knabe war gefunden; an Hirten und Hirtinnen konnte es auch nicht fehlen; aber ohne Ottilien war die Sache nicht auszuführen. Der junge Mann hatte sie in seinem Sinne zur Mutter Gottes erhoben, und wenn sie es abschlug, so war bei ihm keine Frage, daß das Unternehmen fallen müsse. Ottilie, halb verlegen über seinen Antrag, wies ihn mit seiner Bitte an Charlotten. Diese erteilte ihm gerne die Erlaubnis, und auch durch sie ward die Scheu Ottiliens, sich jener heiligen Gestalt anzumaßen, auf eine freundliche Weise überwunden. Der Architekt arbeitete Tag und Nacht, damit am Weihnachtsabend nichts fehlen möge.

Und zwar Tag und Nacht im eigentlichen Sinne. Er hatte ohnehin wenig Bedürfnisse, und Ottiliens Gegenwart schien ihm statt alles Labsals zu sein; indem er um ihretwillen arbeitete, war es, als wenn er keines Schlafs bedürfte. Zur feierlichen Abendstunde war deshalb alles fertig und bereit. Es war ihm möglich gewesen, wohltönende Blasinstrumente zu versammeln, welche die Einleitung machten und die gewünschte Stimmung hervorzubringen wußten. Als der Vorhang sich hob, war Charlotte wirklich überrascht. Das Bild, das sich ihr vorstellte, war so oft in der Welt wiederholt, daß man kaum einen neuen Eindruck davon erwarten sollte. Aber hier hatte die Wirklichkeit als Bild ihre besonderen Vorzüge. Der ganze Raum war eher nächtlich als dämmernd und doch nichts undeutlich im Einzelnen der Umgebung. Den unübertrefflichen Gedanken, daß alles Licht vom Kinde ausgeht, hatte der Künstler durch einen klugen Mechanismus der Beleuchtung auszuführen gewußt, der durch die beschatteten, nur von Streiflichtern erleuchteten Figuren im Vordergrund zugedeckt wurde. Frohe Mädchen und Knaben standen umher, die frischen Gesichter scharf von unten beleuchtet. Auch an Engeln fehlte es nicht, deren eigener Schein von dem göttlichen verdunkelt, deren ätherischer Leib vor dem göttlich-menschlichen verdichtet und lichtsbedürftig schien.

Glücklicherweise war das Kind in der anmutigsten Stellung eingeschlafen, so daß nichts die Betrachtung störte, wenn der Blick auf der scheinbaren Mutter verweilte, die mit unendlicher Anmut einen Schleier aufgehoben hatte, um den verborgenen Schatz zu offenbaren. In diesem Augenblick schien das Bild festgehalten und erstarrt zu sein. Physisch geblendet, geistig überrascht, schien das umgebende Volk sich eben bewegt zu haben, um die getroffenen Augen wegzuwenden, neugierig erfreut wieder hinzublinzeln und mehr Verwunderung und Lust als Bewunderung und Verehrung anzuzeigen, obgleich diese auch nicht vergessen und einigen ältern Figuren der Ausdruck derselben übertragen war.

(aus: Johann Wolfgang von Goethe »Die Wahlverwandtschaften«. In: Erich Trunz (Hg.) »Goethes Werke« (Hamburger Ausgabe in 14 Bänden), Bd. 6, München 1981, S. 402 ff.)

Geschichte

Entwicklung

Die Geschichte des Passionsspieles beginnt mit einem Gelübde inmitten von Pest und Dreißigjährigem Krieg, die die Gesamtbevölkerung um mehr als ein Drittel dezimiert haben, manche Landstriche sind vollkommen ausgestorben.

Der »Totentanz« wird als Fresko an Kirchenwänden zur adäquaten Darstellung – nur wenigen gelingt es, sich ein Refugium zu schaffen wie jene jungen Menschen, von denen in Boccaccios »Dekameron« erzählt wird. Sie bilden eine Tisch- und Rezeptgemeinschaft, aus der alles Zusammenleben kommt – von der Struktur nicht unähnlich dem Letzten Abendmahl, nur ist die Thematik weiter. Es geht um Essen, Erotik und ein Erzählen, das ein Erzählen ist, in und mit dem jeder um sein Leben erzählt.

Giovanni Boccaccio

Das tödliche Pestübel

Ich sage also, daß nach der heilbringenden Menschwerdung des Gottessohnes eintausenddreihundertachtundvierzig Jahre vergangen waren, als in die herrliche Stadt Florenz, die vor allen andern in Italien schön ist, das tödliche Pestübel gelangte, welches – entweder durch Einwirkung der Himmelskörper entstanden oder im gerechten Zorn über unseren sündlichen Wandel von Gott als Strafe über den Menschen verhängt – einige Jahre früher in den Morgenlanden begonnen, dort eine unzählbare Menge von Menschen getötet hatte und dann, ohne anzuhalten, von Ort zu Ort sich verbreitend, jammerbringend nach dem Abendlande vorgedrungen war.

Gegen dieses Übel half keine Klugheit oder Vorkehrung, obgleich man es daran nicht fehlen und die Stadt durch eigens dazu ernannte Beamte von allem Unrat reinigen ließ, auch jedem Kranken den Eintritt verwehrte und manchen Ratschlag über die Bewahrung der Gesundheit erteilte. Ebensowenig nützten die demütigen Gebete, die von den Frommen nicht ein, sondern viele Male in feierlichen Bittgängen und auf andere Weise Gott vorgetragen wurden.

Etwa zu Frühlingsanfang des genannten Jahres begannen die Krankheiten schrecklich und erstaunlich ihre verheerenden Wirkungen zu zeigen. Dabei war aber nicht, wie im Orient, das Nasenbluten ein offenbares Zeichen unvermeidlichen Todes, sondern es kamen zu Anfang der Krankheit gleichermaßen bei Mann und Weib an den Leisten oder in den Achselhöhlen gewisse Geschwulste zum Vorschein, die manchmal so groß wie

55

ein gewöhnlicher Apfel, manchmal wie ein Ei wurden, bei den einen sich in größerer, bei den andern in geringerer Anzahl zeigten und schlechtweg Pestbeulen genannt wurden. Später aber gewann die Krankheit eine neue Gestalt, und viele bekamen auf den Armen, den Lenden und allen übrigen Teilen des Körpers schwarze und bräunliche Flecke, die bei einigen groß und gering an Zahl, bei andern aber klein und dicht waren. Und so wie früher die Pestbeule ein sicheres Zeichen unvermeidlichen Todes gewesen und bei manchen noch war, so waren es nun diese Flecke für alle, bei denen sie sich zeigten.

Dabei schien es, als ob zur Heilung dieses Übels kein ärztlicher Rat und die Kraft keiner Arznei wirksam oder förderlich wäre. Sei es, daß die Art dieser Seuche es nicht zuließ oder daß die Unwissenheit der Ärzte (deren Zahl in dieser Zeit, außer den wissenschaftlich gebildeten, an Männern und Frauen, die nie die geringste ärztliche Unterweisung genossen hatten, übermäßig groß geworden war) den rechten Grund der Krankheit nicht zu erkennen und daher ihr auch kein wirksames Heilmittel entgegenzusetzen vermochte, genug, die wenigsten genasen, und fast alle starben innerhalb dreier Tage nach dem Erscheinen der beschriebenen Zeichen; der eine ein wenig früher, der andere etwas später, die meisten aber ohne alles Fieber oder sonstige Zufälle.

Die Seuche gewann um so größere Kraft, da sie durch den Verkehr von den Kranken auf die Gesunden überging, wie das Feuer trockene oder brennbare Stoffe ergreift, wenn sie ihm nahe gebracht werden. Ja, so weit erstreckte sich dies Übel, daß nicht allein der Umgang die Gesunden ansteckte und den Keim des gemeinsamen Todes in sie legte; schon die Berührung der Kleider oder anderer Dinge, die ein Kranker gebraucht oder angefaßt hatte, schien die Krankheit dem Berührenden mitzuteilen.

Unglaublich scheint, was ich jetzt zu sagen habe, und wenn es nicht die Augen vieler sowie die meinigen gesehen hätten, so würde ich mich nicht getrauen, es zu glauben, hätte ich es auch von glaubwürdigen Leuten gehört. Ich sage nämlich, daß die ansteckende Kraft dieser Seuche mit solcher Gewalt von einem auf den anderen übersprang, daß sie nicht allein vom Menschen dem Menschen mitgeteilt ward, sondern daß auch, was viel mehr sagen will, häufig und unverkennbar andere Geschöpfe außer dem Menschengeschlecht, wenn sie Dinge berührten, die einem an der Pest Leidenden oder an ihr Gestorbenen gehört hatten, von der Krankheit befallen wurden und an diesem Übel starben. Davon habe ich unter anderm eines Tages mit eigenen Augen, wie ich vorhin gesagt habe, folgendes Beispiel gesehen: man hatte die Lumpen eines armen Mannes, der an dieser Seuche gestorben war, auf die offene Straße geworfen, und dort finden sie zwei Schweine, welche sie nach der Art dieser Tiere anfangs lange mit dem Rüssel durchwühlten, dann aber mit den Zähnen ergriffen und hin und her schüttelten; nach kurzer Zeit aber fielen sie beide, als hätten sie Gift gefressen, unter einigen Zuckungen tot auf die Lumpen hin, die sie zu ihrem Unheil erwischt hatten.

Aus diesen und vielen anderen ähnlichen und schlimmeren Ereignissen entstand ein allgemeiner Schrecken, und mancherlei Vorkehrungen wurden von denen getroffen, die noch am Leben waren. Fast alle strebten zu ein und demselben grausamen Ziele hin, die Kranken nämlich und was zu ihnen gehörte, zu vermeiden und zu fliehen, in der Hoffnung, sich auf solche Weise selbst zu retten. Einige waren der Meinung, ein mäßiges Leben, frei von jeder Üppigkeit, vermöge die Widerstandskraft besonders zu stärken. Diese taten sich in kleineren Kreisen zusammen und lebten, getrennt von den übrigen, abgesondert in ihren Häusern, wo sich kein Kranker befand, beieinander. Hier genossen sie die feinsten Speisen und die ausgewähltesten Weine mit großer Mäßigkeit und ergötzten sich, jede Ausschweifung vermeidend, mit Musik und anderen Vergnügungen, die ihnen zu Gebote standen, ohne sich dabei von jemand sprechen zu lassen oder sich um etwas, das außerhalb ihrer Wohnung vorging, um Krankheit oder Tod zu kümmern.

Andere aber waren der entgegengesetzten Meinung zugetan und versicherten, viel zu trinken, gut zu leben, mit Gesang und Scherz umherzugehen, in allen Dingen, soweit es sich tun ließe, eine Lust zu befriedigen und über jedes Ereignis zu lachen und zu spaßen, sei das sicherste Heilmittel für ein solches Übel. Diese verwirklichten denn auch ihre Reden nach Kräften. Bei Nacht wie bei Tag zogen sie bald in diese, bald in jene Schenke, tranken ohne Maß und Ziel und taten dies alles in fremden Häusern noch weit ärger, ohne dabei nach etwas anderem zu fragen, als ob dort zu finden sei, was ihnen zu Lust und Genuß dienen konnte.

Dies wurde ihnen auch leicht gemacht, denn als wäre sein Tod gewiß, so hatte jeder sich und alles, was ihm gehörte, aufgegeben. Dadurch waren die meisten Häuser herrenlos geworden, und der Fremde bediente sich ihrer, wenn er sie zufällig betrat, ganz wie es der Eigentümer selbst getan hätte.

Wie sehr aber auch die, welche so dachten, ihrem viehischen Vorhaben nachgingen, so vermieden sie doch auf das sorgfältigste, den Kranken zu begegnen. In solchem Jammer und in solcher Betrübnis der Stadt war auch das ehrwürdige Ansehen der göttlichen und menschlichen Gesetze fast ganz gesunken und zerstört; denn ihre Diener und Vollstrecker waren gleich den übrigen Einwohnern alle krank oder tot oder hatten so wenig Gehilfen behalten, daß sie keine Amtshandlungen mehr vornehmen konnten. Darum konnte sich jeder erlauben, was er immer wollte.

Viele andere indes schlugen einen Mittelweg zwischen den beiden obengenannten ein und beschränkten sich weder im Gebrauch der Speisen so

sehr wie die ersten, noch hielten sie im Trinken und in anderen Aus-
schweifungen so wenig Maß wie die zweiten. Vielmehr bedienten sie sich
der Speise und des Tranks nach Lust und schlossen sich auch nicht ein,
sondern gingen umher und hielten Blumen, duftende Kräuter oder sonstige Spezereien in den Händen und rochen häufig daran, überzeugt, es
sei besonders heilsam, durch solchen Duft das Gehirn zu erquicken; denn
die ganze Luft schien von den Ausdünstungen der toten Körper, von den
Krankheiten und Arzneien stinkend und beklemmend.

Andere aber waren grausameren Sinnes – obgleich sie vermutlich sicherer
gingen – und erklärten, kein Mittel gegen die Seuche sei so wirksam und
zuverlässig wie die Flucht. In dieser Überzeugung verließen viele, Männer
wie Frauen, ohne sich durch irgendeine Rücksicht halten zu lassen, allein
auf die eigene Rettung bedacht, ihre Vaterstadt, ihre Wohnungen, ihre
Verwandten und ihr Vermögen und flüchteten auf ihren eigenen oder
gar einen fremden Landsitz; als ob der Zorn Gottes, der durch diese Seuche die Ruchlosigkeit der Menschen bestrafen wollte, sie nicht überall
gleichmäßig erreichte, sondern nur diejenigen vernichtete, die sich innerhalb der Stadtmauern antreffen ließen, oder als ob niemand mehr in der
Stadt verweilen solle und deren letzte Stunde gekommen sei.

(aus: Giovanni Boccaccio »Das Dekameron«. München 1965, S. 13 ff.)

Pestopfer

Das Matrikelbuch der Oberammergauer Pfarrkirche St. Peter und Paul gilt als Gründungsurkunde für die Passionsspiele in Oberammergau. Es enthält die Eintragungen der Sterbefälle aus dem Jahr 1633, darunter ein handschriftliches Verzeichnis von 80 an der Pest gestorbenen Menschen. Die Oberammergauer hatten seinerzeit gelobt, alle zehn Jahre ein Passionsspiel aufzuführen, um der Seuche Einhalt zu gebieten. Nach diesem Gelübde soll in Oberammergau kein Mensch mehr an der Seuche gestorben sein.

Der Leiter des Münchner Diözesanarchivs mit dem restaurierten Matrikelbuch

Vergleich

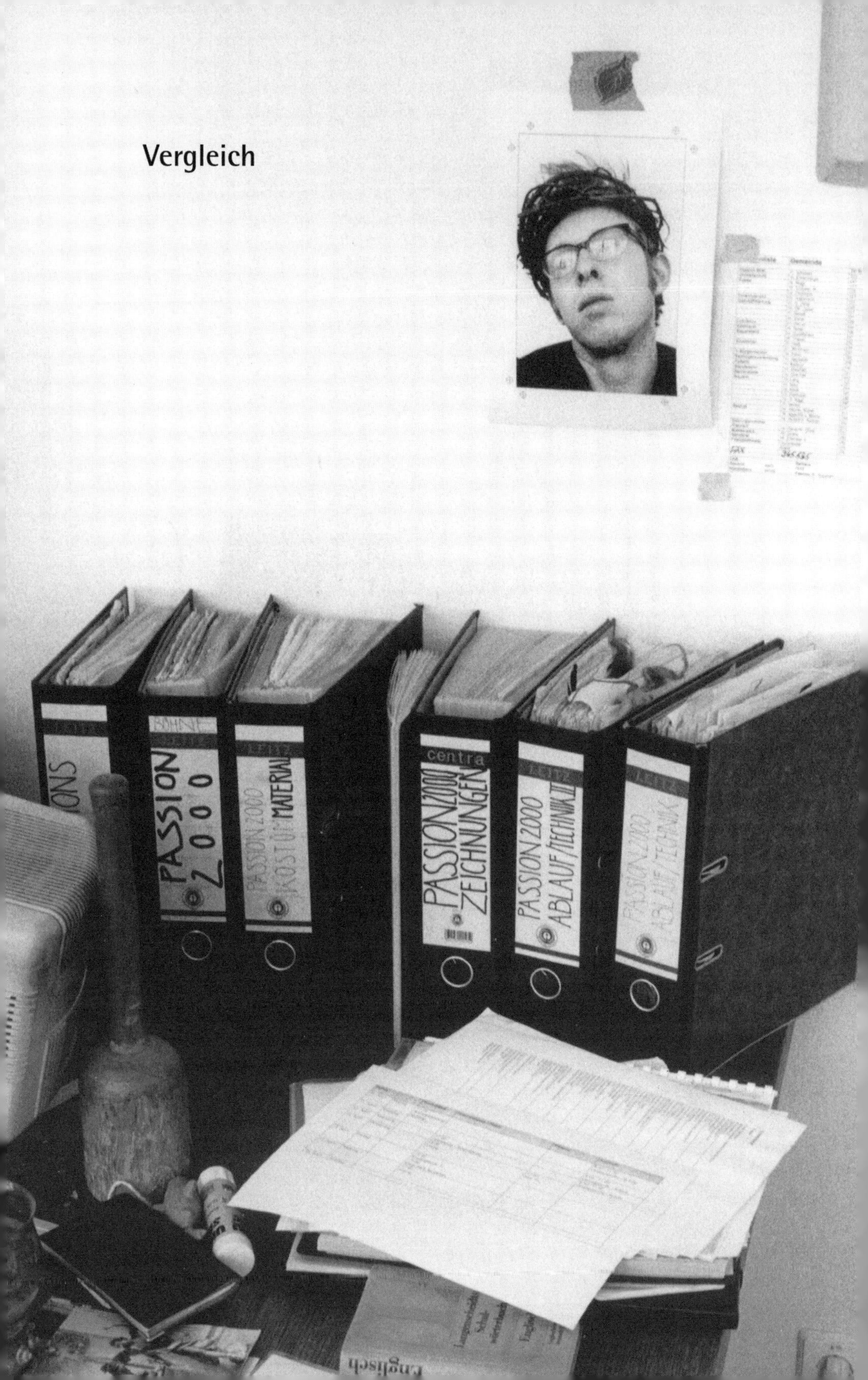
PASSION 2000
PASSION 2000 KOSTÜM MATERIAL
centra
PASSION 2000 ZEICHNUNGEN
PASSION 2000 ABLAUF/TECHNIK II
PASSION 2000 ABLAUF/TECHNIK
englisch

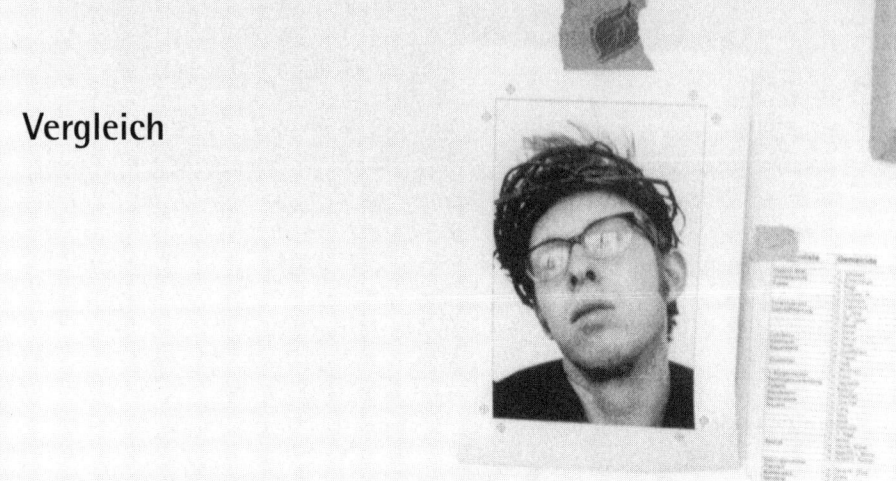

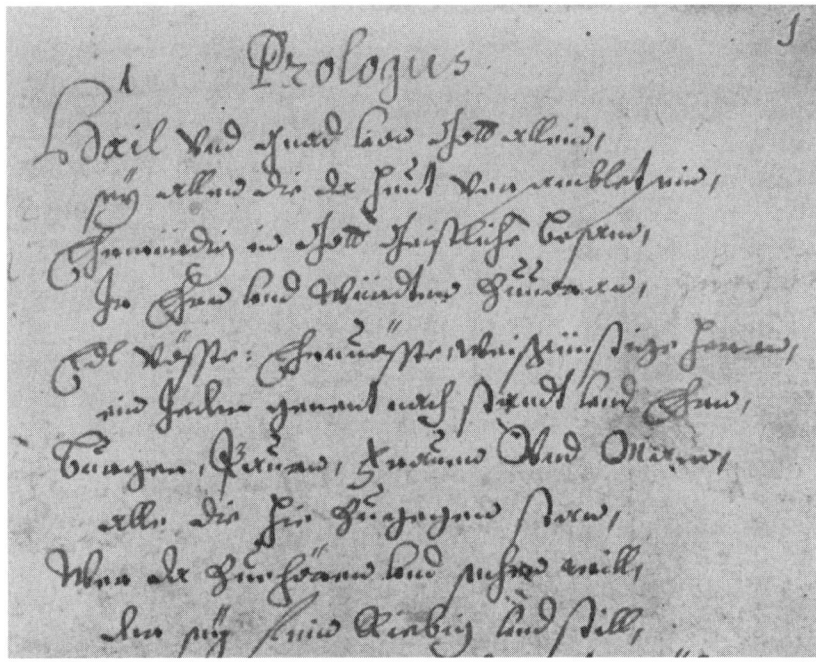

Beginn der ersten Textseite aus dem Originalmanuskript »Die älteste Oberammergauer Passion vom Jahre 1662«

*Der Text des Passionsspiels hatte nicht nur seit jeher etwas nahezu Sakro-
sanktes, er wurde auch nicht der Öffentlichkeit preisgegeben. Und selbst
der Entschluss, zur Jahrhundertwende dann doch eine Textausgabe zu
publizieren, entsprang mehr der Notwendigkeit, unautorisierten, in Umlauf geratenen Fassungen korrigierend entgegenzuwirken.*
*Niemand wird der Gemeinde das Recht bestreiten, das Passionsspiel nach
ihrer Vorstellung in Szene zu setzen, der Text ist aber kein geistiges Eigen-
tum von Oberammergau – und vor allem: den Text, wie von sogenannten
Traditionalisten reklamiert, gibt es gar nicht. Auch der Daisenberger, also
ein Text, der von Daisenberger allein verfasst sein soll, besteht als solcher
nicht, und doch gibt es um ihn zahllose kämpferische Auseinandersetzungen im Dorf. Schon immer haben Spielleiter Änderungen an einer Textfassung vorgenommen, die wohl auf Daisenberger zurückgeht, aber schon
längst nicht mehr in dieser Form aus seiner Feder stammt. Schon immer
hat man in Oberammergau selbst – abgesehen von der Alternative zu dem
Text von Rosner – daran gedacht, einen völlig neuen Text zu erarbeiten.
Wilhelmine von Hillern wurde dabei ins Spiel gebracht und im 20. Jahrhundert Leo Weismantel und Alois Johannes Lippl.*

Die würdevolle Ausführung des Ganzen, die edlen Bewegungen der Darsteller,
das unnachahmlich schöne Ensemble - alles dies wirkt zusammen,
um den Zuschauer unwiderstehlich zu fesseln. Er vergißt seine Folterbank,
auf der er sitzt, er übersieht oder überhört Geschmacklosigkeiten des Textes,
er drückt bei den Marien- und bei einzelnen störenden Details die Augen zu
und erfreut sich am Ganzen ... Das Spiel der Ammergauer ist - eben darin liegt
seine eminente religiöse und kulturgeschichtliche Bedeutung - eine Art
volkstümlichen Gottesdienstes, wie auch die mittelalterlichen Mysterien es waren.
Alexander von Oettingen

Georg Queri

Der Oberammergauer Passionstext und seine Wandlungen

Aus der Reihe der zahllosen Dokumente älterer religiöser Dramatik sind die Passionsspiele als wichtige Grundlagen für die deutsche Literaturgeschichte auszuscheiden.

Wenn nun hier auch alte Freisinger und Benediktbeurer Handschriften als die wertvollsten Funde erscheinen, so ist der späteren Passionsdramen keineswegs zu vergessen, umsomehr, als sie in Sprache und Art eine deutsche dramatische Epoche einleiten. Und unter diesen muss das Oberammergauer Spiel in seinem ältesten bekannten Text als eines der bedeutendsten gelten.

Das heutige Oberammergauer Passionsspiel ist als eine religiöse ex-voto-Übung zu betrachten, deren Begründung in das Pestjahr 1633 zurückreicht.

Das urkundliche Material dieses Jahres bestätigt das grosse Sterben, ohne des Passionsgelöbnisses zu gedenken; erst im folgenden Jahrhundert finden sich hierüber amtliche Aufzeichnungen, die aber anscheinend Abschriften aus früheren, wohl den authentischen Quellen sind. Trautmann gibt aus dem Münchener Kreisarchiv (Acta, das Passionsspiel zu Oberammergau betr. 1770-1794) den folgenden im April 1770 verfassten amtlichen Bericht der Gemeinde Oberammergau über das Pestgelübde wieder [siehe nebenstehenden Kasten].

Das Pestgelübde

Demnach Anno 1633 die Leydige pestilenzische Contagion an denen hierumb Ligent benachbahrten orthen, alss zu Partenkürch, Eschenlohe, Khollgrueb, auf dass hefftigiste eingerissen und sich solcher gestalten Aussgebreittet, dass in obvermelter Khollgrueber Pfarr Nur Einzige Zwey paar Eheleut Von diser so entsetzlich Grassierten pestilenz ybrig gelassen worden vnd ob mann Zwar anseiten dess allhiehgen Dorfs zu Abwendung diser seuche Auss hocher Nothdurfft die Zeitliche Guette Vorsechung Zu thuen Euffrigist und der gestalten beflissen gewest, dass nit nur allein Zu abkehrung deren, etwan diser Contagion halber Suspecte Persohnen fleissige Wachen aufgestöllt, sonder sogar denen Landtreisenden dass Essen und Trincken Von dass Dorff hinausgetragen worden, So ist nichts desto weniger, ohnerachtet der so Gross getragenen Vigilanz, durch einen allhiehgen Mann Nahmens Caspar Schüssler, welcher selbiger Zeit zu Eschenlohe bey dem Mayr alss Sommer-Maader gewest und nachgehends an unser Khürnacht haimlich yber dem berg, vmb sein Weib und Kindt haimbzusuchen, inficierter herüber gekommen, Layder dise Sucht eingeführt, Er selbsten aber am Montag oder Nachkhürchtag, das ist den dritten tag darauf ein leich worden; Dises übel aber in so weith umb sich Zu Greiffen angefangen, dass inner 3 Wochen auss dem Allhiehgen Dorff 84 Personen gestorben. Zumahlen man aber bey solch obwaltendt schwären umbständten vndt gefährlichen aussrechnen vor allem Zu Gott dem allerhöchsten sich zu wenden vndt seine Allmacht mit demiethigen herzen vnd sehnlichen Vertrauen anzuflechen hat, Also hat man auch Bey allhieger Gemein an solch Christlicher Gebühr und Obsorg nichts erwinden Lassen, vndt mit einstimmigen Consens der Vorgesetzten gemeins, Sechs vnd Zwölff, auch anderer Gemeinsleuth ein gelibt, Zu dem barmherzigisten Gott angestöllt, also Nemlichen alle 10 Jahr die passions-Tragedi zu Ehren dess bitteren Leyden und sterbens Jesu Christi Zu halten und Zu Exhibieren, alsdan auch von den tag diser gelobnus an, so an St. Simeonis et Juda Vorabendt geschechen, dise Contagion nit nur alleine Mörckhlich, sonder gar abgenommen, ohnerwogen dass doch Vihle leuth mit Pestzeichen zu sechen und Inficierter gewest, Kein Einziger Mensch mehr durch dise Sucht aufgeriben, mithin dises Dorf von selbiger Gänzlich befreyt, dise Tragödi Vollgends Jahr darauf alß anno 1634, daß Erstemahl und so forth alle 10 Jahr Vnunterbrichig gehalten worden.

Textgeschichte

Als Oberammergau sein Ewigkeitsgelübde einging, konnte es von vorneherein des Beifalls der geistlichen Oberen sicher sein. Denn der Klerus be-
trachtete die religiösen Spiele mit günstigen Augen, die auf rein evangelischer Grundlage sich aufbauende dramatisierte Leidensgeschichte
Christi ebenso wie die zahlreichen Mysterienspiele, die die Person der
Gottesmutter in den Vordergrund rückten und somit ausgesprochen katholischer Tendenz waren, die Charfreitagsprozessionen dann mit szenischen Auftritten, die Weihnachts- und Dreikönigspiele u.s.w. Ein wichtiges Moment, das die bäuerlichen religiösen Spiele im Klerus empfahl, bestand darin, dass die dramatische Arbeit zumeist in den Händen von
Mönchen (Jesuiten und Benediktinern) lag.

Das liesse vielleicht annehmen, dass sich Oberammergau seinen Text aus
dem nahen Benediktinerkloster Ettal oder aus Rothenbuch verschrieb. Zu
beiden Klöstern bestanden gute nachbarliche Beziehungen und es ist
wohl möglich, dass die Gemeinde die gelehrten Mönche um eine dramatische Darstellung des Leidens und Sterbens Christi anging. Aber mühe-
loser hätte die Gemeinde ihr Spielbuch aus Weilheim beschaffen können,
wo sich das Passionsspiel des Pfarrers Johannes Älbl grosser Beliebtheit
erfreute – seit dem Sonntag Trinitatis 1600, da es auf dem Marktplatze
zum erstenmale gegeben worden war.

Bei der großen Vorliebe, die die damalige Zeit den religiösen Schauspie-
len entgegenbrachte, ist indessen anzunehmen, dass Oberammergau sein
Passionsspiel vielleicht schon hatte, nach demselben alten Brauche wohl,
der vielfach auch in den kleineren Orten Altbayerns bestand. Das ist allerdings urkundlich nicht zu belegen; die Tatsache indessen, dass grösse-
re Partieen des ältesten bekannten Oberammergauer Textes bereits im
XV. Jahrhundert verfasst wurden, lässt die Möglichkeit offen, dass dieser
Text nicht erst im XVII. Jahrhundert von der Gemeinde adaptiert wurde.
Auch weist der Umstand, dass eben ein Passionsspiel an Stelle anderer
religiöser Handlungen gelobt wurde, darauf hin, dass die Oberammergauer mit diesen religiösen Spielen vertraut waren, dass sie also vielleicht
das bisher mit freiem Willen Geübte zur frommen Pflicht erhoben.

Jedenfalls reichen die religiösen Spiele in Altbayern bis in das XI. Jahrhundert zurück, vielleicht noch weiter, wenn man das von Schmeller ent-
deckte Freisinger Dreikönigsspiel in Betracht zieht; als ältestes Passionsspiel mag das Benediktbeurer in Betracht kommen, das Schmeller in der
»Carmina burana« mitteilt; ferner ist im Jahre 1189 ein Osterspiel des
Mönches Werinher von Tegernsee vor Kaiser Friedrich dem Rotbart aufgeführt worden. Während das Benediktbeurer Spiel in der Hauptsache in
lateinischer, in kleinen Partieen nur in deutscher Sprache niedergeschrieben ist, handelt es sich bei dem Tegernseer Spiel um ein mönchi-

sches Spiel in ausschliesslich lateinischer Sprache. Erst im XV. Jahrhundert verschwindet das klösterliche Latein aus der religiösen Dramatik, um einem Vulgärdeutsch Platz zu machen, das sich jeweils dem örtlichen Dialekt anpasst.

Ein Teil – fast die Hälfte – unseres alten Oberammergauer Textes entstammt einem dieser ursprünglich deutschen Versdramen; das in Betracht kommende Manuskript ist im XV. Jahrhundert von einem unbekannten Verfasser niedergeschrieben worden. Es ging aus der Bibliothek des Kloster Sankt Ulrich und Afra – in dem es wohl entstand – an die Münchener Staatsbibliothek über. Die zweite ungefähre Hälfte des Oberammergauer Textes ist dem Passionsspiel des Augsburger Meistersingers Sebastian Wild entnommen, das im Jahre 1566 in Augsburg bei Matthäus Frank in Druck erschien.

August Hartmann, wohl der bedeutendste Kenner der älteren religiösen Dichtkunst, hat diese beiden Texte in seinem Buche »Das Oberammergauer Passionsspiel« abgedruckt.

Wenn auch der Text des ersten ex-voto-Spieles vom Jahre 1634 nicht mehr erhalten ist, so dürfte doch das nur um 28 Jahre jüngere Manuskript im Wesentlichen mit dem Urtexte übereinstimmen. Ein Vermerk am Schluss des Manuskriptes lautet nämlich: »Ist widerumben Renoviert, vnd beschriben worden, im Jahr nach der Gnadenreichen Geburtt Christi 1662.«

Es mag dahingestellt sein, wie weit diese Renovation des ältesten Textbuches ging; möglicherweise handelte es sich nur um die mechanische Erneuerung eines Handexemplares oder wohl auch um die unbedeutenden Wort- und Dialektänderungen und um die unbegründeterweise ab und zu geänderten Satzstellungen und damit der Reime, durch die sich das dramatische Gedicht von 1662 von der ursprünglichen Form der beiden Augsburger Spiele unterscheidet. Es sind annähernd 4000 Verse aus den beiden insgesamt 4775 Verse umfassenden Dramen im Oberammergauer Text enthalten. (...)

Im Jahre 1680 wurde der alte Text an vierzehn Stellen durch eingelegte Blätter etwas geändert und durch eine neue Figur, »die Seele«, erweitert, mit der der Engel Zwiesprach hält. Einige dieser Zutaten entstammen dem Weilheimer Spiel »Unseres lieben Herrn Passion und seine fröhliche Urständ, spielweis beschrieben von Johannes Albl, Pfarrer und Prediger der churfürstlichen Stadt Weilheim«, das zum erstenmale am Sonntag Trinitatis des Jahres 1600 auf dem »freyen bladz« gegeben wurde. (Manuskript im Archiv Guido Lang.)

Von den aus diesem Spiel übernommenen Einschaltungen sind nur zwei von Wichtigkeit, der Auftritt des Höllenboten, den wir in seiner originellen Fassung im Text von 1662 mitabdrucken und das gereimte Vaterunser, das Christus vor dem Abendmahl betet. Diese letzte Einschaltung lautet:

»So balt man sich zum Abendmahl gerichtet hat, spricht Christus
vor dem Tisch den Jüngern vor vnd sie sprechen all nach:
Ehe daß wür essen, ist vonnetten,
daß wür daß Vatter Vnnser betten:
Vatter Vnnser aller zu gleich,
der du bist in dem Himmelreich,
dein Namen Herr Geheiliget werd,
wie im Himel also auch auf Erdt,
Zu khomb vnnß dein Reich, dein willen,
laß Vnnß durch dein Gnad erfillen,
Gib Vnnß heut Vnnser Täglich brot;
waß Vnnß zu leib vnd Seel ist noth,
Vnd vergib vnnß vnnsere schuld,
wie wür vergeben mit Gedult
all vnnsern Schuldigern auf Erden,
laß vnnß o Herr auch nit werden
Gefiehrt in khain versuchung nicht,
wann vnnß der böße feind anficht,
Erlöß vnns Herr auß aller Gfahr,
amen amen daß werde wahr.« (...)

Nach dem Passionsspiele vom Jahre 1700 erfuhr der Text auch an wichtigeren Stellen Abänderungen: als technische Neuerungen kommen mehrere Vorhänge zum Auf- und Zuziehen; neben dem Prologsprecher erscheint ein Argumentator, der singend oder sprechend erklärt und Nutzungsanwendungen gibt.
Der Text des Jahres 1750 kommt als einigermassen selbständige Arbeit in Betracht, nachdem vorher hin und wieder Versverbesserer an dem Drama gearbeitet und recht viel Verwässertes zu Tage gebracht hatten. Die Kraft des alten einfachen Prologes war einer Phrasenreihe gewichen:

»Kombt her Ihr Menschen ins Gemein,
hört, was ich euch jetzt sage:
Ein trauriges Spihl, so ich bewein
und wehmüthig beklage,
Würdt Vns vorgstellt uff disser bühn.
Diß fasset tieff zu herzen,
Da könt Ihr weyden mueth und Sinn,
In leyden, trauer und schmerzen.«

Ferdinand Rosner

Die allegorischen Figuren von Tod und Sünde, von Geiz und Neid, die neu auf dem Plane erscheinen, helfen an dieser Verwässerung des gewaltigen Dramas mit. Als das Jahr 1750 dann in der umfangreichen Arbeit des Ettaler Paters Ferdinand Rosner ein neues Passionsspiel brachte, konnte an ein Wiederausscheiden dieser allegorischen Figuren unmöglich zu denken sein. Der äusserst schreiblustige Benediktiner hielt sich ganz an den Geschmack seiner schwülstigen Zeit, die nur eine retrospektive Literatur kannte, und neues, selbständiges nicht zu gebären vermochte.

Aber gleichwohl wäre es nicht uninteressant, den Rosner'schen Text wenigstens auszugsweise zu veröffentlichen. Denn er interessiert als Prototyp jener flachen allgemeinen Versprodukte, die einerseits stark mit den rohen Instinkten der Menge rechneten, anderseits doch wieder in Sentenzen und langathmigen Betrachtungen sich erschöpften.

Die Zeit Rosner's ist charakterisiert durch den Verfall der Passionsspiele. Sie hatten das kernige Volkstümliche verloren zu Gunsten einer lehrhaften Tendenz. Lediglich die Weihnachtsspiele der Altbayern, die zumeist ungelehrte Verfasser hatten, blieben als Produkte des Volksgemütes bewahrt vor kunstfertigen Correctoren und hohlen Umdichtern. Und während die Passionsspiele mehr und mehr halbwegs geübte Dramatiker zu Verfassern fanden, mit denen die Dorfdichter nicht zu konkurrieren wagten, blieb das Weihnachtsspiel und das Weihnachtslied eine Domäne der Volkskunst. Gerade in der Zeit von der Mitte bis zum Ende des XVIII. Jahrhunderts, die die altbayrische Volkspoesie auszeichnen. (...)

Es ist kein Zweifel, dass Rosner mit manchen realistischen Szenen eine unerhörte Wirkung bei seinem naiven Publikum erzielte. Aber wo ihm die krassen Momente fehlten, setzte er mit ermüdender Theatralik ein. Da Maria an das Kreuz tritt, an dem ihr Sohn dem Tode nahe ist, drückt sie ihren Kummer in folgenden Banalitäten aus:

O Jesu, du würst ja indessen
hier deiner Muetter nicht Vergessen?
die, weil man dir das leben nimmt,
in Einem Meer der schmerzen schwimmt.

Gleichwohl findet Rosner in der Marienklage (nach der Kreuzabnahme) einige hübsche Momente.

Ich werdt gebenedeyt
mit disem leib Vor allen,
Nun aber mit mehr leydt,
als alle überfallen.

wie khann Ich disen todt
nach würdigkeit beclagen,
die Ihn als wahren gott
neun monath lang getragen?
Wohin mein aug sich wendt,
wirdt nirgents was gefunden
an haubt, an füeß, vnd händt,
am ganzen leib, als wunden.
ach nögl! ach wie schwär!
wie harth habt Ihr durchbrochen
die händt, Vnd fieß, o Sperr,
wie tieff hast du gestochen!
du öffnest zwar die thür
zu den schon todten herzen,
dein wundten brachte mir
doch wahre Todtes schmerzen ...

Diese wirklich empfundenen Verse vermögen die Schwäche des ganzen
Werkes nicht gut zu machen; sie entkräften auch die Vorwürfe der geistlichen Oberhirten nicht, die mit einem unausgesprochenen Hinweis auf
das verbreitete Passionsdrama von Rosner die gesamte religiöse Dramatik
verurteilten und auf deren landesherrliches Verbot hinarbeiteten.
Dieses Verbot trat denn auch für das Jahr 1770 in Kraft und der Gedanke
ist nicht von der Hand zu weisen, dass an der Schwelle dieses Oberammergauer Passionsjahres das churfürstlich geistliche Ratskollegium mit
besonderem Nachdruck seine Wünsche verfolgte. Jedenfalls ist dem Rosnerschen Drama an dem unterm 31. März 1770 ausgesprochenen General-
verbot die Hauptschuld beizumessen.

Verbot der Passionstragödien
Bereits im Jahre 1762 hatte das geistliche Ratscollegium in München bei
dem Churfürsten Maximilian III. ein allgemeines Verbot der Passionstra-
gödien und der (mit Darstellungen verbundenen) Charfreitagsprozessionen beantragt. Indessen erfolgte durch Dekret vom 31. März 1763 nur eine Einschränkung dieser Spiele (...). Ein Jahr früher hatte bereits das
bischöfliche Ordinariat Passau ein durchgreifendes Verbot erlassen, dem
sich im Jahre 1768 die Ordinariate von Salzburg und Regensburg an-
schlossen. Das churfürstliche Verbot von 1770 dann ging den gleichen radikalen Weg und die Oberammergauer Supplikanten wurden trotz ihrer
Berufung auf die Heiligkeit des Gelübdes abgewiesen; »wenn dieses ein
Votum, so sollen sie dieses in eine andere Gottesdienstliche Handlung,
Predigt, oder Stundgebeth und dergleichen verwandeln.«

Auch weitere Bittschriften und die Absendung einer Deputation blieben erfolglos. Und so bildet das Jahr 1770 eine Lücke in der Reihenfolge der Oberammergauer Passionsspiele. Das Jahr 1780 gestattete – unter dem milderen Karl Theodor – den Oberammergauern eine Ausnahmestellung. Freilich musste der Erlaubnis zu Liebe der Rosnersche Text zum Opfer fallen; das neue Versdrama schrieb der Ettaler Pater Magnus Knipfelberger (1747-1825) und die churfürstliche Regierung beschied, daß »daß eingereichte Schauspiel, daß alte und Neue Testament Betittelt, nichts ungebührliches enthalt.« (...)

Ottmar Weiß
Man sieht: die große Sache des Passionsdramas war der Trivialität verfallen und rettungslos verballhornt. Vielleicht litt der Besuch der Passionsspiele darunter; aber jedenfalls gab der churfürstlich geistliche Rat in München abermals seiner Mißstimmung Ausdruck und so kam es, daß bereits im Jahre 1801 (die Oberammergauer hatten 1800 des Krieges halber nur einigemale gespielt) das Sonderrecht Oberammergaus als erloschen erklärt wurde: doch hatten in diesem Jahre die Spiele bereits viermal stattgefunden. Gegen das Jahr 1810 interessierten sich nur mehr wenige bayerische Gemeinden für die Aufführung von Passionsspielen; die Verbote hatten den alten Brauch einer ganzen Generation vorenthalten und infolgedessen so ziemlich brachgelegt. Doch verharrten die Oberammergauer zäh bei der Sitte der Väter und rüsteten nach den Kriegsläufen des Jahres 1819 wieder zum Spiele. Pater Ottmar Weiß von Ettal arbeitete den unglücksvollen Text in Prosa um und revidierte diese Revision im Jahre 1815 – als ein Spieljahr eingeschoben wurde – wieder; zugleich schuf der Oberammergauer Lehrer und Organist Rochus Dedler die Kompositionen zu den zahlreichen Liedern und Chören. (Schon im Jahre 1680 hatte man Gesänge eingeschaltet und hie und da Trompetenfanfaren. Rosner führte größere Chöre und Recitative ein und Knipfelberger behandelte den gesanglichen Teil bereits planmäßig und umfangreich. Mit dem Texte des Paters Ottmar wurden Musik und Gesang teils für die Verse zu den lebenden Bildern, teils als Zwischenaktsvertreib während der szenischen Verwandlungsarbeiten Bedingung.)

Aloys Daisenberger
Während die Musik Dedlers bis heute – ganz geringe technische Überarbeitungen ausgenommen – unverändert blieb, ergab sich für das Drama bald wieder die Notwendigkeit einer gründlichen Umgestaltung. Der Text des Pater Ottmar ist leider verloren gegangen [Anmerkung der Herausgeber: Kurz vor Drucklegung der Originalausgabe von Queri wurden die Aufzeichnungen entdeckt]; aus dem wenigen, was über diese Arbeit

geschrieben worden ist, vermag man schwer ein Urteil zu fällen, umsomehr, als der hauptsächlichste Essay über das Passionsspiel vor 1850 von dem geistlichen Rat Aloys Daisenberger stammt, einem Schüler des Paters Ottmar, der in zuweitgehender Bescheidenheit seine eigene Arbeit in den Schatten stellte, um seinen Lehrer und alten Freund zu erhöhen. Daisenberger schreibt: »Pater Ottmar übernahm die neue, der neuen Zeit angemessenere Bearbeitung des Textes, mit Weglassung aller poetischen Zutaten der letztvergangenen Jahrhunderte, ... die Darstellung der Leidensgeschichte selbst lediglich auf die heiligen Evangelien zu gründen, und jeder einzelnen Handlung die darauf bezüglichen biblischen Vorbilder aus dem alten Bunde in plastischen Vorstellungen vorangehen zu lassen, den Zusammenhang, zwischen Vorbild und Erfüllung aber durch das gesprochene oder gesungene Wort der Genien zu deuten, und durch dieselben bey jedem Auftritt das Beherzigungswerteste den Zuschauern an das Herz zulegen. Nach diesem einfachen reiflich durchdachten Plane legte er seinen ersten Versuch an, den er im Jahre 1811 zur Ausführung brachte, dem er aber im Jahre 1815 die vollkommenere Gestalt gab, in welcher seine Arbeit mit wenigen Veränderungen noch im Jahre 1850 erschien.« (...) Ausser den Gesangstexten ist indessen von dem Werke Pater Ottmars nichts mehr erhalten. Es ist infolgedessen auch schwer, aus der Neugestaltung des Passionstextes für das Jahr 1850 den Anteil des Oberammergauer Pfarrers Aloys Daisenberger herauszuschälen, der mit der Revision betraut war. Jedenfalls scheint die Revision sehr notwendig gewesen zu sein, denn ausser der Gemeinde verlangte auch die Regierung Änderungen.

Es gab ja fast bis in diese Zeit immerhin noch einige zu profane Passionsspiele, die wiederholt das Missfallen der geistlichen Oberen erweckten und gegen die also auch die Regierung aufmerksam gemacht wurde. In Mittenwald gelangte eine Darstellung des Leidens Jesu zur Aufführung, bei der der Heiland realistisch seinen Kreuzweg durch die Strassen des Ortes zu nehmen hatte. Der jüdische Pöbel folgte ihm und einer der Schergen hatte u. a. die in einem ausgeprägten Lokalkolorit gehaltenen Verse zu sprechen:

Furt, furt, ans Kreuz mit dir!
Moanst wohl gar, wir gehn mit dir zum Bier,
moanst, wir gehn zum Zisibäckn?
A braune Maß Bier tät dir halt schmecken,
A Batznlaibele aa dazua,
Wenn ich noch gnuag gebn tua,
moanst, wir tuen dir Küchlen bachn,
I will dirs mit der Pritsch glei anderst machn!

Wenn auch das Mittenwalder Passionsspiel bereits in den 20er Jahren des vorigen Jahrhunderts erlosch, so hatte doch das geistliche Ratskollegium zu München nach 70jährigen Erfahrungen noch ein recht wachsames Auge auf die Passionsspiele. Die Regierung trat dann in die Fussstapfen des Kollegiums und nahm wiederholt Gelegenheit, einzugreifen. Es ist also nicht unmöglich, dass auch gegen Pater Ottmar's Text Bedenken aufgekommen waren.

Daisenberger schweigt sich bescheiden über seine Arbeit aus. Er schreibt u. a.: »... in Pietät gegen den Verfasser, seinen ehemaligen Lehrer und grössten Wohltäter, und in der Überzeugung, dass dem Volke jede wesentliche Abänderung des demselben in lebhafter Erinnerung vorschwebenden Ganges der Handlung unangenehm seyn würde, beschränkte er sich darauf, manche veraltete oder zu derbe oder zu weichliche Ausdrücke abzuändern, und manche zu weitläufig ausgesponnene Rede abzukürzen. Der Text der Gesänge wurde ganz unverändert gelassen ...«

Es ist indessen ziemlich sicher, dass Daisenberger einen völlig neuen Dialog schrieb, der sich nach Möglichkeit an den biblischen Wortlaut hielt. Somit wäre der Passionstext, wie er seit dem Jahre 1850 und für die berechenbare Zukunft für die Oberammergauer Spiele grundlegend ist, hauptsächlich für eine Arbeit Daisenbergers zu halten; jedenfalls geben seine übrigen schriftstellerischen Arbeiten von einem mehr als durchschnittlichen Können und von guter dichterischer Begabung Zeugnis. Daisenberger hat den Text von 1850 späterhin noch in Jambenform übertragen und es scheint ihm Herzenswunsch gewesen zu sein, diesen neuen Text auf der Passionsbühne gesprochen zu wissen. Er sah indessen die technischen Schwierigkeiten wohl ein und machte keinen Versuch, seinen Wunsch in Erfüllung gelangen zu lassen.

(aus: Georg Queri »Der Oberammergauer Passionstext und seine Wandlungen« (Einführung des Herausgebers). In: Georg Queri (Hg.) »Der älteste Text des Oberammergauer Passionsspiels« (nach der Handschrift im Archiv des Hauses Guido Lang). Oberammergau 1910, S. VII ff., S. XVII ff., S. XXIX ff., S. XXXVI ff.)

Textvergleich

Wie wenig es diesen einen Text des Passionsspiels gibt, zeigt der Vergleich zwischen zwei Fassungen ein und derselben Szene. Ausgewählt wurde dabei – ausgehend von einer Grundidee dieses Buches, im Abendmahl ein zentrales Muster von Spiel, Diskurs und symbolischem Abbild Oberammergauer Strukturen abzubilden – die Szene »Abendmahl« mit drei Schwerpunkten: dem Abendmahl selbst, der Fußwaschung und dem Verrat des Judas. Als Vergleichsjahre wurden die Textfassungen von 1934 und 2000 herangezogen.

Abendmahl, Passionsspiele 1900

Passionstext 1934

Christus: Sehnlichst habe ich darnach verlangt, dieses Osterlamm noch mit euch zu essen, ehe ich leide. Denn ich sage euch: Von nun an werde ich es nicht mehr essen, bis es erfüllt sein wird im Reiche Gottes. – Vater! Ich danke dir für diesen Trank der Reben. Nehmet hin und teilet ihn unter euch; denn ich sage euch. Ich werde von nun an von dem Gewächse des Weinstockes nicht mehr trinken, bis das Reich Gottes kommt.

Jünger: Herr! Ist dies das letzte Osterfest?

Christus: Einen Trank werde ich im Reiche Gottes, meines Vaters, mit euch trinken, wie geschrieben steht. Aus dem Strome der Seligkeit wirst du sie tränken.

Petrus: Wenn aber, Meister, dieses Reich erschienen sein wird - wie werden dann die Plätze ausgeteilt sein?

Jakobus 1: Welcher von uns wird dann den Vorrang haben?

Thomas: Oder wird vielleicht jedem eine abgesonderte Herrschaft zugewiesen werden?

Bartholomäus: Das würde das Beste sein. So würde sich kein Streit mehr unter uns erheben.

Christus: So lange schon bin ich bei euch, und ihr seid noch - so sehr im Irdischen befangen! – Allerdings bereite ich euch, die ihr in meinen Versuchungen mit mir ausgehalten habt, das Reich zu, wie es mir mein Vater zubereitet hat, daß ihr in meinem Reiche an meinem Tische esset und trinket, und auf Thronen sitzet, die zwölf Stämme Israels zu richten. Merket aber wohl: Die Könige der Völker herrschen über sie, und die Gewalthaber werden Wohlthäter genannt. Bei euch aber soll es nicht so sein, sondern der Größte unter euch sei wie der Geringste, und der Vornehmste wie euer Diener! Nun setzt euch, geliebte Jünger!

Jünger: Was will er wohl tun?

Christus: Petrus! Reiche mir deinen Fuß!

Petrus: Herr! Die Füße willst du mir waschen?

Christus: Was ich tue, verstehst du jetzt nicht; du wirst es aber nachher verstehen.

Petrus: In Ewigkeit sollst du mir die Füße nicht waschen.

Christus: Wenn ich dich nicht wasche, so wirst du keinen Anteil an mir haben.

Petrus: Herr, wenn das ist – nicht allein die Füße, sondern auch die Hände und das Haupt!

Christus: Wer gewaschen ist, bedarf mehr nicht, als daß er die Füße wasche, so ist er ganz rein. Ihr seid jetzt rein – aber nicht alle! Ihr nennt mich Meister und Herr, und ihr redet recht, denn ich bin es. Wenn nun ich euch die Füße gewaschen habe, – der ich euch Herr und Meister bin, so sollt auch ihr, einer dem andern die Füße waschen; denn ich habe euch ein Beispiel gegeben, daß auch ihr so tuet, wie ich euch getan habe. Fürwahr! Fürwahr! Der Diener ist nicht größer, als derjenige, der ihn gesandt hat. Da ihr dieses wisset – selig seid ihr, wenn ihr es tut. Kinder! Nicht mehr lange werde ich bei euch sein. Damit aber mein Andenken niemals unter euch ersterbe, will ich euch ein ewiges Denkmal hinterlassen und so immer bei euch und unter euch wohnen. – Der alte Bund, den mein Vater mit Abraham, Isaak und Jakob geschlossen, hat sein Ende erreicht. Und ich sage euch: Ein neuer Bund fängt an, den ich heute feierlich in meinem Blute stifte, wie der Vater mir aufgetragen, und dieser wird dauern, bis alles vollendet sein wird. – O, Vater, gib deinen Segen. - Nehmet hin und esset! Dies ist mein Leib, der für euch hingegeben wird. Tut das zu meinem Gedächtnis! Nehmet hin und trinket alle daraus! Denn dies ist der Kelch des neuen Bundes in meinem Blute, welches für euch und für viele wird vergossen werden zur Vergebung der Sünden. – So oft ihr dieses tun werdet, tut es zu meinem Gedächtnis! –

Johannes: Bester Lehrer! Nimmer will ich deiner Liebe vergessen. Du weißt es, daß ich dich liebe.

Alle außer Judas: O Liebevollster! Ewig wollen wir in Liebe mit dir vereinigt bleiben!

Petrus: Dieses heilige Mahl des neuen Bundes soll nach deiner Anordnung immer so von uns gefeiert werden.

Matthäus: Und so oft wir es feiern, gedenken wir dein und deiner Liebe.

Alle außer Judas: O göttlicher Freund, geliebtester Lehrer!

Christus: Meine Kinder. Bleibet in mir und ich bleibe bei euch. Gleichwie der Vater mich geliebt hat, so habe auch ich euch geliebt. Bleibet in meiner Liebe! Wenn ihr meine Gebote haltet, so bleibet ihr in meiner Liebe. Aber – ach! Muß ich es sagen? Die Hand meines Verräters ist mit mir auf dem Tische.

Mehrere: Wie? Ein Verräter in unserer Mitte?

Petrus: Ist es möglich?

Christus: Wahrlich, wahrlich sage ich euch: einer aus euch wird mich verraten.

Andreas: Herr! Einer von uns Zwölfen?

Christus: Ja, einer von den Zwölfen! Einer, der mit mir die Hand in die Schüssel tunkt, wird mich verraten. Es wird die Schrift erfüllt werden: Der das Brot mit mir ißt, wird seinen Fuß gegen mich aufheben.

Thomas und Simon: Wer sollte dieser Treulose sein?

Matthäus: Herr! Du siehst in aller Herzen. Du weißt, daß ich es nicht bin.

Jakob major und minor: Nenne ihn öffentlich, den Schändlichen!

Thomas: Ich würde vor Scham in die Erde versinken, wenn ich es wäre.

Thaddäus: Herr! Bin ich es?

Judas: Herr! Bin ich es?

Thaddäus: Lieber mein Leben für dich, als solch einen Schritt!

Christus *(zu Judas während der Worte des Thaddäus)*: Du hast es gesagt. *(Zu allen)* Der Menschensohn geht zwar hin, wie es beschlossen ist; weh aber demjenigen, durch welchen der Menschensohn verraten wird. Besser wäre es diesem Menschen, wenn er gar nicht geboren wäre!

Petrus: Wer ist's, von welchem er redet?

Johannes: Herr! Wer ist es?

Christus: Der ist's, dem ich das eingetunkte Brot reichen werde.

Mehrere: Wer mag es doch sein?

Christus *(zu Judas)*: Was du tust, das tue bald.

Thomas: Warum geht Judas fort!

Simon: Er wird vermutlich vom Meister geschickt, etwas zu kaufen.

Thaddäus: Oder ein Almosen den Armen auszuteilen.

(V. Vorstellung, 1. Auftritt, aus: »Das Passionsspiel in Oberammergau. Ein geistliches Festspiel in drei Abteilungen. Mit 20 lebenden Bildern«. Mit Benützung der alten Texte verfaßt von J. A. Daisenberger. Offizieller Gesamttext für das Jahr 1934 überarbeitet und neu herausgegeben von der Gemeinde Oberammergau. Dießen vor München 1934, S. 47 ff.)

Passionstext 2000

Petrus: Rabbi, du hast Zeichen vor den Augen der Menschen getan – und doch bekehren sie sich nicht.

Jakobus: Wer glaubt den Worten, die du predigst?

Andreas: Wer vertraut Gottes Macht? Der Arm des Herrn – wem wurde er offenbar?

Petrus: Sie kommen in Scharen, um dich zu schauen, und meinen's doch nicht von Herzen; sondern sie suchen etwas, daß sie lästern können, gehen hin und tragen's hinaus auf die Gasse.

Simon: Deine Feinde reden Arges wider dich: Wann wird er sterben und sein Name vergehen?

Thomas: Ungläubig bleiben sie und blind!

Jesus: In Erfüllung geht an ihnen das Wort, das der Prophet Jesaja gesagt hat: Sie sehen und sehen es nicht. Sie hören und hören es nicht und verstehen es nicht. Denn das Herz der Menschen ist verstockt.

Petrus: So ist dies alles erst der Anfang der Wehen?

Jesus: Ja, Petrus – aufstehen wird Volk gegen Volk und Reich gegen Reich. Viele werden zu Fall kommen und werden sich hassen und einander verraten. Gottlosigkeit breitet sich aus, und die Liebe unter den Menschen wird kalt. Nach den Tagen der großen Not wird sich die Sonne verfinstern, und der Mond wird nicht mehr scheinen. Danach wird das Zeichen des Menschensohnes am Himmel erscheinen; alle Völker der Erde werden jammern und klagen, und sie werden den Menschensohn mit großer Macht und Herrlichkeit auf den Wolken des Himmels kommen sehen. Dann werden alle vor ihm versammelt sein, und er wird sie voneinander scheiden, wie der Hirt die Schafe von den Böcken scheidet. Und wird zu denen sagen, die rechts von ihm sind: Kommt her, ihr Gesegneten meines Vaters, erbt das Reich, das euch bereitet ist von Anbeginn der Welt!

Dann wird er sich zu den andern wenden, zu seiner Linken, und zu ihnen sagen: Weg! Weg von mir, ihr Verfluchten, in das ewige Feuer, das bereitet ist dem Teufel und seinen Engeln! Denn ich bin hungrig gewesen, und ihr habt mir nicht zu essen gegeben. Ich bin durstig gewesen, und ihr habt mir nicht zu trinken gegeben. Ich war ein Fremder, ihr habt mich nicht aufgenommen. Ich bin nackt gewesen, und ihr habt mich nicht gekleidet. Ich war krank und im Gefängnis, und ihr habt mich nicht besucht.

Dann werden sie antworten und sagen: Herr, wann haben wir dir nicht gedient? Und er wird ihnen antworten und sagen: Was ihr nicht getan habt einem von diesen meinen geringsten Brüdern, das habt ihr auch mir nicht getan. Und sie werden hingehen, diese zur ewigen Strafe, aber die Gerechten in das ewige Leben. So wird es sein. Darum seid wachsam, denn der Herr wird kommen, doch ihr kennt nicht den Tag.

Johannes: Sag uns! Wann wird das geschehen?

Jesus: Den Tag und die Stunde kennt niemand, nur der Vater.

Philippus: Rabbi, zeig uns den Vater. Dann werden wir glauben.

Jesus: Du kennst mich nicht? So lange bin ich bei euch, Philippus. Wie kannst du sagen: Zeig uns den Vater? Wer mich sieht, der sieht den Vater. *(Nimmt ein Wasserbecken und beginnt ihnen die Füße zu waschen.)*

Andreas: Was willst du tun?

Jesus: Petrus, reiche mir deinen Fuß!

Petrus: Herr, du willst mir die Füße waschen?

Jesus: Was ich tue, verstehst du jetzt nicht, du wirst es aber später verstehen.

Petrus: In Ewigkeit sollst du mir die Füße nicht waschen.

Jesus: Begreift ihr, was ich tue?

Petrus: *(schweigt)*

78

Jesus: Wenn ich dich nicht wasche, hast du keinen Anteil an mir.

Petrus: Rabbi, dann nicht nur die Füße, sondern auch die Hände und das Haupt! *(Nachdem er ihnen die Füße gewaschen hat)*

Jesus: Folgt mir nach und handelt so, wie ich an euch gehandelt habe! Was seid ihr so traurig und seht mich so bekümmert an? Wohl euch! Ihr habt Augen und seht. Ihr habt Ohren und hört. Ich sage euch: Viele Propheten, viele Gerechte und Fromme sehnten sich danach, zu sehen, was ihr seht, zu hören, was ihr hört. – Kommt! Sehnlichst verlangt es mich danach, das Pessachmahl mit euch zu feiern. Gelobt seist du, unser Gott, der du das Volk Israel geheiligt hast!

Johannes: Was unterscheidet diese Nacht von allen anderen Nächten?

Jesus: In dieser Nacht führte der Herr Israel aus Ägypten heraus mit starker Hand und erhobenem Arm.

Petrus: Er zerschnitt das Schilfmeer in zwei Teile, führte Israel hindurch zwischen den Wassern.

Judas: Er führte sein Volk durch die Wüste, gab das Land zum Erbe Israel, seinem Knecht.

Johannes: Dies ist der Tag, den der Herr gemacht hat.

Jesus: Unser Vater in den Himmeln,
dein Name sei heilig,
dein Reich komme,
auf der Erde geschehe dein Wille,
so wie er im Himmel geschieht!

Alle: Gib uns täglich das Brot,
das wir brauchen!
Vergib uns unsere Schuld,
wie auch wir vergeben unseren Schuldnern!
Führe uns nicht in Versuchung,
sondern rette uns von dem Bösen!

Jesus: Nicht ihr habt mich erwählt, sondern ich habe euch erwählt und bestimmt, daß ihr hingeht und Frucht bringt und eure Frucht bleibt. Eure Väter haben in der Wüste Manna gegessen und sind gestorben. Ich bin das lebendige Brot. Ich bin das Brot des Lebens. Wer zu mir kommt, den wird nicht hungern, und wer an mich glaubt, den wird nimmermehr dürsten. Wer von diesem Brot ißt, der wird leben in Ewigkeit. – *(Nimmt das Brot)* Dieses Brot ist mein Fleisch, das ich geben werde für das Leben der Welt. – *(Bricht das Brot und gibt es ihnen)* – Nehmt! Eßt! Mein Leib. *(Nimmt den Kelch)* – Baruch ata Adonai elohenu melech ha-olam boray pri ha-gafen. Gelobet seist du, Ewiger, unser Gott, König der Welt, der du die Frucht des Weinstockes schaffst! Wer an mich glaubt, von dessen Leib werden Ströme lebendigen Wassers fließen. Trinkt! Mein Blut. Das Blut des Bundes, das vergossen wird zur Vergebung der Schuld. – *(Gibt ihnen den Kelch)* – Niemand hat größere Liebe als die, daß er sein Leben läßt für andere. Das ist mein Gebot, daß ihr einander liebt, wie ich euch geliebt habe.

Johannes: Rabbi, so ist dies dein letztes Pessachfest?

Jesus: Meine Stunde ist da. Ich muß sterben. Es steht geschrieben: Der Menschensohn geht dahin. Wehe aber demjenigen, durch den ich ausgeliefert werde! Es wäre besser für ihn, wenn er nie geboren wäre.

Andreas: Wen meinst du?

Simon: Von wem sprichst du?

Jesus: Der mit mir das Brot ißt, liefert mich aus.

Petrus: Wie? Ein Verräter in unserer Mitte?

Jakobus A.: Wer sollte der Treulose sein?

Jakobus: Herr, einer von uns?

Jesus: Ja, einer von euch.

Matthäus: Herr, du weißt, daß ich es nicht bin.

Jakobus A.: Nenne ihn doch öffentlich, den Verräter! – Rabbi, bin ich es? Ich würde vor Scham in die Erde sinken, wenn ich es wäre.

Thomas: Bin ich es?

Thaddäus: Rabbi, bin ich es?

Judas: Bin ich es, Rabbi?

Johannes: Wer ist es?

Judas: Bin ich es, Rabbi?

Jesus: Du sagst es. Was du tun willst, das tu bald! *(Judas verläßt den Saal.)* Jetzt wird der Menschensohn verherrlicht und Gott durch ihn! Die Welt soll erkennen, daß ich den Vater liebe und so handle, wie es mir der Vater aufgetragen hat. Laßt uns von hier weggehen!

Engel: Zieh an, Jerusalem, das Kleid deiner Trauer! Weine, du Volk auf dem Berg Zion! Grauen und Grube wird ihm zuteil, Verwüstung und Verderben. Er läßt sich sättigen mit Schmach und bietet die Wange dem, der ihn schlägt. Ein Gelächter ist er dem Volk, ihr Spottlied den ganzen Tag.

(Abendmahlsszene, aus: Manuskriptfassung von Otto Huber vom 18. Februar 2000 für den Passionstext 2000, S. 24 ff.)

GABAON

GOLDENES KALB
KAIN + ABEL
SCHLANGE

Eingabe der Gemeinde zum Verbot 1770

Diese unerwartete abweisung kan in Rücksicht unserer unterthänigst Vorgetragenen Motiven keinen anderen Grund haben, als das ein Hoches Dicasterium nicht gleich fueg und Macht habe, dasienige abzuändern, Was Eur Churfürstliche Durchlaucht in Höchster Persohn beschlossen haben, und eben diesertwegen underfangen Wür uns dem höchsten Gesäzgeber, unseren Gnädigsten Landtes-Vatter selbsten anzugehen und in tieffester Unterthänigkeit Vorzutragen, wie das:

1mo die Passions-Tragedie in hiesigen orth mit der grössten Eingezogenheit und Frömigkeit aufgeführet wird, wobey nicht die Geringste Müssbrauch geschehen noch gestattet, sondern auf das sorgfältigste Vermieden werden. Wir könten dieses erforderlichen fahls mit viellen Tausend Zeugnissen Bestärken. Es wird der Passion ohne geringsten Tumult und nicht bey der Nacht oder Bey denen Lichteren, sondern Bey hell langen Tag, nicht in der Heyligen Char- sondern in der Pfingstwoche, nicht in der Kürche, sondern auf freyem offentlichen Platz Vor dem Pfarr- und Freydhof aufgeführet, allwo anno 1740, 1750, 1760, 11 bis 12000 Persohnen in gröster Ehrbarkeit frey dagestandten und zugesehen, welche von anwesend, Geistlich und Weltlich Distinguierten Personen nicht münder von unserer Gnädigen Obrigkeit, dan von dem Pfarrhof und anderen haüseren herab kopf für kopf übersechen werden können; so sind auch

2do in dieser Tragödie keine lächerlich, kündisch und abgeschmackte Evolutionen oder Personagen, und zwar um so münder zu ersehen, als die haupt- und vast alle Persohnen Lautter solche Männer Vertrettern, welche halb oder ganz Europa ausgereiset sind, mithin wohl zu Unterscheiden wissen, was an anderen orthen vor einfältig und verwerflich gehalten wird, und was bey einer so heyligen Vorstellung gangbar ist; welches eben

3^tio die hauptsächlichste Ursache, dass die Ammergauische seit 140 Jahren aufgeführte und alle 10 Jahr eintreffente Exhibition dergestalten berühmt geworden, das von 20, 30 und noch mehr Meill Weegs, als aus Bayern, Tyroll, Schwabn und dem Reich, item aus den Stätten München, Freysing, Landtshut, Jnnsbruckh, Augspurg und anderen orthen nicht nur einfältige Burger und Paurs-Leuthe, sondern auch in Adelichen Caracteurs stehente und Gelehrte Persohnen anhero eillen und diesem Geistlichen Spiell, ohne Ruhm zu melden, under viellen anpreisen mit aller Satisfaction und jeder zeit mit grösserer Vergnügenheit, als Sye gehofft hätten, ruhiglich Beywohnen; dahingegen

4^{tens} Auf den nicht verhofend nochmahligen abweisungsfahl ville hundert, ja einige Tausend und under diesen auch ville ansehenliche, in specie ausländische Persohnen, vergebentlich nacher Ammergau hereinreisen und ihr Geld umsonst verzöhren wurden, welches zu villen Murren und underschiedlichen Raisonement anlas geben derffte. (...)

Underthänigst Gehorsambste
Sammentliche Gemeinde Zu Ober-Ammergau.

(zitiert nach: Franz J. Rappmannsberger »Das große Gelübde. Oberammergau. Legende und Wirklichkeit«. München 1960, S. 50 ff.)

Schauspiel,
oder
alt- und neues Testament
in dem für uns
leidenden Gottmenschen
zur
Betrachtung vorgestellt
und
von einer ehrsamen Gemeinde
zu
Oberammergau
auf öffentlicher Schaubühne
mit höchster, und gnädigster Erlaubniß
aufgeführt
den 15ten und 22sten May, und 15ten Brachmonat
1780.

Franz J. Rappmannsberger

Die Spiele und Montgelas

Ein Wink des Königs veranlaßte Montgelas zu der Entschließung vom 3. März 1811, wonach, »der Gemeinde Oberammergau aus den beygebrachten Gründen und unter den begutachteten Bedingungen die Aufführung des bisher alle zehn Jahre veranstalteten Passionsspiels für das laufende Jahr gestattet sey« – nur für das laufende Jahr 1811, wo ganze fünfmal gespielt wurde. Seit vierzig Jahren kämpften jetzt die Oberammergauer zäh um ihr Spiel, paßten es dem Geschmack der Zeit und vor allem der Behörden an und hatten doch von einem Termin auf den andern keine Gewißheit, ihre Gelübde wieder erfüllen zu können.

Doch nur einmal sollten sie noch antichambrieren müssen und daran waren sie selber schuld, denn sie wollten für das Jahr 1815 eine Erlaubnis außer der Reihe erwirken. Wieder hatte Montgelas abgelehnt, wieder war es der König, der auch die Passionstragödie für 1815 bewilligte.

Die Oberammergauer Bittschrift, im Sommer 1814 abgeschickt, beginnt recht diplomatisch mit dem Hinweis auf die glückliche Beendigung des langwierigen Krieges und die Möglichkeit, dem Allerhöchsten Dank auf geziemende Weise dadurch abzustatten, daß man die Passionsgeschichte Jesu Christi wieder aufführte, wie ja auch der erste Anlaß dazu ein Dankgelübde wegen Abwendung drückender Übel und Plagen gewesen sei.

»Überdiess sey diese Darstellung sowohl an und für sich als auch durch die rührenden Geschichten des alten Bundes, welche in plastischen Vorstellungen aufgeführt werden, ganz geeignet für die dermaligen Zeitumstände, indem sie der leidenden und gedrückten Menschheit ächten Trost für die Wunden des Krieges gewähre, Gefühle der Gottesfurcht und Frömmigkeit erwecke und sohin das Volk zur freudigen Erfüllung seiner Pflichten gegen Gott und den König belebe.«

Nachdem man so zunächst die ideelle Seite hervorgehoben hatte, kamen die materiellen Motive der Bittschrift zum Vorschein: Gemeinde und Privatleute seien stark verschuldet. Der Krieg habe das Schnitzen, Faßmalen und Rahmenmachen fast ganz zum Erliegen gebracht; der Boden trage wenig, zudem habe heuer zweimal ein Hochwasser das Dorf überschwemmt. »In diesem kläglichen Zustande, ohne Geld, ohne Speise und Samengetreide haben wir auch noch die traurige Aussicht, uns gegen einen drohenden Bergsturz mit kostspieligen Dämmen verwahren zu müssen. Allein gänzlicher Mangel an Gemeinde-Vermögen und Credit macht uns die Ausführung dieser Maaßregel ohne außerordentliche Hülfsmittel unmöglich. Eine Wiederholung des Passionsspieles im nächsten Jahre kann unsere Existenz wieder auf einige Zeit sichern ...«

Es waren also nüchterne wirtschaftliche Gründe, die um Spielwiederholung nachsuchen ließen. Die Oberammergauer haben es damals ehrlich zugegeben, und ein gnädiger König hat sie verstanden und erhört.

Elfmal wurde die Passion gespielt; der Überschuß betrug nur 127 Gulden, das Zwischenspiel hatte sich also nicht gelohnt. Mehrere hohe Personen, darunter der Herzog von Leuchtenberg, waren anwesend. Auch der Minister Graf Montgelas kam, das Spiel zu sehen. Man erzählt sich, der Saulus habe es als Paulus verlassen.

(aus: Franz J. Rappmannsberger »Das große Gelübde. Oberammergau. Legende und Wirklichkeit«. München 1960, S. 60 ff.)

»Treppe zu meinem Nachtquartier in Oberammergau«, Karikatur von 1871

Joseph Aloys Daisenberger

Im Glauben an den besonderen Beruf des Ammergauers, der das Gefühl einer engen Zusammengehörigkeit stärkte, war man glücklich
und zufrieden.

Mit den kleinen, typischen Häusern, die im Erdgeschosse eine Stube
hatten, vor der aus hinterm Ofen eine Stiege in die obere Kammer
führte, ist auch anderes verschwunden.

Ich darf einer edlen Persönlichkeit nicht vergessen, die von größtem
Einflusse auf das patriarchalische Leben in der Gemeinde war und
ihm ein besonderes Gepräge gab.

Ich meine den geistlichen Rat Joseph Aloys Daisenberger, der manches Jahrzehnt Pfarrer in Oberammergau war und als hoher Achtziger dort starb. Von ihm ist die gegenwärtige Fassung des Passions-
spieltextes sowie eine vortreffliche Geschichte des Dorfes, die man im
20. Bande des Oberbayrischen Archives findet. Außerdem hat der
würdige Herr einige vaterländische Schauspiele verfaßt, die seinen
Ammergauern Gelegenheit boten, ihre schauspielerischen Talente zu
üben.

Ich habe noch eines gesehen und dabei meinen Onkel Hans Lang als
ritterlichen Herzog von Bayern ziemlich lange Sätze sprechen hören.

Daisenberger war das Urbild eines gütigen Priesters, über dessen Lippen nie ein hartes Wort kam, nie ein unduldsames, und der mit einem stillen Lächeln es ruhig dem Leben überließ, stürmische Mei-
nungen zu glätten.

Er kümmerte sich nicht um Ansichten, sondern um das Schicksal eines jeden, er war Freund und Vater in jedem Hause, immer bereit, zu
helfen.

Die Gemeinde hat ihm auf dem Friedhofe ein Denkmal errichtet.

(aus: Ludwig Thoma »Erinnerungen«. München 1919, S. 21 f.)

Otto Huber

Daisenbergers Reform
des Passionsspiels

Auch zu der verbreiteten Unsicherheit über Daisenbergers Anteil an der Gestaltung des Passionsspiels trug sicherlich die Quellenlage bei. Bis einschließlich 1890 waren ja nur sogenannte »Exemplare« gedruckt worden, die den Inhalt der Szenen resümierten, wohingegen ein vollständiger Spieltext erstmals 1900 herausgegeben wurde (wobei zu diesem Zeitpunkt schon verschiedene andere Hände in den Text eingegriffen hatten). Zudem wurde die Frage der Autorschaft dadurch verwischt, daß man, in ungenauer Kenntnis der Anteile von Weis, auf den Textbüchern der Passionsspiele von 1900 bis 1970 als Autor allein Daisenberger nannte. Einige Handschriften von 1850 bis 1880, die präziser über die Anteile von Weis und Daisenberger hätten Aufschluß geben können, waren, da in Privatbesitz, schwer zugänglich – erst seit 1990 sind alle im Archiv der Gemeinde vereint, wodurch nun die zeitliche Zuordnung, die Verwendung, die gegenseitige Abhängigkeit, die Schreiber etc. eingehend untersucht werden konnten. Infolge der vorhergehenden Unmöglichkeit eines intensiveren Quellenstudiums wurden bis dahin in der umfangreichen Oberammergauer-Literatur die beiden sehr unterschiedlichen Passionsschriftsteller Weis und Daisenberger meistens wie harmonisch zusammenwirkende Ko-Autoren behandelt. (...)
Daisenberger retouchierte also diverse Kleinigkeiten, etwa was sich im Weis-Text noch an expressiver barockartiger Rhetorik fand, und so wurden nun z. B. die Feinde Jesu nicht mehr »Natterbrut«, sondern »Frevlerbrut« geheißen, die nicht mehr »über Jesus Tod und Blut voll Tigerrache« rufen, sondern »voll wilder Rache«. Nachdem es aber Daisenberger trotz solch begrenzter Textbearbeitung 1850 gelungen war – offensichtlich vor allem durch seine Regiearbeit –, die Ausdruckskraft des Passionsspiels zu stärken, meldete sich das Staatsministerium des Innern zu Wort. Zunächst lobend: »Das Passionsspiel in Oberammergau hat bei seiner letztmaligen Aufführung im Jahre 1850 wesentliche Verbesserungen in dramatischer Beziehung erfahren ... Dasselbe hat deßhalb im Allgemeinen von verschiedenen Seiten eine sehr günstige Beurtheilung gefunden.« Danach erfolgte allerdings der Hinweis auf »mehrere Gebrechen

und Mängel«. (...) Die Bedeutung der Reform Daisenbergers wird deutlich, wenn man ihre Zielrichtung mit der des Passionsspiels von Weis vergleicht. Dieser hatte nicht nur den Kampf der Rosnerschen Höllenmächte mitsamt ihren allegorischen Vertretern Sünde, Tod, Neid, Geiz, Verzweiflung gestrichen, sondern auch alle in die Passionsgeschichte verwobenen frommen Legenden.

(aus: Otto Huber »Dichten ›mit glänzendem Angesichte‹: Daisenbergers Reform des Passionsspiels«. In: Helmut W. Klinner (Hg.) »Joseph Alois Daisenberger. Das Urbild eines gütigen Priesters«. Oberammergau 1999, S. 68 ff.)

Daisenberger-Denkmal auf dem Oberammergauer Friedhof

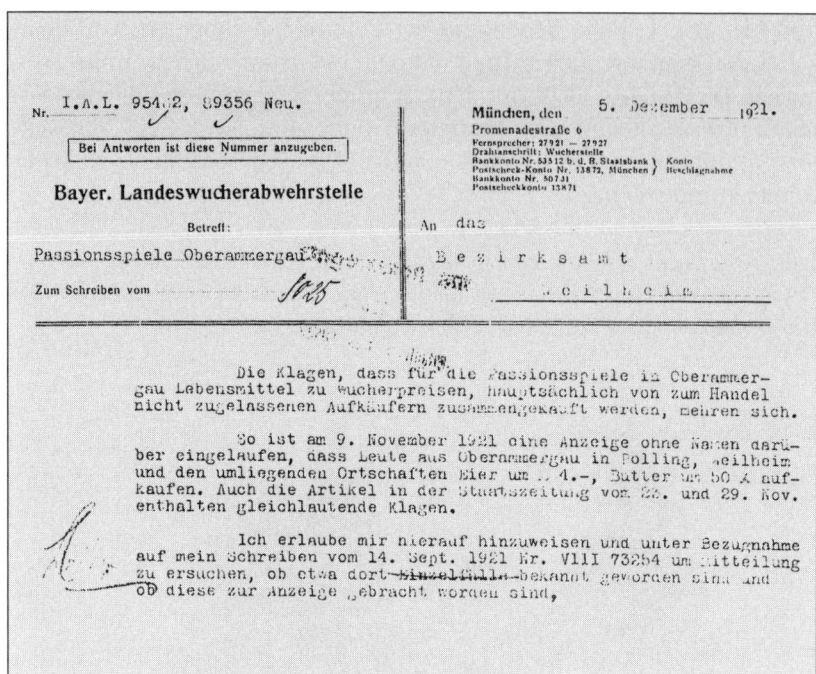

Nr. I.A.L. 954.2, 89356 Neu.

Bei Antworten ist diese Nummer anzugeben.

Bayer. Landeswucherabwehrstelle

Betreff:

Passionsspiele Oberammergau

Zum Schreiben vom

München, den 5. Dezember 1921.
Promenadestraße 6
Fernsprecher: 27921 — 27927
Drahtanschrift: Wucherstelle
Bankkonto Nr. 53512 b. d. B. Staatsbank } Konto
Postscheck-Konto Nr. 13872, München } Beschlagnahme
Bankkonto Nr. 50731
Postscheckkonto 13871

An das

B e z i r k s a m t

W e i l h e i m

Die Klagen, dass für die Passionsspiele in Oberammergau Lebensmittel zu Wucherpreisen, hauptsächlich von zum Handel nicht zugelassenen Aufkäufern zusammengekauft werden, mehren sich.

So ist am 9. November 1921 eine Anzeige ohne Namen darüber eingelaufen, dass Leute aus Oberammergau in Polling, Weilheim und den umliegenden Ortschaften Eier um 4.-, Butter um 50 A aufkaufen. Auch die Artikel in der Staatszeitung vom 28. und 29. Nov. enthalten gleichlautende Klagen.

Ich erlaube mir hierauf hinzuweisen und unter Bezugnahme auf mein Schreiben vom 14. Sept. 1921 Nr. VIII 73254 um Mitteilung zu ersuchen, ob etwa dort Einzelfälle bekannt geworden sind und ob diese zur Anzeige gebracht worden sind,

---

Passionsspiele 1922

Betreff: Oberammergauer Passionsspiele.

Vertraulich!

Die Polizeidirektion München meldet:
»Die Teuerung nimmt in rasendem Tempo zu. Schon wurde sie zum Anlaß weitgehender radikaler Propaganda benützt. Mittelpunkt der allgemeinen Erbitterung ist Oberammergau mit seinen bevorstehenden Festspielen, die nicht mehr traditionelles Volksschauspiel seien, sondern »Sammelpunkt der alljüdischen Valutaspekulanten« zur Auspowerung der bayerischen Arbeiterschaft. Schon erwägt man in Kreisen der K.P.D., der Nationalsozialistischen Arbeiterpartei und des ehemaligen Oberlandes Maßnahmen zur Sprengung der Festspiele. Überwachung tut not.«

(aus: Schreiben des Bayerischen Staatsministeriums des Innern vom 15. März 1922 an das Bezirksamt Garmisch)

Die Ordnung aufrecht erhalten

Abschlußbericht des Bezirksamts Garmisch vom 5. Oktober 1922

C) Polizeiliches Vorgehen.

1) Kriminalpolizei.
In den ersten Passionswochen gelangten einige Fälle versuchter Päderastie zur Anzeige; später wurde in dieser Richtung nichts mehr wahrgenommen. In der Hochsaison mehrten sich die Einbrüche und Taschendiebstähle. Da Kr. K. Grunder zurückberufen, Kr. W. Zier grösstenteils im Polizeikommissariat beschäftigt war, gelang es nur einen Teil dieser Fälle aufzudecken. Schliesslich scheinen sich die offenbar aus der Grosstadt zugereisten Diebe angesichts der verschärften Tätigkeit der Gendarmerie und der Landespolizei doch nicht mehr in Oberammergau wohl gefühlt zu haben; von Ende August an kamen bis zu den letzten beiden Aufführungen keine Diebstähle mehr vor. Zechprellereien wurden mehrfach verübt. (...)

V. Lebensmittelversorgung.
Dem Gedanken, dass die Durchführung der Passionsspiele ohne wirtschaftliche Reibungen nur möglich ist, wenn der Verteuerung der Lebenshaltung der nicht unmittelbar durch die Passion verdienenden Bevölkerungskreise nach Möglichkeit entgegengetreten wird, wurde in Oberammergau dadurch Rechnung getragen, dass die Gemeinde in ein Vertragsverhältnis zur landwirtschaftlichen Zentralgenossenschaft trat. Sie bezog durch diese zahlreiche In- und Auslandslebensmittel. Erstere wurden zu erhöhtem Preis an die Fremdenbetriebe, letztere zu möglichst billigem Preis unter erheblichem Zuschuss aus gemeindlichen Mitteln an die einheimische Bevölkerung abgegeben. Insgesamt wurden durch Vermittlung der Gemeinde verteilt: 200 Zentner Mehl, 135 Zentner Zucker und 150 Zentner Verteilungswaren.
Eine ähnliche Regelung wie in Oberammergau war übrigens im heurigen Sommer auch in Garmisch und Partenkirchen getroffen, wo sie sich freilich nur teilweise bewährt hat. Die von mir im Bericht vom 29. 8. 21 Nr. 4112 angeregte Verbilligung der Lebensmittel auch für die Industriebe-

völkerung im Vorland (Peissenberg, Penzberg, Kochel) aus den Eingängen an Aufenthaltsgebühren scheint erst jetzt durchgeführt zu werden. Vom hiesigen Amt wurde auf das gem. M. E. vom 10. 6. 22 St. Anz. Nr. 135 gebildete Konto des Landwirtschaftsministeriums 5.659.228 M überwiesen. Wenn die Verteilung der auf dieses Konto eingetragenen Beträge noch während der Fremdensaison vor dem neuerdings eingetretenen erheblichen Sinken des Geldwertes hätte erfolgen können, so wären die Klagen über den Fremdenzustrom wohl nicht so laut geworden.

VI. Verlauf der Passionsspiele.
Von der am 7. 5. in Anwesenheit des Herrn Kardinals Faulhaber und von 800 Eisenbahnern abgehaltenen öffentlichen Kostümprobe bis zu der Schlussvorstellung am 26. 9. haben insgesamt 34 Hauptspiele, 33 Nachspiele und 2 Sondervorstellungen stattgefunden. Abgesehen von den ersten Aufführungen im Mai waren sämtliche Aufführungen ausverkauft, meist überfüllt. Der Zudrang wuchs von Monat zu Monat. Bei der letzten Aufführung war das Haus zum Brechen voll. Ordnungsstörungen kamen nur bei der Kostümprobe vor, zu der keine Karten abgegeben wurden und bei der die Gendarmerieverstärkung noch nicht zur Stelle war. Bei allen späteren Aufführungen gelang es der Gendarmerie und der Landespolizei stets, die Ordnung aufrecht zu erhalten, freilich manchmal nur mittels des Gummiknüttels, mit dem auch die Gendarmerie vom hiesigen Amt ausgerüstet worden war.
Mit der Ausgabe von Stehplätzen und der Einschiebung von Reservestühlen musste zuweilen weiter gegangen werden, als es die Sicherheitsverhältnisse eigentlich zuliessen, um von weither zugereiste Besucher nicht abweisen zu müssen. Unfälle im Theater kamen nicht vor. Die Feuerpolizei in der bekannt feuergefährlichen Garderobe wurde von der Gemeinde strengstens gehandhabt. Eine starke Feuerwehr war bei jeder Vorstellung anwesend. Im Theater und in der Garderobe waren insgesamt 14 Minimax-Apparate aufgestellt.
Die befürchteten Störungen durch linksradikale Elemente unterblieben vollständig, sei es, weil von Anfang an starke Macht gezeigt wurde – das Theater wurde schon von Anfang März an allnächtlich durch eine starke Wache aus Gemeindeangehörigen, später durch die Landespolizei bewacht; vor Spielbeginn wurden bei den ersten Aufführungen möglichst viele Gendarmen und Landespolizeibeamte um das Theater postiert (vergl. die bezirksamtliche Verfügung vom 4. 5. 22 Nr. 2078) – sei es auch, weil selbst die radikalsten Kreise von dem Eindruck überwunden wurden, dass es sich hier nicht um eine der Schaulust der reichen Fremden dienende Demonstration handelte, sondern um eine aus tiefreligiösem Empfinden hervorgegangene Kulturart.

Das Publikum bestand bei den Hauptspielen vorwiegend aus Ausländern, bei den Nachspielen vorwiegend aus Inländern. Erstere gehörten, soweit sie aus England und Amerika stammten, grossenteils den minderen Gesellschaftsschichten an; aus Holland kamen viele Vertreter des guten Bürgertums, aus Jtalien und Spanien sehr zahlreiche Geistliche.

Die inländischen Passionsbesucher setzten sich aus allen Bevölkerungskreisen zusammen. Auch die Arbeiterschaft, namentlich der Bergwerke in Penzberg, Peissenberg und des Walchenseewerkes, war stark vertreten. Eine Sondervorstellung wurde für die Augsburger Gewerkschaften, eine für einen hauptsächlich aus Arbeitern bestehenden Nürnberger Volksbildungsverein gegeben.

Insgesamt wurden für die Spiele 317.518 Eintrittskarten abgegeben. Es kann angenommen werden, dass unter den Spielbesuchern rund 100.000 Ausländer waren. Die genaue Zahl ist nicht festzustellen, da viele Spielbesucher nicht in Oberammergau übernachteten.

VII. Finanzielles.

Die Gesamteinnahme der Gemeinde Oberammergau an Eintrittsgeldern betrug rund 21 Millionen Mark. Dazu kommen rund 4 Millionen M Einnahmen aus der Wohnsteuer, rund 1 Million aus dem Textbücherverkauf. Die sachlichen Ausgaben sowie der Aufwand für die Besoldung der Landespolizeibeamten sind noch nicht errechnet. Es wird mit einem Reingewinn von etwa 18 Millionen Mark zu rechnen sein, der zu $^2/_3$ zur Honorierung der beim Spiele Mitwirkenden, zu $^1/_3$ für gemeinnützige Gemeindezwecke Verwendung finden wird, an deren Spitze die Erbauung eines neuen Schulhauses und die Errichtung eines Baufonds für eine Passionsgarderobe steht.

(aus: Schreiben des Bezirksamts Garmisch an das Präsidium der Regierung von Oberbayern vom 5. Oktober 1922)

Das Faible Hitlers für die Oberammergauer Passionsspiele findet seine Entsprechung in der Orientierung an Auferstehungsritualen, wie sie etwa am Königsplatz in München für die sechzehn Kampfgefährten inszeniert wurden, die beim Putsch an der Feldherrnhalle am 9. November 1923 erschossen worden waren. »Hier!«, schrie die Masse auf dem Platz, wenn der Name des Gefallenen durchgegeben wurde; als Märtyrer sollte er fortleben. Hitler nennt sie ebenfalls in bewusstem Rückgriff auf christliche Rituale »seine Apostel«. Mit den Ehrentempeln am Königsplatz, die mit der Überführung der sterblichen Reste der Gefallenen am 9. November 1935 eingeweiht wurden, schufen die Nationalsozialisten nationale Weihestätten. Mit dem Bayreuther Festspielhügel wurde ein bereits bestehender Platz für nationalsozialistische Propaganda funktionalisiert – Oberammergau entging diesem Schicksal allein schon durch die Tatsache, dass die nächsten Spiele in das Jahr 1940 gefallen wären, wo sie kriegsbedingt ausfielen. »Christus als ewiger Soldat« hätte gedroht, bedenkt man, wie schon der Christus-Darsteller Alois Lang von 1930 bewertet wurde: »Er spielt den Menschensohn in einer heldischen und männlichen Art, die so weit von der nur milden, demütigen und etwas süßlichen Art der Vorkriegszeit entfernt ist, wie unsere im Feuer bewährte Härte von der lässigen Geduld einer alles verstehenden Epoche.«

Franz J. Rappmannsberger

Die Passionsspiele 1934

Beim Passionsspiel 1934 hat sich das Dorf nicht freiwillig exponiert. »Die neue Zeit, zu der sich mit dem ganzen Volke auch das Passionsdorf bekennt, hat dem Passionsspiel von seiner religiösen Weise nichts genommen, sondern es von anhaftenden Mängeln und Schlacken freigemacht, so daß es wieder allen Kreisen des Volkes zugänglich geworden ist und eine heilige Quelle tiefer, deutscher Glaubensinnigkeit werden kann.« So hieß es im offiziellen Führer von 1934, aber der Kenner der Situation wird aus diesen gewundenen Formulierungen eher Reserve als ein Bekenntnis zum neuen System herauslesen. Außerdem hat das Dorf keine Straße, keinen Platz nach 1945 umbenennen müssen. Es gab hier weder eine Gauleiter-Wagner-Siedlung, noch eine Adolf-Hitler-Linde. Freilich, in die Herzen sieht nur der, der alles sieht und weiß ...

(aus: Franz J. Rappmannsberger »Das große Gelübde. Oberammergau. Legende und Wirklichkeit«. München 1960, S. 30 f.)

Die Zeit schritt weiter und brachte nach furchtbarer Not dem deutschen Volk und seinen Stämmen die Rettung aus dem Bolschewismus, aus jener geistigen Pest der Preisgabe des gottgewollten Volkstums. Statt des Untergangs, der uns bevorstand, wurde uns das Glück eines neu anhebenden Lebens, der uns in unserem Volkstum alle eint. Gäbe es einen größeren Anlaß, als in den Tagen, in denen die antichristlichen Mächte in unserem Vaterlande niedergerungen wurden, uns des Kaufpreises zu erinnern, mit dem der Sohn Gottes selbst ein Volk, das Volk, das sich zu Ihm und seiner Fahne bekennt, losgekauft hat, – gäbe es einen größeren Anlaß, das heilige Spiel, das unserer Gemeinde Oberammergau aufgetragen ist wie eine Sendung, in diesem Jahre 1934 wie ein Dankgebet voll besonderer Weihe darzubringen.

(aus: »Das Oberammergauer Passionsspiel. Jubiläumstextbuch 1934«. Oberammergau 1934, S. 9)

Otto Günzler/Alfred Zwink

Propagandabesuch

Adolf Hitler am 13. August 1934 in Oberammergau

Hitler war mit Gefolge in seiner bekannten Autokolonne gekommen, um die unter einem Decknamen bestellten Plätze im Theater einzunehmen. Er setzt sich nicht in die Loge, sondern nimmt unter »seinem geliebten Volke« Platz. Mittags ißt er im Hotel »Wittelsbach« (heute Dorfstraße 21). Die Besucher des Spiels scharen sich inzwischen um das Hotel und rufen nach »dem Führer«. Endlich zeigt er sich auf dem Balkon. Nachmittags ist er wieder im Theater.

Nach dem Ende der Vorstellung begehrt er, auf die Bühne geführt zu werden und läßt sich die Hauptdarsteller vorstellen. Eifrig betont er den hohen Wert des historischen Spieles und verspricht Oberammergau sein immerwährendes Wohlwollen. Dann fährt er ab. Am folgenden Sonntag ist »Volksabstimmung«, der Besuch Oberammergaus macht sich gut in den Augen der christlichen Wählerschaft.

Vorher hält Hitler noch eine Rede, er nennt Oberammergau, zusammen mit Bayreuth, die Exponenten des deutschen Kulturlebens. So redet er gar trefflich und doch wird die Propagandarolle deutlich sichtbar, die Oberammergau für ihn zu spielen hat. Noch anderes steckt dahinter: Er hat sich jetzt der Sache des Dorfes gegenüber wohlwollend gezeigt; alle Pfeile, die er in Zukunft und aus dem Hinterhalt abfeuern wird, wird man nicht ihm, sondern seiner Umgebung zuschreiben. Es sind deren nicht wenige.

(aus: Otto Günzler/Alfred Zwink »Oberammergau. Berühmtes Dorf – Berühmte Gäste. Drei Jahrhunderte Passionsspiel im Spiegel seiner Besucher«. München 1950, S. 173)

Henry Picker

Hitlers Tischgespräche

5. Juli 1942

Es sei eine unserer wichtigsten Aufgaben, unsere kommenden Geschlechter vor einem gleichen politischen Schicksal wie dem deutschen von 1918 bis 1933 zu bewahren und deshalb das Bewußtsein der jüdischen Gefahr in ihnen wachzuhalten.

Allein schon aus diesem Grund müßten die Oberammergauer Festspiele unbedingt erhalten werden.

Gemeint sind die weltberühmten, seit 1634 in Oberammergau alle zehn Jahre stattfindenden Passions-Spiele, in denen rund 600 Einwohner dieser bayerischen Gemeinde die Leidensgeschichte Christi auf einer riesigen Festspielbühne darstellen. Ihr bekanntester Regisseur war der Holzbildhauer Georg Johann Lang, von dem Hitler in seiner Holzskulpturen-Sammlung den von ihm geschnitzen »Heiligen Ritter Georg im Kampf mit dem Drachen« besaß.

Denn kaum je sei die jüdische Gefahr am Beispiel des antiken römischen Weltreichs so plastisch veranschaulicht worden wie in der Darstellung des Pontius Pilatus bei diesen Festspielen, erscheine dieser doch als ein rassisch und intelligenzmäßig so überlegener Römer, daß er wie ein Fels inmitten des jüdischen Geschmeißes und Gewimmels wirke. In der Anerkennung der ungeheuren Bedeutung dieser Festspiele für die Aufklärung auch aller kommenden Geschlechter sei er ein absoluter Christ.

(aus: Henry Picker »Hitlers Tischgespräche im Führerhauptquartier. Entstehung, Struktur, Folgen des Nationalsozialismus«. Berlin o. J., S. 604 f.)

*Nach dem blutigsten aller Kriege versammeln sich in Oberammergau Angehörige
aller Völker, Rassen, Konfessionen und Sprachen, ein überzeugender Beweis für
die ungebrochene Kraft Europas im Zeitalter der Mechanisation, Hast, Bedrohung
und des brutalen Egoismus, eine unüberhörbare Antwort auf das Gerede vom
»Untergang des Abendlandes«, ein Bekenntnis aller Nationen, daß sie in Frieden,
gegenseitiger Achtung und gemeinsamer Verehrung des Guten und Edlen leben
wollen.*
Klappentext zu »Oberammergau. Eine deutsche Sendung«

Karl Ipser

Oberammergau. Eine deutsche Sendung

Wie eine Saga, die von Mund zu Mund weitergegeben wird, hat es die
Welt erfahren: Es gibt in deutschen Landen ein Bergdorf, dessen 2.000
Seelen nur der Religion und der Kunst leben; es gibt inmitten einer immer mehr im platten Materialismus und in der Mechanisation ver-
sinkenden Welt eine Stätte von Idealisten und kunstbegeisterten Frommen, ein kleines Athen voll eifriger Künstler, die alle von einer Leidenschaft besessen sind: ihrem Drama. Sinnen und Trachten geht von Kin-
desbeinen an in einem geistlichen Spiel auf, das die Pfarrherren aus dem
in der Nähe gelegenen Kloster Ettal komponiert haben: das Leiden Christi. Es ist Schicksal, in Oberammergau zu Hause zu sein; man wird in das
Spiel hineingeboren, man stirbt daraus weg. Das dreijährige Kind wirkt
am Arm der Mutter bei einem der lebenden Bilder mit, und der Acht-
zigjährige ruft unter dem Balkon des Pilatus: Kreuzige ihn! Das Leben
zählt hier nach Passionen; ihre poetische Religion ist die Lebensbe-
gleiterin für jeden. (...) Das Kreuz über Oberammergau ist das Sinnbild
unserer Freiheit, das Zeichen der Kraft, die unsere Existenz von innen her
zusammenhält. Ist dieses Kreuz gestürzt, hat unsere Welt aufgehört zu
bestehen und das Chaos ist nahe. So ist Oberammergau ein immer wieder
errungener Sieg des Geistes über die Materie, des Lichtes über die Unter-
welt, ein Hohelied des Menschen auf sich selber und seiner Seele Un-
sterblichkeit. Noch nie hatte Oberammergau einen so hohen und hehren
Auftrag wie heute in dunkler, unheilvoller Zeit: für die Würde des Menschen und seine Gottesbestimmung zu zeugen.

*(aus: Karl Ipser »Oberammergau. Eine deutsche Sendung«. Leibnitz Graz 1950, S. 8,
S. 10)*

Das Heimweh ist stärker als die Pest

Wieder errichten die Oberammergauer im Heiligen Jahre 1950 das Kreuz über Deutschland und der Welt, als wollten sie mahnen: Nur im Kreuz ist Heil! Nur die Kraft des Kreuzes kann die Welt bewahren und befreien von der »Pest«, von den Übeln der Zeit. Habt Vertrauen! Der Gekreuzigte hat Not und Tod überwunden.
Trage jeder sein Kreuz und Leid im Geiste des Gekreuzigten. Jeder sei Gefolgsmann in dieser Prozession der Kreuzträger, die über die todkranke Welt zieht. Kreuz ist Gottes Wille und bringt Gottes Segen.
Werde jeder ein Simon von Cyrene an denen, die unter der Last und Sorge zu zerbrechen drohen. Wer fremde Not mitleidet und mitträgt wie seine eigene, wird sein Kreuz leichter tragen als der, der sich in seiner Not verbohrt und verzehrt; er wird den Segen empfangen, der vom Kreuze ausgeht.
Das Kreuz verbindet Menschen, Rassen, Völker, Staaten über alles Trennende hinweg. Der am Kreuz starb, hat sich für die Menschen aller Rassen, aller Zeiten, aller Zonen hingegeben. Jeder, der Menschenantlitz trägt, ist ein Kind Gottes, ein Erlöser, ein Erbe des Himmels. Der Ausweis des Christen ist die Liebe. Es gibt nichts Unchristlicheres als den Haß im Leben der einzelnen wie der Völker.
Nur aus einer Umstellung unseres Denkens und unserer Geisteshaltung, aus einer Rückkehr zum Kreuz und zum Gekreuzigten kann die »Pest« unserer Tage überwunden werden, so wie sie im Abfall vom Kreuz ihre letzte und tiefste Ursache hat.
Heute, am 7. Juni 1950, gibt die Festspielgemeinde eine Freivorstellung für die Heimatvertriebenen. Sie bringt damit den vergessenen Brüdern Christi Trost und Mut und Kraft. Sie stellt aber auch diese erschütterndste Passion des zwanzigsten Jahrhunderts, die größte Christenverfolgung aller Zeiten, vor die Welt. »Das Heimweh ist stärker als die Pest!« Deutschland und die Welt werden nicht genesen, solange die Frage der Heimatvertriebenen nicht gelöst wird, gelöst aus dem Geist der Passion!

(aus: Karl Ipser: »Oberammergau. Eine deutsche Sendung«. Leibnitz Graz 1950, Geleitwort von Father E. J. Reichenberger, S. 3)

Beinahe das gesamte zwanzigste Jahrhundert hindurch scheinen die Passionsspiele in Oberammergau von Kontinuität geprägt zu sein, von der Textfassung bis zur Aufführungspraxis. Für eine lange Phase steht der Name des Spielleiters Johann Georg Lang, der allein schon diese Ungebrochenheit zu gewährleisten scheint, doch wirkt es nur so nach außen. Im Inneren ist eben dieser Johann Georg Lang für Veränderungen eingetreten, worauf sein Sohn, der Architekt und Karikaturist Ernst Maria Lang, aufmerksam macht. Dennoch: Die Aufführung von 1950 bleibt im wesentlichen die von 1930, und auch die von 1960 bleibt die von 1930.

Froh, nach dem Krieg überhaupt wieder spielen zu können, verharrt die Passion – wie die gesamte bundesrepublikanische Gesellschaft – in restaurierter Stagnation, mehr noch: Während seit dem berühmten Stichjahr 1968 ausgehend von der Studentenbewegung verkrustete Strukturen ins Rutschen geraten, glaubt man in Oberammergau, sich noch einmal als Hort der Bewahrung verstehen zu müssen. Markige Worte in bester Manier des Kalten Krieges ergehen an die Christenheit, sich zur Wehr zu setzen. Dass dazu besonders schrill auch die Stimme eines Anton Preisinger gehört, der in Zeiten des Nationalsozialismus mit dem Motorrad in eine Prozession gefahren ist, passt zum Bild.

Aber die Zeit ist auch in Oberammergau nicht aufzuhalten. Ende der siebziger Jahre belebt sich die Debatte vor allem in der Auseinandersetzung um den Text, auf dessen Grundlage die Passion gespielt werden soll. Engagiert setzt sich Hans Schwaighofer, stellvertretender Spielleiter von 1960, für die Fassung des Benediktinerpaters Ferdinand Rosner ein, geschrieben im Jahre 1750, mit dem Titel »Bitteres Leyden, Obsiegender Todt, und Glorreiche Auferstehung des Eingefleischten Sohn Gottes«. Das ganze Volk von Oberammergau debattiert, streitet und erhitzt sich über einen Text – Traum eines jeden Germanisten: Rosner hie, Daisenberger da. 18. Jahrhundert versus 19. Jahrhundert, barockes Aufeinanderprallen von Teufel, Tod, Pest und Verderben gegen mögliche Rettung und göttliches Heilswollen versus Passion und Leiden. Der modernere Text ist seltsamerweise der ältere. Er lebt aus den Brüchen zwischen den Typisierungen, Symbolen, Allegorien, in ihm prallen die Antinomien dieser Welt radikaler und unvermittelter aufeinander als in der vergleichsweise langatmigen eindimensionalen Fassung des Pfarrers Daisenberger. 1978 ergibt eine Abstimmung über den Text eine Niederlage für die Rosner-Version.

Doch die streckenweise hitzige Diskussion um die Reform des Spiels verstummt in diesem zwanzigsten Jahrhundert nun nicht mehr.

Mit Christian Stückl übernimmt 1990 ein fast noch jugendlicher Regisseur die Spielleitung der Passion und setzt fortan neue Maßstäbe. Oberammergau und sein Spiel gewinnt an Interesse auch in Kreisen, die früher bei diesem Thema nur müde gelächelt hätten.

Josef Georg Ziegler

Hie Rosner! – Hie Daisenberger!

Die Bevölkerung des Dorfes verschließt sich keineswegs grundsätzlich einer tragfähigen Weiterentwicklung. Johann Georg Lang hat schon 1934 die ersten Schritte dazu eingeleitet. Er ist an Leo Weismantel herangetreten und später an Alois Johannes Lippl, um Textproben zu bekommen, ebenso an Arthur Maximilian Miller. Nach 1960 berief der damalige Bürgermeister Raimund Lang ein Expertengremium aus Literatur, Geschichte und Theologie. 1962 wurde von Carl Orff die Barockfassung Rosners von 1750/60 in die Diskussion eingeführt.

1975 war es soweit, daß der Gemeinderat Hans Schwaighofer, den damaligen Direktor der »Staatlichen Berufsfachschule für Holzbildhauer«, mit einer Probeinszenierung der überarbeiteten »Passio nova« Rosners beauftragte. Rund 2 Millionen DM wurden dafür aufgewandt. Ein beachtliches Arbeitsteam ging an die notwendige Revision. Alois Fink übernahm die Kürzung und sprachliche Aufbereitung des Textes. Wolfgang Fortner richtete mit Karl Lohmann die Musik Franz Xaver Richters, des zeitweiligen Kollegen Rosners an der Ritterakademie in Ettal, für die Aufführung ein. Hermann Handerer zeichnete verantwortlich für die Einstudierung. Schwaighofer besorgte, unterstützt von den Möglichkeiten seiner Fachschule, die Inszenierung. Mitglieder der Augsburger Philharmonie, des Musikcorps der 1. Gebirgs-Division und des Tölzer Knabenchores wurden herangezogen.

In sieben Probeaufführungen konnte sich im August 1977 jedermann ein eigenes Urteil bilden. Die Reformpartei unterlag. Ein zweiter Anlauf im September 1984 wurde einstimmig abgelehnt. Emotionale Vorbehalte traten im Laufe der Jahre hinter informativer Abwägung zurück.

Für Rosner spricht das theologische Konzept. Auf den drei Ebenen von Himmel, Erde und Hölle läuft der Kampf des Teufels samt seinem Anhang und der personifizierten menschlichen Laster gegen den Vollzug des Heilsplanes Gottes durch Kreuz und Auferstehung Jesu in dramatischer Steigerung ab.

Fünfmal kommt der teuflische Höllenspuk in den Masken des Hieronymus Bosch und Mathias Grünewald mit Gerassel und Getöse auf die Bühne – für die geistige Haltung der Menschen vor 200 Jahren sicher eindrucksvoll und überzeugend.

»Es gab freilich auch ernstzunehmende Argumente gegen die Probeaufführung der Rosner-Passion. Sie war noch unausgegoren in der Aufteilung der inhaltlichen Gewichte, hielt wohl auch die Spielfreude, zum Beispiel in den Höllenszenen oder bei den allegorischen Figuren zu wenig in den notwendigen Grenzen [A. Fink].« Das Ergebnis war eine sehr fragwürdige Modernisierung. Außerdem griff man in großem Umfang auf außerdörfliche Kräfte zurück und verlegte die Spielzeit auf den Nachmittag und Abend. Die jahrhundertelang eingehaltene Gelübdetradition wurde durchbrochen.

Offensichtlich sollte der ehrgeizige Weg zu einem Festspiel nach dem Muster des »Jedermann« in Salzburg eingeschlagen werden. Weitreichende Konsequenzen ergäben sich aus einer derartigen Entwicklung durch die Umschichtung der Besucher. Die Prognose lautet: »Allerdings, dieser Zuschauer entspräche wohl am meisten jenem Typus, der auch die konzertanten Aufführungen von Bachs Matthäus-Passion besucht, einer kunstliebenden ›Elite‹ also, die im extremen Fall dem Prinzip des Christlichen gleichgültig gegenüberstehen könnte und an der Gestaltung des Stoffes unter den Kriterien der Kunst volles Genüge fände [F. Kienecker].« Das Ende des Oberammergauer Passionsspieles in seiner überlieferten Form wäre vorprogrammiert.

Die Alternative »Hie Rosner! — Hie Daisenberger!« machte einer besonnenen Ernüchterung Platz. Einer der entschiedensten Parteigänger Rosners schlug einen Kompromiß vor. »Rosners entscheidender Vorzug liegt unbestreitbar in seinem universalen theologischen Konzept. Von Daisenberger wäre zu übernehmen insbesondere alles, was den bekannten Wortlaut der Evangelien entspricht und in Rosners Versform häufig umschrieben worden ist [A. Fink].« Das Vorhaben, die beiden differierenden Entwürfe zu verschmelzen, entspricht wohl mehr einem Wunschtraum als einer praktikablen Realisierbarkeit.

(aus: Josef Georg Ziegler »Das Oberammergauer Passionsspiel. Erbe und Auftrag«. St. Ottilien 1990, S. 70 ff.)

Zeittafel zur Geschichte des Oberammergauer Passionsspiels

1633 In der Pest geloben die »Gemeinds-Leuthe Sechs und Zwölf«, »die Passions-Tragödie alle 10 Jahre zu halten«.

1634 Die Passion wird auf dem Friedhof neben der Kirche aufgeführt.

1662 Abschrift des ältesten Oberammergauer Passions-Textes. Ein Großteil der 4.902 Verse entstammt zwei weitaus älteren Spielen, die schon vor 1634 miteinander verbunden wurden: 1. einem mittelalterlichen Passionsspiel (2. Hälfte des 15. Jahrhunderts), dessen Handschrift im Augsburger Benediktinerkloster St. Ulrich und Afra gefunden wurde und in dem wiederum Tiroler Passionsspiele und ältere Passions-Traktate verarbeitet sind; 2. der reformatorisch gestalteten, als Druck verbreiteten Passions-»Tragedi« des Augsburger Meistersingers Sebastian Wild aus dem Jahr 1566, der seinerseits u. a. das humanistische Spiel »Christus redivivus« (1543) des Oxforder Reformators Nicholaus Grimald als Vorlage benutzt hatte.

1674 Erweiterung durch Szenen der Weilheimer Passion von Pfarrer Johann Älbl (1600, 1615)

1680 Übergang zur Aufführung im Zehnjahresrhythmus

1700 Spielleitung und Verbesserung der Reime durch Benefiziat Thomas Ainhaus

1720 Erhaltene Teile des von P. Karl Bader (1662-1731) revidierten Textes dokumentieren eine barocke Kulissenbühne

1730 Bearbeitung durch den Rottenbucher Augustiner Anselm Manhart (1680-1752), der die allegorischen Figuren Neid, Geiz, Tod und Sünde als Gegner Jesu einführt und das traditionelle, der Meditation dienende Kunstmittel des »Einfrierens« der Handlung ausbaut zu einer Reihe »Lebender Bilder«.

1740 Textrevision durch den Rottenbucher Augustiner Clemens Prasser (1703-1770)

1750 »Passio Nova« des Ettaler Benediktinerpaters Ferdinand Rosner (1709-1778), religiös und künstlerisch durchgehend neu gestaltet in der Formensprache des Geistlichen Barocktheaters: Die Allegorien werden in die Handlung einbezogen, die unbewegten Betrachtungen inhaltlich geändert zu »Vor-Bildern« aus dem Alten Testament bzw. den Gleichnissen Jesu (8.457 Verse).

1770   Verbot aller Passionsspiele in Bayern, Ausfall des Spiels

1780   Privileg für Oberammergau nach Umarbeitung der Passion Rosners durch den Ettaler Benediktiner Magnus Knipfelberger (1747-1825). Er kürzt auf 4.809 Verse und beschränkt die Auftritte der Hölle auf musikalische Zwischenszenen.

1811   Durch Montgelas' Verbot 1801 konnte erst 1811 gespielt werden nach Vorlage eines von dem Ettaler Pater Dr. Othmar Weis (1769-1843) neugeschaffenen Textes (Konzentration auf die Evangelien, Zentralidee der Versöhnung, Streichung allegorischer, mythologischer und legendenhafter Elemente, zeitgemäße Theologie, Prosa-Stil, Realismus, wortreiche, moralisierende Deutungen der Vorbilder, Bezugnahmen auf soziale Konflikte). Komposition der Musik durch den Oberammergauer Lehrer Rochus Dedler (1779-1822)

1815   Sonderspiele nach Beendigung der napoleonischen Kriege. Wieder weitgehende Neugestaltung des Textes durch Weis und der Musik durch Dedler (fortgesetzt bis 1820): Erweiterung der Händler- und Volksszenen (u. a. durch den »Einzug in Jerusalem«), Anleihen an der Literatur der Zeit. Neuschaffung einer Bühne im Empire-Stil durch Benefiziat J. N. Unhoch (1762-1832) mit flankierenden Annas- und Pilatus-»Häusern« und Seitengassen

1830   Verlegung der Bühne vom Friedhof an den Nordrand des Dorfes. Zwischen 1830 und 1850 wird das Spiel aus romantischer Sicht von S. Boisserée, G. Görres, I. F. Lentner, L. Steub, E. Devrient, M. Deutinger, J. Sepp u. a. entdeckt und weithin bekannt gemacht. Ca. 13.000 Besucher

1840   Neugestaltung der Auferstehungs-Szene, ca. 35.000 Besucher

1850   1. Spielleitung und einzelne Textänderungen durch Joseph A. Daisenberger (1799-1883, seit 1845 Pfarrer in Oberammergau). Ein gewählter »Passionsausschuss« organisiert die Spiele. Erstmals französische und englische Berichte über das Spiel

1860   1858 überarbeitet Daisenberger auf Wunsch der Regierung und unter Einbeziehung der Kritik von 1850, v. a. J. Sepps, den Text. Er bevorzugt das Johannes-Evangelium und sucht die Dramatik der Passion herauszuarbeiten. Statt der Aktualisierung bei Weis setzt er auf Zeitlosigkeit, statt Realismus auf Erhabenheit und Idealisierung, statt des Politischen auf das Psychologische (z. B. bei Judas). An der antiken und klassischen Tragödie orientiert (Aufbau, Motive), strebt er andererseits nach Volkstümlichkeit durch Einfügung von Legenden (Veronika, Ahasver) und Kreuzweg-Inhalten (z. B. Jesu Begegnung mit Maria), durch historische Rückgriffe auf alte Passionstexte, durch Gemüthaftigkeit, bildhafte Sprache und einfache Symbole (Kreuz als Lebensbaum).

1870 Daisenberger verfasst im Jahr 1868 Prologe in antiken Odenmaßen zu den Lebenden Bildern. Seinen Vorschlag einer Vers-Passion nimmt die Gemeinde aber nicht an, ebensowenig wie den Verstext J. N. Sepps. Das wegen des Krieges unterbrochene Spiel wird 1871 fortgesetzt.

1871 Für König Ludwig II. wird am 25. September eine Separat-Vorstellung gegeben.

1880 Besucheranstieg – auch ein Zeichen kirchlicher Selbstbehauptung in Bismarcks Kulturkampf. Kostümfertigung am Münchner Hoftheater

1890 Bühnenumbau durch C. Lautenschläger (Abtrennung der seitlichen Häuser, Neo-Renaissance-Fassade sowie technische Modernisierung), Teilüberdachung der Sitzplätze, Neuinszenierung im Hoftheaterstil mit naturalistisch-historisierenden Bühnenbildern und Kostümen

1900 Zum ersten Mal wird ein offizielles Textbuch nach der Daisenbergerschen Fassung herausgegeben. Bis dahin war nur seit 1811 der Text zu den in Musik gesetzten Rollen allgemein bekannt. Der Zuschauerraum wird vollständig überdacht, die Besucherzahl steigt auf 174.000.

1922 Nachholung der 1920 wegen der Kriegsfolgen ausgefallenen Passion

1930 Neubau der Bühne (mit Technik) und Neuinszenierung durch den 1922-1960 die Spiele leitenden Georg J. Lang (1889-1968). Dem klaren, asketischen, monumentalen Stil der Bühne entspricht die künstlerische Konzentration der Bühnenbilder, dazu kommt eine eindrucksvolle Massenregie. Erweiterung der Zuschauerhalle

1934 Jubiläumsspiel. Kardinal Faulhaber erteilt den offiziellen Lehrauftrag der Kirche, die »Missio canonica«. Kriegsbedingt entfällt das Spiel 1940.

1950 Die amerikanische Militärregierung hatte nach Kriegsende auf eine möglichst baldige Aufführung gedrängt. Aufgrund der Kriegsfolgen sehen sich die Oberammergauer aber erst in diesem Jahr in der Lage, das Spiel durchzuführen. Bearbeitung der Musik durch Prof. Eugen Papst (480.000 Besucher)

1970 Leitung: Anton Preisinger. Der alte Text bleibt. Reformansätze (u. a. mit A. J. Lippl, A. M. Miller, C. Orff, S. Schaller, R. Raffalt) scheitern. 1969-1989 mehrere Textbearbeitungen zur Vermeidung von Antijudaismen

1977 Rosner-Probe. Hans Schwaighofers Reform-Vorschlag (Text von 1750)

1984 Jubiläumsspiel. 1980/84 überarbeitet Spielleiter Hans Maier die Bühnenbilder und P. Gregor Rümmelein den Text.

1990 Revisionen des Daisenberger-Textes vor allem mit Tilgung der Antijudaismen. Die Hauptrollen werden von vornherein doppelt besetzt, die sogenannten »Ersatzspieler« gibt es damit nicht mehr. Leitung: Christian Stückl/Otto Huber. Zum ersten Mal seit Beginn der Passionsspiele können nach einem Gerichtsurteil verheiratete Frauen und Frauen über 35 Jahre mitwirken. Rückgriff auf das Bühnenbild von Georg Johann Lang aus dem Jahr 1930.

1996 Bürgerbegehren mit der Entscheidung der Spielleitung zugunsten von Christian Stückl und Otto Huber

1999 Israel-Fahrt der Hauptdarsteller: Besuch der israelitischen Gemeinde in New York; Filmfestival »Von Hollywood nach Oberammergau«

2000 Das Passionsspielhaus wird renoviert: Modernisierung von Bühne und Hinterbühne, Erneuerung der Bestuhlung und des Foyerbereichs. Die Religionszugehörigkeit wird als Mitwirkungsgrund aufgehoben, deshalb stehen erstmals Muslime auf der Bühne. In zweijähriger Vorbereitungszeit wurde die umfangreichste Textbearbeitung seit 1860 vorgenommen und die Passionsmusik von Rochus Dedler vom Dirigenten Markus Zwink teilweise neu bearbeitet. Spielleitung Stückl/Huber.

(überarbeitete Fassung unter Verwendung einer Vorlage aus: Helmut W. Klinner/Michael Henker: »Die Erlösung spielen«. Oberammergau 1993)

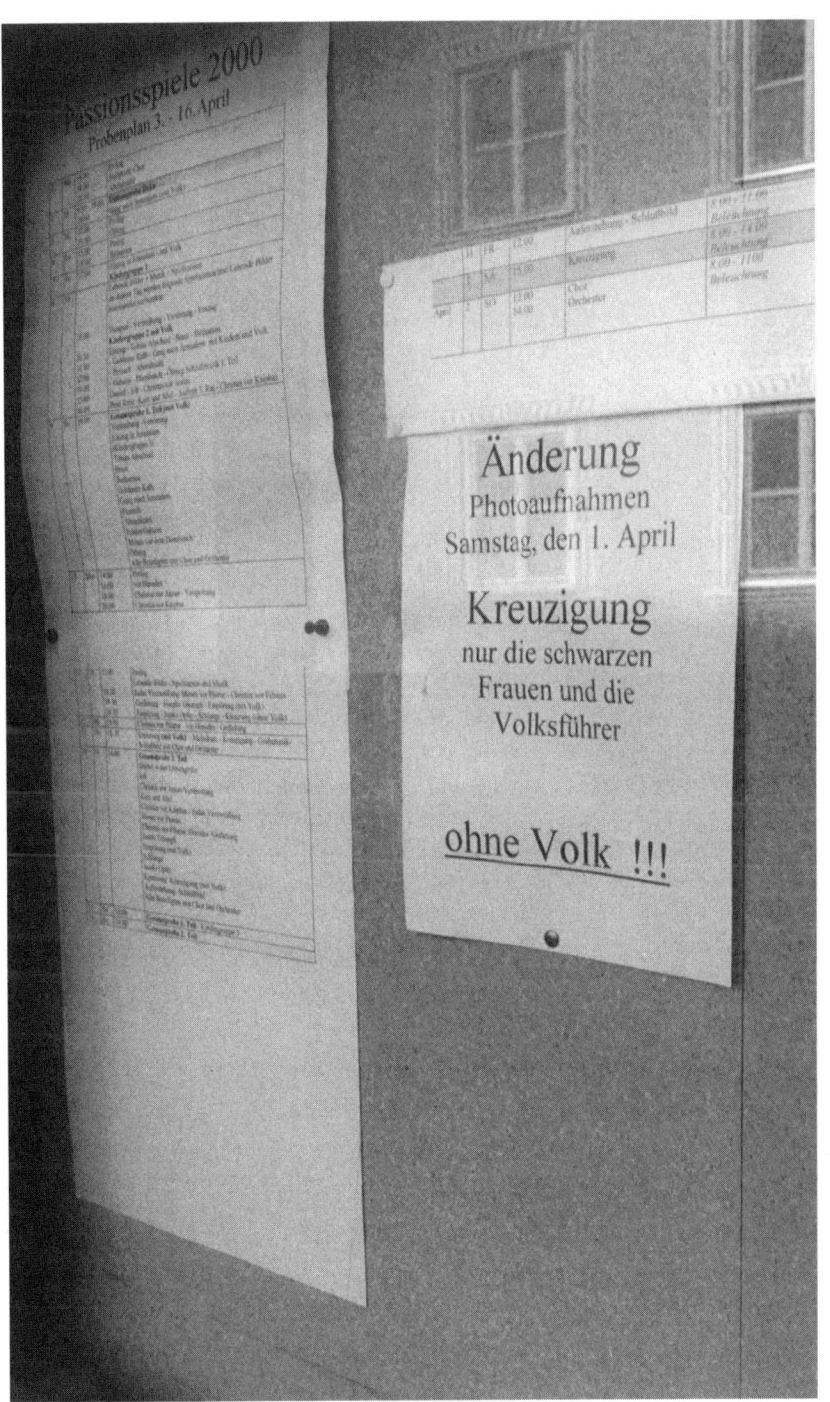

Projektion

*Wo gibt es noch einen Ort, der seine ganze Existenz so sehr mit einem ei-
genen, frei gewählten Projekt verknüpft? Wo einen Ort, der in solcher
Weise als Projektion eigener spiritueller, psychischer, sozialer, politischer
oder kultureller Befindlichkeit zu dienen hat? Heil in unheiler Zeit suchen
die einen und die anderen wittern Unheil, weil jede Art von Heilsverhei-
ßung in einer Welt, die nicht heil ist, nur der Verschleierung dienen kann.
Abwehr und Anziehung – fast bedingen sie einander, bestärken einander
im eigenen Standpunkt.*
*Einheimische und Besucher kommen zu Wort, Theologen und Schriftstel-
ler. Der folgende Abschnitt versucht, einen Überblick über Wunschvorstel-
lungen wie über grausige Abkehr zu gewähren.*

Oberammergau als Kultur- und Lebensbild

*Die kontroversen Erwartungen, die von außerhalb auf Oberammergau
projiziert werden, sind zu einem beträchtlichen Teil in einer Szene gebün-
delt, die am Anfang von Maximilian Schmidts »Schutzgeist von Oberammergau«, einem »Kultur- und Lebensbild« stehen. In nuce wird schon im
Eisenbahnabteil zu Beginn der Fahrt nach Oberammergau ein erregter
»Oberammergau-Diskurs« geführt.*
*Schon im 19. Jahrhundert nehmen die meisten Besucher die Bahn, mit der
viele Autoren ihre Darstellungen von Oberammergau und seinem Spiel ein-
setzen lassen. Auch Maximilian Schmidt, genannt der Waldschmidt, beginnt sein »Kultur- und Lebensbild« am Münchner Hauptbahnhof.*
*»An einem herrlichen Augustmorgen des Jahres 1871«, der aber ein völlig
normaler Werktag ist, herrscht schon am Bahnsteig in der Landeshaupt-
stadt ein solches Gedränge wie sonst nur »an besonders vom Wetter be-
günstigten Feiertagen«. Prompt wird eine kleine Reisegesellschaft, beste-
hend aus einer älteren und drei jüngeren Damen, voneinander getrennt –
nur die jüngste findet noch Platz im Zug. Witwe Breitling kehrt mit ihren
Töchtern Bianka und Ottilie wieder nach Hause zurück, um es mit einem
späteren Zug zu versuchen, bei ihrer Nichte Rosine nimmt das Schicksal
seinen Lauf. Sie lernt auf ihrer Reise den jungen Mediziner Josef Stolz
kennen und schätzen ...*

Maximilian Schmidt

Der Schutzgeist von Oberammergau

In dieses Mitgefühl drängte sich übrigens lebhaft die von dem Kommissionär gemachte Äußerung, daß ihrer Base Bianka, die in kurzem Hochzeit feiern wollte, der Bräutigam untreu geworden sei. Es drängte sie hierüber Näheres zu hören; aber wie sollte sie das anfangen? Der junge Arzt hatte das Gespräch mit dem dicken Nachbar ziemlich barsch abgebrochen; sie konnte Bandler nicht wohl wieder ansprechen, da dies dem Mediziner sicher unangenehm gewesen wäre und auch die übrigen Reisenden neugierig auf jedes gesprochene Wort lauschten. Sie hoffte jedoch im weiteren Verlauf der Reise gelegentlich dieses Thema noch einmal berühren zu können.

Hätte Herr Bandler die Gedanken des schönen Fräulein geahnt, er würde sich um den jungen Mann nicht weiter bekümmert und ihr ausführlichen Bericht erstattet haben; so aber drehte sich die Unterhaltung der Anwesenden um das Passionsspiel in Oberammergau. Das Mädchen, das sich als Mitspielende bei der Passion bekannte, hatte zu dem neuen Thema Anlaß gegeben.

»Da haben wir schon eine der Ammergauer Komödiantinnen bei uns,« sagte Bandler halblaut zu den zunächstsitzenden Herren. »Wie theatralisch sie dort liegt und tut, als ob's schlafet.«

»Ich meine,« sagte einer der Herren, »wir sollten Oberammergau Oberammergau sein lassen und die Zeit lieber beim Bernrieder Bier zubringen als uns von den G'scherten da oben was vormachen lassen.«

»Nein«, meinte ein anderer, »gehen wir hin, wir können uns dann vielleicht wieder einmal recht auslachen.«

»Ja, ja,« fiel ein Metzgermeister und Hausbesitzer von München ein, »den Zweck hab' ich auch vor Augen; ich möcht' gar zu gern die Bauern einmal spiel'n sehn und recht lachen können. Ich geh' selten ins Theater, seit der Johann Schweiger seine Bude g'schlossen hat, schon gar nicht mehr. Aber wenn ich weiß, daß ich irgendwo was zu lachen krieg', so überlaß ich meiner Frau s' G'schäft und lauf dorthin.«

»Dann wäre es für Sie schon besser gewesen, Sie wären zu Hause geblieben,« sagte jetzt Stolz zu dem so Sprechenden, »in Ammergau gibt's nichts nach Ihrem Sinne zu lachen.«

»So?« fragte der Metzger, »woher wissen Sie das?«

»Die Ammmergauer,« erklärte Stolz, »spielen nicht des Vergnügens oder des Gewinnes wegen, sondern infolge eines Gelöbnisses.« (...)

»Haben sie schon einmal einer solchen Vorstellung beigewohnt?« fragte der Metzger.

»Ja,« antwortete Josef, »vor elf Jahren, anno 1860, und voriges Jahr vor Ausbruch des Krieges wieder. Es waren jedesmal viele Tausende von Menschen dort, aber lachen habe ich noch keinen sehen.«

»Mich können S' morgen lachen sehn,« sagte der Metzger.

»Und wenn's nicht so ist, was dann?« fragte Josef.

»Dann können Sie sich den schönsten Schinken aus meinem Laden aussuchen,« erwiderte lachend der Metzger.

»Abgemacht!« sagte der junge Mann.

»Was soll's denn nichts zu lachen geben?« meinte ein anderer; »es ist und bleibt halt doch nichts anderes als eine Komödie. 's Komödiespiel'n ist leichter als 's Arbeiten, und den Ammergauern bringt's auch mehr Geld.«

(aus: Maximilian Schmidt »Der Schutzgeist von Oberammergau«. Regensburg 1928, S. 16 ff.)

Vor dem Passionsspielhaus, 1922

Florian Sattler

Neidisch wandern die Gedanken

Darf der Papst als italienischer Mittelmachthaber mit geistlichen Strafen gegen den Kaiser aus dem nebeligen Deutschland vorgehen, wenn dieser in die italienischen Verhältnisse eingreift? Fragen über Fragen. In der ersten Hälfte des 14. Jahrhunderts nahmen sie eine besondere Schärfe an. Der Papst Johannes XXII. begab sich unter französischen Schutz nach Avignon. Und Ludwig der Bayer wurde kurzerhand exkommuniziert. Dem in der Theologie und der politischen Theorie weniger bewanderten Kaiser kamen in dieser Lage zwei blitzgescheite Franziskaner-Mönche zu Hilfe: William von Ockam und Marsilius von Padua. Sie standen ihrerseits unter päpstlichem Druck und wählten den kaiserlichen Hof mit seiner Geistesfreiheit als Exilort. So konnte in München ein so außerordentlicher Satz wie dieser zu Pergament gebracht werden: Ockam, An princeps »Die königliche Macht ist nicht vom Papst, sondern von Gott, vermittels des Volkes, das von Gott um des Gemeinwohls willen die Macht erhielt, sich einen König vorzusetzen.«
Die Dinge so fein säuberlich auseinander zu halten, stellt eine intellektuelle Meisterleistung des Mittelalters dar, das zu oft ungeprüft als finster bezeichnet wird. Schaut man auf die Geschichte, aber auch über den heutigen Globus, so ist die Sache nämlich von brennender Aktualität. Als jüngst der bundesdeutsche Außenminister Joschka Fischer in Teheran Besuch machte, hätte es kein besseres Mitbringsel gegeben als die Story von Ludwig dem Bayern und seinen tapferen Exilminoriten. Der iranische Staatspräsident Chatami, ein höchst gebildeter Herr, der sich tagtäglich mit den Eingriffen der Ayatollas in die westliche Sphäre herumschlagen muss, hätte seine diebische Freude an den Münchner Argumenten aus dem 14. Jahrhundert gehabt. Und das um so mehr, als es bei den Schiiten, anders als bei den Sunniten, mitten im schönen Islam eine bedeutende philosophische Tradition zur Erörterung solcher Existenzfragen wieder zu beleben gäbe.
Ganz Ähnliches gilt für Russland. Auch dort schlägt man sich mit dem lastenden Erbe von Byzanz herum, in dem der Patriarch dem Basileus untergeordnet war, so dass in dieser Tradition die Orthodoxie im Umgang mit mehr oder weniger tyrannischen Herrschern Russlands oder der Sowjetunion wenig Schneid bewiesen hat.

München als Leuchtturm der europäischen Freiheitsgeschichte und nicht als Adresse vorgelagerter Kompromisse von 1938.

Aus meinem Fenster schauend träume ich von einer neuen Sacerdotium- und Imperium-Diskussion, die beispielsweise von Teheran freiheitsstiftend nach Algier springt und von Moskau nach Peking. Überhaupt sind Wissensbestände, wie sie sich hinter einer vorgesessenen Fassade auftun, höchst praktisch und lebenserleichternd. Das walte das Internet. Vorderhand müssten erst einmal die Münchnerinnen und Münchner stärker davon Gebrauch machen, auch sie hätten daran ihr Vergnügen. Es gibt Tage, da hat diese Stadt eigentlich kein Thema, sondern nur eine Kakophonie von kurzlebigen Wichtigtuereien.

Neidisch wandern gerade im Jahr 2000 in dieser Lage die Gedanken nach Oberammergau, einer Gemeinde, die seit 1633 ihr Thema hat und alle zehn Jahre damit ein mordsmäßiges und vielbestauntes Spektakel veranstaltet.

Im Jahre 1880 sollte mein sehnlichster Wunsch in Erfüllung gehen,
das Passionsspiel in Oberammergau zu besuchen.
Verschiedene Ortsangehörige waren mir schon dorthin vorangereist
und wußten nicht genug zu sagen von der Schönheit des Spieles.
Manche hatten bei dieser Gelegenheit auch zum erstenmal
das Gebirge gesehen und waren über alles erstaunt von der Größe
und Schönheit der Welt und der Höhe der Berge.
Sie waren nicht alle so skeptisch wie jener Maler, der zu mir sagte:
»O mein Gott, im Gebirge, da sieht man ja nichts; wo man hinschauen will,
stehen einem die Berge vor und verstellen die Aussicht.«
Ferdinand Feldigl

Arthur Achleitner

Ein Odem der Kunst

An sich ist das traute Dörflein so wie alle anderen auch im Gebirge, es fehlt sogar der ausgesprochene Charakter der Hochgebirgswohnstätten, aber über dem Dorfe liegt ein eigenartiger Zauber, ein Odem der Kunst. Ein merkwürdiges, ein lehrreiches Dorf von Bauern und Bildschnitzern, die kaum genügend zu nagen haben, aber alle zehn Jahre Könige und Propheten, Hohepriester und kaiserlich-römische Statthalter auf der Bühne verkörpern. Schlichte Dörfler sind es, die das Flanellhemd und die abgetragene Joppe ablegen, um sich mit dem Scharlachmantel des Königs, dem wallenden Gewande des Hohenpriesters zu drapieren, schwielige Hände, gewohnt das Schnitzmesser zu führen, die das Szepter und den Feldherrnstab ergreifen, ein armes Dorf, das alle Sonntag »den Passion« aufführt. (...)
Glaubt denn die Welt an diesen Mummenschanz (der Passionsspiele), lacht sie nicht darüber? Für »dumme« Bauern, da lasse ich mir dergleichen gefallen, aber für »feine« Leute – nimmermehr! Bei unserer Bildung, unserer Intelligenz! Der zum Sklaven gewordene Blitz meldet uns täglich, was in aller Welt vorgeht. Der weltberühmte Mann hat seinen Busch, durch den wir erfahren, was der Gefeierte ißt und trinkt. Wir sitzen beim Ofen und erleben alle Tage unser Stück Weltgeschichte, ohne einen Schritt zu thun. Und da sollen wir den Bauern eines bayerischen Dorfes nachlaufen, in ihren schlechten Betten schlafen und ihren verdächtigen Kalbsbraten essen, weil sie sich einbilden, dramatische Künst-

ler zu sein? Das schönste an unserer Bildung ist, daß uns so oft vor ihr graut. Jetzt trägt ihr Antlitz die holdernsten Züge der Pallas Athene und jetzt die versteinernden der Gorgo Medusa.

Wir kriegen sie oft satt, die Essenzen und Elixire, die tausend Gelehrte für uns aus hunderttausend Büchern destillieren. Die großen Herbarien der Kunstflora Griechenlands und der Renaissance, Museen genannt, muten uns manchmal dürr und staubig an, und wir haben verzweifelte Augenblicke, wo wir »Humbug« ausrufen, wenn die »Times« sich auf den Dreifuß setzt und als Pythia Krieg oder Frieden weissagt. Wie Faust entfliehen wir dann dem beklemmenden Gemäuer unserer künstlichen Existenz und bergen das heiße Haupt am ewigtreuen Busen der Natur. Dann erquickt uns wundersam das Rauschen des Waldes, es rührt uns der fromme Blick der Wiesenblume und das Treiben der namenlosen Menge, die wir in den Städten als »Volk« dem Namen nach kennen, ergreift innig unser Gemüt, als wär es das verlorene Ideal des Friedens, der Genügsamkeit, der Gesundheit von Leib und Seele. Ja, sie entfliehen den Fesseln ihres künstlichen Daseins, sie entfliehen sich selbst, die vielen Tausende von feinen Herren und Damen, die jetzt nach dem Passionsdorfe pilgern. Da sitzen sie und lauschen acht lange Stunden, unter freiem Himmel, bei Regen oder Sonnenschein, einem Bauerndrama, aufgeführt von Bauern für Bauern. Kein Mund verzieht sich zu einem Lächeln, wenn das arme Bauernmädchen, das die »Mutter Gottes« spielt, »ihrem einzigen Sohn nochmals seh'n« will, niemand lächelt, wenn Joseph von Arimathia bei der Kreuzabnahme ruft: »O diße heilige Birde, komm' auf meine Schultern!« Das geistige Schwarzbrot der schlichten Bauern ist so saftig und duftet so herrlich, wer mag da an Grammatik und Hochdeutsch denken! Eduard Devrient, ein feiner parfümierter Prälat der Kritik, dessen vornehmer Schrift man die weiche, durchsichtige Hand anfühlt, hat dieses Schwarzbrot vor vierzig Jahren für ausgezeichnet erklärt, und seither strömen die Scharen verwöhnter Städter immer zahlreicher herbei, die gepriesene ländliche Delikatesse zu versuchen. (...)

Ja die Kunst lebt im stillen Dörflein in jedem der Häuser, in der Seele jeden Oberammergauers. Draußen auf der Passionsbühne und herinnen am Baßel-(Schitz-)tisch. Wenn die Oberammergauer Schnitzkunst auch nicht den Weltruf genießt wie die Passionsspiele, so ist sie doch der höchsten Beachtung wert. (...)

Von den ca. 1.246 Einwohnern sind etwa 100 Personen mit der Bildschnitzerei beschäftigt. Rechnet man die Angehörigen der meist verheirateten Arbeiter hinzu, die mit beschäftigt sind, so läßt sich annehmen, daß fast ein Drittel der Arbeiterbevölkerung ihren Unterhalt aus der Schnitzerei sucht. Die Verlagsgeschäfte sind auf 7 mit bedeutendem Geschäftsgang angewachsen, eines dominiert durch gewaltigen Umfang.

Die Schnitzer erhalten die Arbeitsaufträge vom Verleger und empfangen dafür Stücklohn. Bei größeren Aufträgen wird der erforderliche Rohstoff (in Holz) vom Verleger geliefert, bei kleinen hat der Schnitzer den Stoff zu liefern, der auch die Werkzeuge besitzt. Den Erwerb der Schnitzerei unterstützt in etwas Ackerbau und Viehzucht. Es stellen sich die Preise beiläufig folgendermaßen:

Gegenstand der Darstellung:	Größe und Qualität:	Lohn des Schnitzers:	Kaufpreis:
Kruzifix aus Birnholz	5 Zoll groß	1.50 M.	1.70 M.
Kruzifix gotisch	4 Zoll groß	1.75 M.	2.00 M.
Christus, Eichenholz, feinste Arbeit		34.00 M.	40.00 M.
Postament mit Christus aus Stechapfelholz		3.80 M.	4.50 M.
Darstellung des guten Hirten farbig		10.40 M.	13.00 M.
Christus, feinste Arbeit	12 Zoll groß	6.50 M.	8.00 M.

Zur Herstellung der letzterwähnten Christusfigur ist eine dreitägige Arbeit von etwa je 11 Stunden abzüglich der Essenszeit und sonstigen Pausen erforderlich. Die Verkaufspreise der kleineren Gegenstände sind Engrospreise. Bei Kruzifixen aus Birnholz muß der Schnitzer das Holz selbst liefern.
Hinsichtlich der Absatzgebiete sind z. B. St. Petersburg, Madrid, Lissabon vollständig oder nahezu verloren gegangen, dagegen findet ein starkes Kommissionsgeschäft nach Paris statt. Durch Beschickung von Ausstellungen ließ sich der Absatz nicht unwesentlich erhöhen. Religiöse Gegenstände werden viel nach Schlesien, Baden, Württemberg, Hannover, auf Bestellung verschickt. Der Detailverkauf in Oberammergau selbst dürfte durch den erleichterten Verkehr auf der neuen Bahnlinie Murnau-Partenkirchen (Station Oberau, von dort zwei Gehstunden nach Oberammergau) eine Steigerung erfahren. Der Tagesverdienst eines Schnitzers schwankt zwischen 2–6 Mk., der Lohn wird bar bei Ablieferung der Arbeit bezahlt, bei größeren Arbeiten mit längerer Lieferungsfrist werden auch Vorschüsse gewährt.

(aus: Arthur Achleitner »Im Passionsdorfe«. München 1890, S. 27 ff., S. 32 ff.)

Tony Schumacher

Einfach echt christlich

Wer an einem Samstagnachmittag in dem kleinen Dorfe sich aufhält und die Hunderte und Tausende von Ankommenden sich betrachtet, wer sieht, wie sämtliche Häuser und Häuschen sich bis unters Dach, ja wie sich oft noch die Scheunen und Ställe mit Gästen füllen, den überkommt das Gefühl: aus dem allen heraus muß sich doch eine große Wohlhabenheit der Herberggebenden entwickeln. – Aber dem ist nicht so.

Scheinbar regnet es ja Geld auf dieses kleine Örtchen herab, aber die großen Bauten, die enormen Auslagen für die prachtvollen Kostüme für zirka siebenhundert Mitwirkende und sonstige gemeinnützige Zwecke verschlingen das meiste wieder. Und ich, die ich nun schon seit über dreißig Jahren Oberammergau und den größten Teil seiner Bewohner kenne und in manche Familie und andere Verhältnisse hineinschaue, weiß, daß noch nie die Oberammergauer durch die Spielzeit reich, geschweige denn nur wohlhabend geworden wären.

Hingegen weiß ich von vielen, die die größten Opfer brachten, um beim Spiele mitwirken zu können, die die einträglichsten Stellen aufgaben, aus fernen Weltteilen hergereist kamen, um das Gelübde der Vorfahren erfüllen zu helfen.

Ich weiß ein liebes Oberammergauer Mädel, das in einer sehr guten Familie in Dienst war, und das die dortigen Kinder unter Schluchzen festhalten wollten. Das erwiderte gleichfalls schluchzend: »I moan grad, 's Herz tat m'r brech'n, daß i von enk Kinderln fort muaß, wo i doch sechs Jahrn bei enk g'we'n bin! Aber d' Passion kann i nit lass'n, und wann i no amal z'Grund drüber gean müßt!« (...)

Was mir an der Frömmigkeit der Oberammergauer so wohl tut wie auch an der ganzen Grundlage des Spiels, das ist, daß beide nicht streng konfessionell, sondern einfach echt christlich sind, beruhend auf den Überlieferungen der heiligen Geschichte. Und daraus entspringt ja wohl auch mit die große Wirkung auf die Zuhörer. Nicht Sucht nach dogmatischem Erfolg und Ruhm, kein Glänzenwollen des Einzelnen, sondern ein mächtiges, einheitliches Bestreben ist hier fühlbar, das Höchste zu verherrlichen zur Erhebung und Läuterung der Anwesenden. (...)

Wir fuhren also einst nach Oberammergau. Einer der größten Wünsche meines Lebens sollte mir erfüllt werden.

Es war im Jahr 1880, und die Eisenbahn brachte uns – meinen Mann und mich – nur bis Oberau am Fuß der steilen Ettaler Chaussee. Diese mußte zu Fuß oder zu Wagen erklommen werden, eine nicht leichte Aufgabe sowohl für die eigenen Füße als auch für die keuchenden Pferde. – Wir wählten unter den vielen Fuhrwerken, die hier der Fremden harrten, einen Einspänner, stiegen aber an den steilsten Stellen immer wieder aus, um das arme nicht eben sehr edle Rößlein zu entlasten. (...)

Auf einer Brücke, die über die Ammer führte, fiel uns ein langgestrecktes, städtisches Haus auf. »Das ist dem Ezechiel das seinige,« sagte der eine der Buben, während der andere in möglichstem Hochdeutsch erklärte: »Dem Herrn Rochus Lang das seinige!«

Währenddessen kam ein blondlockiger, auffallend schöner Knabe aus dem Hause heraus, und die beiden Buben winkten und riefen ihm zu: »Mir kimm'n glei nachher, Tonerl, mir kimm'n glei! Müss'n nur noch a wengerl die Fremden rumführn!« Der Knabe sah uns aus seinen großen, merkwürdig blauen Augen prüfend an und ging dann hinunter zum Bach. Ein alter Mann, der auf einer Bank daneben gesessen und belustigt zugehört hatte, wie die Büblein die Erklärer machten, setzte mit einer Handbewegung nach dem Bach unten hinzu: »Den Buab'n do, den blondlockigen, den müaßt's enk recht anschaun, denn der gibt amol, so gewiß als i Haser heiß, beim übernächst'n Spiel den Christus!«

(aus: Tony Schumacher »Meine Oberammergauer von einst und jetzt«. Stuttgart o. J., S. 7 f., S. 10 f., S. 21 f.)

Oberammergau um 1870

Wilhelmine von Hillern und ihr Oberammergauer Passionsroman

Wilhelmine von Hillern, den meisten, wenn überhaupt, als Verfasserin der »Geier-Wally« bekannt, liegt neben dem Pfarrer Daisenberger auf dem Friedhof von Oberammergau, und das ist kein Zufall. Auch sie war mit der Textrevision der Passion beauftragt.

Das war denn aber den Oberammergauern zu viel, dass eine von außen, in Berlin Geborene, sich an ihren Text macht. Schreiben über Oberammergau: ja, das darf man, die Sache der Passion fördern: gern, und wer Glück hat, findet auch Freunde im Dorf – aber so richtig einmischen: nein. Die Passion ist und bleibt Sache der Oberammergauer allein. So weit wenn es kommt, dann sind die Oberammergauer – schon immer fleißige Basisdemokraten – bereits im 19. Jahrhundert zu einer Demonstration bereit, nach Linderhof. Um noch einmal den Vergleich mit der griechischen Polis zu ziehen: Auch in ihr gehörte die Autonomie zum höchsten Gut, die politische, aber auch geistige Unabhängigkeit.

Ihr in den achtziger Jahren des 19. Jahrhunderts geschriebener Roman »Am Kreuz«, einerseits ein beispielloser Erfolg und Bestseller, wurde andererseits von Zeitgenossen angegriffen, besonders heftig von Wilhelm von Wymetal, der unter dem Pseudonym »Wyl« ebenfalls Bücher über Oberammergau veröffentlichte, unter anderem »Maitage in Oberammergau« und »Der Christus-Mayr«.

Übertreibung, Pathos und Idealisierung warf er diesem Roman vor, in dem Wilhelmine von Hillern nicht nur die Liebe zwischen der Gräfin von Wildenau und dem Christus-Darsteller Freyer darstellt, sondern in die triviale Handlung nicht minder triviale Muster antimodernen Denkens, Naturschwärmerei und einer Oberammergau-Verherrlichung als Hort der Christenheit hineinwebt. Es kommt sogar zu einem Prozess zwischen Hillern und Wyl, und noch die Tochter Hermine Diemer, geborene von Hillern, setzt den Kampf in ihrem 1900 erschienenen Band »Oberammergau und seine Passionsspiele« fort.

In dem Roman »Am Kreuz« lässt die Gräfin von Wildenau, kaum in Oberammergau zum Besuch der Passionsspiele angekommen, ihren Prinzen stehen und setzt alles daran, die Liebe des Christus-Darstellers Freyer zu gewinnen – im richtigen Leben der sogenannte Christus-Mayr, übrigens auch bayerischer Juniorenmeister im Hochsprung. Die Katastrophe nimmt ihren Lauf. Freyer kann seine Christus-Darstellung nicht mehr mit dieser illegalen Liebesbeziehung in Einklang bringen, die Passion droht zu platzen, den Bürgermeister trifft der Schlag. Aber natürlich wird auch die Beziehung der beiden eine Katastrophe. Die Gräfin versteckt ihren Christus samt dem gemeinsamen Kind auf einem weit abgelegenen Schloss, das Kind stirbt, Freyer verkümmert.

Wilhelmine von Hillern

Passionen in Oberammergau

**Die Liebe zwischen dem Christus-Darsteller Freyer
und der Gräfin von Wildenau**

Er zieht die weinende Frau an die Brust. »Weißt du, süßes Weib – dich
lieben und dich besitzen, das ist ein ander Ding als der träge Gewohn-
heitsfrieden eines Eheglücks, wie unsere schlichten Frauen es gewähren
können! Du forderst das ganze Sein und jede Seelenkraft verzehrt sich in
dir!« Er preßt sie an sich, daß ihr der Atem stockt, und wieder flammt jener machtvolle Liebeszorn aus seinen Augen, womit das entfesselte Element sein Opfer umfängt: »Sag was du willst, du hast's auf dem Gewissen! Ich kann nichts mehr fühlen, nichts mehr denken als dich. – Und
wenn mir die Nägel durchs eigene Fleisch schlügen, ich spürte es nicht
vor brennendem Verlangen nach dir. Ich hab' mich lange genug gewehrt,
aber mit der süßen Verheißung, mein Weib zu werden, hast du mir's an-
getan – und zum Christus bin ich verdorben! – Da hast du mich, nimm
mich hin! Nur fliehe mit mir in den fernsten Winkel der Welt, von der
Stätte weg, wo ich mich eins mit einem Gott fühlen durfte und ihn auf-
gab – für ein Erdenglück!«

»So komm, mein Geliebter, laß uns denn hingehen, wie die beiden Ver-
bannten aus Eden, und unser schweres Menschenlos auf uns nehmen,
wie jene getan, um der Liebe willen! Laß es uns gemeinsam tragen und
auch in der Verbannung wie treue verstoßene Kinder den Vater lieben
und anbeten, der uns einst so nahe war!«

»Amen!« sagt Freyer und schließt das wundervoll hingebende Weib in die
Arme. Er hält sie lange und fest umschlungen. Der Regenbogen über ihren Häuptern verblaßt allmählich. Die strahlende Herrlichkeit erlischt. Die
Sonne hat sich wieder hinter Wolken versteckt und das warme Blau des
Himmels ist verwandelt in kaltes Grau neu aufquellender Dünste. – Kahl,
unwirtlich liegt die Höhe, das Erdreich zerwühlt und aufgerissen, nichts
als wüstes Geröll und farbloses Heidekraut. Ein frostiges Nebeltreiben
wallt leise, gespenstisch daher und zieht sich immer dichter um sie zusammen. Nichts ist mehr zu sehen als die unfruchtbare Scholle des nackten Bergrückens, auf dem sie stehen, die beiden Einsamen, aus Eden
Verwiesenen. Die Pforten ihres Paradiestraums haben sich hinter ihnen
geschlossen, der Zauber zerrann, und still ergeben schreiten sie hinab auf

rauhem, steinigem Pfad in die Wirklichkeit, ins harte ungewisse Menschenlos! (...)

»Das kann alles nichts helfen, – Sie bleiben was Sie sind, und ich – was ich bin! Das hat sich mir heute abend schneidend ins Herz gegraben und das wetzt nichts mehr aus.« Er sagt es nicht zürnend, nicht vorwurfsvoll – einfach wie ein Mensch, der soeben das Liebste verlor!

»Wenn das so ist, dann kann ich freilich nichts tun, als wieder gehen!« Sie wendet sich der Tür zu. »Aber verantwort' es vor Gott, daß du mich so ungehört verstoßen!«

»Ich bitte, Frau Gräfin, sprechen Sie!« sagt Freyer begütigend. Sie sieht ihn an, so inbrünstig, daß ihm das Herz hinschmilzt in namenlosem Weh: »Komm – und – sag mir, was du auf dem Herzen hast!« spricht er in weicherem Ton.

»Nicht eher, bis du mich wieder deine Taube nennst – oder dein Kind!«

Da treten ihm die Tränen in die Augen: »Mein Kind, – was hast du getan!«

»So ist's recht – so kann ich reden! – Was ich getan, Joseph? – Das, was du sahst und noch viel Schlimmeres. Ich habe dich nicht nur vor meinem Vater kalt und fremd behandelt, ich habe dich nachher noch dreimal verleugnet, – und ich komme, um es dir zu sagen, weil du allein es mir vergeben kannst und – ich weiß es – vergeben wirst!«

Freyer hat die Hände auf den Knie gefaltet und starrt vor sich hin. Sie fährt fort: «Siehst du, so groß denke ich von dir und deiner Liebe, daß ich mich nicht zu rechtfertigen suche. Ich erinnere dich nur an das Wort, das du mir heute selbst sagtest: Ehe der Hahn dreimal kräht, wirst du mich dreimal verleugnet haben! – Ich erinnere dich nur an das, was Christus bewogen haben mag, Petrus zu verzeihen: Er kannte das Herz des Jüngers! Joseph – kennst du das Herz deiner Magdalena auch?«

Da überläuft ein Zittern den Körper des starken Mannes und keines Wortes mächtig schlingt er den Arm um sie und sein Haupt sinkt an ihre Brust.

»Joseph, du bist unkundig der Welt und der Bande, in die sich auch die freieste Seele schlägt. Deshalb mußt du an mich glauben! Es wird noch oft vorkommen, daß ich gezwungen bin, etwas zu tun, was dir unverständlich! Wenn du dann nicht den unbedingten Glauben an mich hättest – könnten wir nimmer miteinander leben. Gerade heute war ich entschlossen, mit der Welt zu brechen – ihre Fesseln abzustreifen! – Aber sieh, wie viel Hohles und Verwerfliches sie in sich trägt, – sie beruht doch in ihren Prinzipien auf sittlichen Grundlagen! Deshalb vermag sie es auch, denjenigen Fesseln anzulegen, die mit dem, was unsittlich an ihr ist, keine Gemeinschaft mehr haben. Ja, wäre sie nur eine unsittliche Macht, dann wäre es leicht, in einem Augenblick frommer Begeisterung, wie dieser, mit ihr zu brechen, – aber, wenn wir noch so nahe daran sind, wenn wir uns noch so frei glauben, dann legt sie uns die Schlinge einer Pflicht um den Fuß – und wir sind aufs neue gefangen! So erging es mir heute, mit meinem Vater! Ich hätte mit ihm brechen müssen, wenn ich ihm die Wahrheit gesagt hätte! Ich war zu schwach, die furchtbare Katastrophe zu provozieren – ich schob sie hinaus – indem ich dich verleugnete!«

Freyer zuckte schmerzlich zusammen.

Sie streichelt ihm liebkosend die krampfhaft geballte Faust. »Ich weiß, wie das tun muß. Ich weiß, wie sich's in dem stolzen Mann aufgebäumt haben mag, als ihm die Geliebte das antat! Aber ich verlange auch von meinem Engel, daß er weiß, was es mich kostete!«

Sie versucht sanft, ihm die festgeschlossenen Finger zu lösen. Allmählich geben sie nach und die geöffnete Hand liegt weich und willenlos in der ihren. – »Sieh mich an,« fährt sie süß und schmelzend fort: »sieh in mein blasses Gesicht, in meine verweinten Augen, – und dann antworte mir, ob ich gelitten habe in diesen Stunden – oder nicht?«

»Ich seh' es!« sagt Freyer leise.

»Bester Mann! Ich komme zu dir mit meiner großen Bedrängnis, mit meiner großen Liebe – und meiner großen Schuld – wirst du mich von dir stoßen?«

Da kann er sich nicht mehr halten, und mit liebender Großmut zieht er das bittende Weib an sein Herz. (...)

Die Katastrophe: Christus ist durchgegangen

»Herr Bürgermeister – machen Sie sich auf eine schlimme Nachricht gefaßt!«

»Um Gottes willen, kann die Vorstellung nicht sein? Wir haben einen Vorverkauf von mehr als tausend Plätzen!«

»Das wäre das wenigste – Bürgermeister, ich bitte Sie, seien Sie stark – ich habe Ihnen ein großes Unglück zu melden –«

»Ist etwas mit Freyer?« ruft der Bürgermeister plötzlich ahnungsvoll.

»Freyer ist fort – mit der Gräfin Wildenau!«

»Durchgegangen?« ruft der Bürgermeister, es unerbittlich mit dem rechten Namen nennend.

»Ja! Hier diese Zeilen fand ich soeben auf seinem Tisch!«

Der Bürgermeister erbleicht, wie zu Tode getroffen. Einen Augenblick lang ist es ihm wie ein Donnern in den Ohren – der Donner, mit dem der Tempel Jerusalems zerbirst, dessen Priester er war! – Die Mauern stürzen, der Vorhang zerreißt und gibt die Aussicht nach der Richtstätte frei. Vor ihm liegt Golgatha. Er hört das Rauschen der entfliehenden Schutzengel Ammergaus. – Hoch oben in der schauervollen Einsamkeit ragt das

Kreuz, aber es ist leer – der daran hängen sollte, – ist verschwunden. Und graue Wolken senken sich nieder auf die verlassene Stätte.

Aber von dem leeren Kreuz geht ein Licht aus, – nicht wie von einem Heiligenschein – sondern wie der fahle phosphorische Schimmer faulen Holzes! Der leuchtet in eine Schlucht hinab, dort ragt an scharfer Felskante ein einzelner Wipfel in die Luft, und an diesem hängt seiner Aufgabe getreu – Judas!

Aus der Tiefe aber gellt ein Hohngelächter herauf: »Du hast dich vergebens gerichtet. – Dein Opfer ist entkommen! Seht den gewissenhaften Judas, der sich aufhängt, indes der andere sich's wohl sein läßt!«

Schmach und Schande! »Der Christus kreuzesflüchtig!« Von nah und fern hallt es schadenfroh wider, der Zynismus jauchzt – das Gemeine hat gesiegt, das Göttliche wird zum Kinderspott – das Passionsspiel zur Travestie!

Dem Bürgermeister flimmert es vor den Augen, das phosphoreszierende Kreuzesholz! Ja, es ist faul und morsch – das Kreuz – es muß in sich zusammenfallen – die Fäulnis der Welt hat es angesteckt und zerfressen, und das geschah in Oberammergau – unter seiner Führung.

Wie ein Bild von Stein sitzt der unglückliche Mann, durch dessen Gehirn diese ganze Gedankenkette zieht, dem Freund gegenüber, der bescheiden wartend vor ihm steht und seinen Schmerz durch kein Wort stört.

Was die beiden Männer fühlen – jeder weiß es vom andern – es ist zu groß, um es auszusprechen.

Der Bürgermeister hält mechanisch das Blatt mit Freyers Schrift in der geballten Faust. Jetzt erinnert ihn die Eiseskälte und das Absterben seiner Finger daran. Er legt es auf den Tisch – matt ruht sein Auge auf den kindlichen Zügen der unausgeschriebenen Hand: »Vergebt mir!« lautet der kurze Inhalt: »Ich bin nicht mehr würdig, den Heiland zu spielen! Nicht aus Gewissenlosigkeit, sondern aus Gewissenhaftigkeit lege ich meine Rolle nieder. Bis Ihr diese Zeilen findet, bin ich weit von hier! Gott wird seine heilige Sache nicht an die Person eines einzigen knüpfen – er wird mich Euch ersetzen! Vergeßt mich und vergebt dem Abtrünnigen, der doch in seinem Herzen treu sein wird bis zum Tode! Freyer

Nachschrift:

Mein Hab und Gut – Haus, Feld und das bißchen Wald, was nicht verbrannt ist, verkauft, und verteilt den Erlös an die Armen Ammergaus. Von der nächsten Stadt aus schicke ich hierzu die gerichtliche Vollmacht. Nochmals lebet alle wohl!«

Der Bürgermeister schaut regungslos in das Blatt. Er könnte es schon zehnmal gelesen haben – und immer noch starrt er hinein.

Mit Schrecken sieht Ludwig Groß, daß der Blick sich verglast, die Züge sich verändern! Die Ruhe, die sich der eiserne Wille aufgezwungen, ist

124

zur Totenstarre geworden. Der Zeichnungslehrer faßt ihn an und schüttelt ihn – jetzt, mit der veränderten Lage, verliert der leblose Körper das Gleichgewicht und sinkt über die Stuhllehne herab. Der Freund fängt ihn im Fallen auf – und stützt das edle Haupt. Es ist ihm möglich, mit der andern Hand die Glocke zu erreichen und dem Gemeindediener zu klingeln: »Schnell zum Arzt – er soll augenblicklich kommen!« – ruft er diesem zu. (...)

Noli me tangere!

Der Gott, den sie suchte, war ein anderer als der, den sie ans Herz zu drücken gemeint. Und der neue Lehrmeister nimmt sie mit knöchernen Fingern an der Hand und läßt sie den selbstgeschaffenen Gott in der Nähe betrachten, mit dem sie jetzt hadert, daß er sie getäuscht. »Was wäre das für ein Gott, wie du ihn dir gebildet?« schallt es ihr mit unerbittlichem Hohn ins Ohr. Ja, sie hat geglaubt, es sei derselbe Jupiter, der irdische Frauen minnte, der im Laufe der Zeiten nur den Namen gewechselt und ihr diesmal als Christus erschienen sei. (...)
Ja, sie erkennt es in Ehrfurcht erschauernd – es ist ein Gott, aber ein anderer, als den sie suchte; Christus ist nicht Jupiter – und Freyer nicht Christus. Dieser läßt sich nicht in die Arme schließen, gibt sich nicht dem irdischen Verlangen, sei es noch so andächtig-brünstig. Geist, wie er ist, verflüchtigt er sich, auch wo er sich in der sinnlichen Form offenbart, und wer ihn zu fassen meint, der hält die arme Puppe im Arm, die er dem kindischen Sinn, der nur nach dem Greifbaren hascht, einen Augenblick zur Stütze gelassen!

(aus: Wilhelmine von Hillern »Am Kreuz. Ein Passionsroman aus Oberammergau«. Stuttgart Berlin Leipzig o. J., S. 184 f., S. 212 f., S. 222 f., S. 314 f.)

Lion Feuchtwanger

Die Passion ist ein Mittel zum Zweck

Betrachten wir uns Oberammergau und seine Bewohner. Selbst der hymnische Führer findet für den Ort kein stärkeres Epitheton als »ein freundliches Gebirgsdorf des bayrischen Hochlandes«. Die Bewohner charakterisiert er so: »Zu Hause anspruchslos und bescheiden, ist der Ammergauer ein Freund von heiterm, geselligem Leben. Leicht für alles Schöne zu begeistern, opfert er gern Zeit und Geld für gemeinnützige Zwecke, ist aber mißtrauisch und zurückhaltend, wenn er glaubt, in seinen Rechten oder Gepflogenheiten beengt oder verkürzt zu werden. Eine gewisse künstlerische Sorglosigkeit, Dienstgefälligkeit und Nachsicht gegen den Mitbürger, freundliches Entgegenkommen und Toleranz gegen Fremde vervollständigen das Charakterbild.«

Wer die Dinge ohne Voreingenommenheit betrachtet, sieht in Oberammergau eines der reizlosesten Dörfer des bayrischen Hochlands. Die Landschaft trägt den indifferenten Charakter des Vorgebirgs; die Seen, die Tegernsee und Schliersee und Kochel anmutig machen, fehlen; die Bergformen rings sind breit und langweilig. Ein einziger Gipfel fällt auf durch eine interessante, der Hornmütze der Dogen gleichende Form: der Kofel. Aber auch der Hochgebirgscharakter dieses Bergs erweist sich als Täuschung: nur die dem Dorf zugekehrte Seite ist schroff und wuchtig, der ganze Berg hat fünfhundert Meter Bodenhöhe und verschwindet sogleich, wenn man sich von Oberammergau entfernt. Ein rechter Reklameberg also.

Die Bewohner sind, wie alle bayrischen Gebirgler, stumpf und schläfrig, hinterhältig und profitgierig, geneigt zum Raufen, zum Wildern und zum Trinken.

Da nur Eingeborene an den Passionsspielen teilnehmen dürfen, herrscht eine traurige Inzucht, die sich für den Intellekt nicht eben förderlich erwiesen hat. Eine tatkräftige Familie hat mit leichter Mühe Geld und Macht an sich reißen können. Im übrigen herrscht viel Hader zwischen den einzelnen und die kleinlichste Eifersüchtelei. Landwirtschaft gibt es so gut wie keine. Das Dorf lebt von den Erträgnissen des Passionsspiels und treibt im übrigen ein armseliges, veraltetes, traditionelles Afterkunstgewerbe: eine Schnitzerei, die nie aus manueller Fertigkeit zur Kunst wird.

126

Fromm ist der Oberammergauer nicht; »tolerant« nennt ihn die offiziöse Schilderung; besser bezeichnet man ihn als »wurstig«. Er geht wohl in die Kirche: aber das Zentrum hat in dem Dorf weniger Wähler als fast überall sonst im bayrischen Gebirge. Von dem Fanatismus, der allein das Spiel adeln, über den Alltag erheben könnte, ist kein Hauch zu verspüren. Während die Einwohner allesamt mit größter Inbrunst über die wirtschaftlichen Begleiterscheinungen der Spiele sprechen, habe ich sie niemals von der Passion als von einer innern Angelegenheit reden hören. Sie ist ein Mittel zum Zweck, nichts weiter; etwas so Äußerliches, Angelerntes wie das oberbayrische Englisch, das die Kinder der Fremden wegen in der Schule lernen. Und die Tradition der Spiele äußert sich im Wesen der Dörfler höchstens als eine krampfhaft festgehaltene Salbung, als etwas peinlich Öliges, Bajuwarisch-Herrnhuthaftes. Es ist schlechthin komisch, wenn etwa bei einem Veteranenfest diese Priester und Apostel langbehaart, zum Teil in Sandalen, in Schritt und Tritt marschieren, patriotische und sonstige Lieder lallend, Christus im Herzen.
Schauspielerisches Talent haben sie kein Quentchen. Ich habe oft ihre Übungsspiele beobachtet. Erträgliches kam nur zustande, wenn sie Dialektpossen spielten, den »Hochtouristen« etwa. Nun wird freilich für die Spiele geübt und geprobt, was das Zeug hält, und die Regisseure rufen in feierlichem Gottesdienst den lieben Gott an, er möge bei der Rollenbesetzung ihren Geist erleuchten. Aber es geschehen keine Wunder mehr, und kein Fleiß, kein Gebet, keine Tugend macht diese Lang und Flunger, diese Breitsamter und Bierling zu Jesus und seinen Jüngern. Gewiß, man bekommt ein paar wunderschöne Bilder zu sehen. Die Mittelbühne ist nicht gedeckt und gewährt freien Ausblick in die Landschaft; keine Schminke, keine Perücke beleidigt das Auge, bunt und stolz prunken die Kostüme, und es ist sehr schön, wenn etwas erregtes Volk über die Bühne stürmt: im freien Licht röten sich die Gesichter, fröhlich flattern Haare, bauschen sich Gewänder in wehendem Wind. Aber das ist auch alles, was Oberammergau bietet. Armselig eingelernt sind die Gesten dieses Jesus und seiner Jünger, und Pilatus und die Vornehmen Jerusalems erreichen bestenfalls die Würde bayrischer Landtagsabgeordneter. Fürchterlich werden sie, wenn sie den Mund auftun. Ach, wenn sie ihr geliebtes Oberbayrisch sprächen! Aber sie kauen mühsam an einem breiten, breiigen, zerhackten, zerquälten, vergewaltigten Schriftdeutsch, so daß alle ihre Reden den Eindruck von etwas unsagbar Hölzernem, Unverstandenem, Automatischem, Marionettenhaftem machen. Man findet nicht die Spur von einem Geist, und alles ist Dressur.

(aus: Lion Feuchtwanger »Oberammergau 1910«. In: Lion Feuchtwanger »Ein Buch nur für meine Freunde«. Frankfurt am Main 1984, S. 238 ff.)

Ludwig Ganghofer

Der Herrgottschnitzer von Ammergau

Die Stube mußte erst kurz aufgeräumt worden sein, denn neben der offenen Tür lagen noch die zusammengekehrten Holzspäne, und an der
Wand lehnte der benützte Besen. Ein sichtlich in Eile abgeworfener
blauleinener Arbeitsschurz lag auf der säuberlich in Ordnung gebrachten
Hobelbank, neben ihm ein neues Kruzifix oder, um die Sprache des Landes zu reden, ein neuer Herrgott: das Kreuzholz schwarz bemalt, darauf
der weiße, geschnitzte Christus und ihm zu Füßen die Statuette der kla-
genden Maria. Es war eine schöne, sorgfältig ausgeführte Arbeit, die dem
Kenner um so mehr auffallen mußte, als die Maria nicht nach der ge-
bräuchlichen Schablone mit gefalteten oder mit auf die Brust gepreßten
Händen dargestellt war, sondern mit Armen, die sich wie zur lauten Klage gen Himmel hoben.
Eben fing die aus den Wolken blinzelnde Sonne an, die Wände leicht zu
röten, als durch die Tür ein junger Bursche trat, der zwischen fünfundzwanzig und dreißig Jahren stehen mochte. Es war Pauli. Er trug weder
Rock noch Weste und hatte die Ärmel seines Hemdes bis über die Ell-
bogen aufgestülpt. Mit einer kurzstieligen Blechschaufel faßte er die
Holzspäne vom Boden auf und verschwand durch die Tür, um wenige
Sekunden später wieder zu erscheinen. Er zog die Hemdärmel nieder, trat
vor die Hobelbank und musterte sein jüngstes Werk noch einmal prü-
fenden Blickes, während er die beiden Hände langsam über die Hüften
wischte. Es war eine wohlgeformte, sehnige Gestalt; jedoch zeigte der
Rücken eine kleine Krümmung, die entweder die Folge des vielen Sitzens
bei der Arbeit war oder vielleicht nur nachlässige Haltung; auch der Hals
schien etwas nach vorn gestreckt, wie man das bei Leuten sieht, die über
mancherlei nachdenken und dabei immer zur Erde blicken.
Paulis Gesicht war nicht gerade gewöhnlich, jedenfalls hatte es aber
nichts Außergewöhnliches an sich. Es war eines von jenen Gesichtern,
von denen man sagen kann, sie sind hübsch – vorausgesetzt, daß man es
mit dem Begriff dieses Wortes nicht allzu strenge nimmt. Das einzige,
was man wirklich an ihm schön nennen mußte, war sein Blick. Wie ein
leichter Flor von Schwermut lag es über diesen dunklen Augen, und dennoch ungetrübt sprach aus ihnen jede gewinnende Eigenschaft eines guten Menschen.

Pauli legte das Kruzifix, das er zur besseren Betrachtung aufgenommen hatte, beiseite, zog die Schublade aus einem der Werkzeugkästen und nahm zwei Figürchen hervor, die allem Anschein nach mißlungene oder wenigstens unvollendete Probestücke der auf dem Kreuz befestigten Marienstatuette waren. Dann griff er nach einem Schnitzmesser, änderte mit ein paar sicheren Schnitten den Gesichtsausdruck der beiden Figürchen, der mit dem der Maria auf dem Kreuze ein und derselbe war, und stellte sie dann auf die vorderen Gesimsecken des neben dem Ofen stehenden Schrankes. Dann wandte er sich hastig ab, nahm einen leichten, nicht mehr neuen Kittel vom Türnagel, zog ihn an und drückte einen kleinen, dunkelgrünen, mit einer Weihenfeder geschmückten Filzhut auf das krause, braune Haar. Vorsichtig wickelte er das Kruzifix in einen großen Bogen Packpapier, das allem Anschein nach schon öfters ähnlichen Zwecken hatte dienen müssen, nahm das Paket sachte auf den Arm und verließ das Haus.

(aus: Ludwig Ganghofer »Der Herrgottschnitzer von Ammergau und andere Hochlandgeschichten«. Volksausgabe, München 1952, S. 11 ff.)

Die Apostel des Oberammergauer Passionsspiels 1930

Lion Feuchtwanger

Das Apostelspiel in Oberfernbach

In der *Amerikanischen Bar* des Gebirgsdorfs Oberfernbach, zwischen Jazzmusik, einigen Einheimischen mit langen, salbungsvollen Bärten und
vielen Münchnern saß mit dem Professor von Osternacher der Maler
Greiderer. Jeder Stuhl des eleganten, modisch aufgemachten Lokals war
besetzt. Denn obwohl in diesem Jahr nicht das Passionsspiel selbst aufgeführt wurde, sondern nur ein Übungsspiel, zog der berühmte Name
des Passionsdorfs zahllose Ausländer her. Zur Zeit der Urgroßväter hatten
diese bayrischen Bauern ihr Spiel aufgeführt aus naiver Frommheit und
aus herzhafter Freude am Komödienspiel: jetzt war die einfältige Weihe
zur gut organisierten, rentablen Industrie geworden. Sie hatte dem Dorf
eine Bahnlinie gebracht, Absatz für die Produkte seiner Holzschnitze-
reien, Kanalisation, Hotels. Heuer, während der Inflation, da man sich die
einfältige Weihe in hochwertigem ausländischem Geld bezahlen ließ, war
für die Oberfernbacher besonders gute Zeit.
Dem Maler Greiderer schmeckte die Luft des heiligen Dorfes ausgezeichnet. Die Berge, der sauber hergerichtete Ort, diese frommschlauen Bauern, wie sie auch im Alltag mit ihren biblisch langen Haaren und wallenden Bärten herumliefen, in Sandalen, bemüht um eine salbungsvoll
papierene Redeweise, das alles war sehr nach seinem Gusto. Aber er wollte mehr davon, als ihm hier in der *Amerikanischen Bar* geboten wurde.
Herrschaftseiten! Aufhören mit dieser damischen Jazzmusik. Das lan-
desübliche Zithertrio muß her. Der Rochus Daisenberger muß tanzen. Das
soll großartig sein. Komisch und doch zum Fürchten.
Der Rochus Daisenberger wartete still, schlau, vergnügt. Er war ein älterer Mensch schon, ein großer, hagerer, mit einem schwarzmelierten
Bart, gescheiteltem, langwallendem Haar, Goldzähnen. Über einer höcke-
rigen Nase saßen kleine, tiefliegende, sehr blaue Augen, merkwürdig zu
den dunklen Brauen. Er trug Sandalen und einen feierlichen, schwarzen
Rock; denn er hatte eine feierliche Rolle in den Spielen, er war der Apostel Petrus, der den Herrn verleugnet.
Jetzt also, auf Betreiben des Greiderer tanzte der Rochus Daisenberger
zur Zither. Vertauschte die Sandalen umständlich gegen feste, genagelte
Schuhe. Tanzte den landesüblichen Stampftanz, schuhplattelte. Sprang,
schlug sich das Gesäß, stampfte. Schlug sich die Schuhsohlen. Holte sich

eines der Mädchen. Umkreiste sie, springend, stampfend, balzend, während sie den Arm überm Kopf hochhob. Seine blauen, listigen, tiefliegenden Augen strahlten ungeheure Lust, sein Apostelbart flog, grotesk umwallte ihn der würdig lange, schwarze Rock, während er sich Gesäß und Schuhsohlen schlug. Er tanze mit wilder Hingabe, schamlos. Alle hörten auf zu sprechen, schauten dem Alten zu, wie er besessen, lustig, ungeheuer eindeutig herumstampfte. Er kehrte seiner Tänzerin den Rücken. Immer tanzend, während sie zurück auf ihren Platz ging, näherte er sich einer eleganten Fremden, verneigte sich. Die Dame lächelte geniert, zauderte. Dann stand sie auf, machte die leicht zu erfassenden Drehungen, sonderbar umtanzt von dem hageren Apostel. Er schien unermüdlich; immer neue Variationen fand er. Die blasierten Fremden schauten ihm zu.

Andern Tages dann saß man in der primitiven Holzhalle, in der das Spiel vor sich ging. Das Spiel war Gestümper, steif und trocken, endlos, geschraubt, bürokratisch. Herr Pfaundler fand sich bestätigt. Hier erzielte man zwar noch ausgezeichnete Preise, während man in den Kirchen bereits froh war, wenn die Leute sich herbeiließen, gratis zu kommen. Aber er hatte schon den Riecher gehabt, als er absah von dem Passionsfilm und sich zu der Revue *Höher geht's nimmer* entschloß. Immer lähmendere Langeweile verbreitete sich. Der Minister Flaucher, sehr gewillt, die fromme und volkstümliche Sache gut zu finden, rieb sich immer öfter zwischen Hals und Kragen, konnte, selbst er, eine wachsende Lust zu gähnen kaum bezwingen. Der Kronprinz Maximilian, gewohnt an Manöver und Disziplin, machte ungeheure Anstrengungen, die gebotene interessierte Miene festzuhalten. Er saß in guter Haltung inmitten seiner Herren; doch alle fünf Minuten mußte er die Lider hochreißen, daß sie nicht herabsanken, die Schultern hochdrücken, daß sie nicht erschlafften. Hier und dort, trotz der Heiligkeit, begann man verstohlen zu essen, versuchte sich durch heimliche Turnübungen den Schlaf fernzuhalten. Eine Erholung war es, flog einmal ein Vogel, ein Schmetterling über den offenen Bühnenraum.

Nur wenn der Fuhrmann Rochus Daisenberger vorkam, horchte man auf. Die andern hackten dressiert ihren armseligen Text herunter. Der Rochus Daisenberger blieb auch als Apostel Petrus er selber, eifernd, strahlend aus tiefliegenden, blauen Augen, häufig lachend mit seinen Goldzähnen, einen großen Teil Welt für sich beanspruchend. Jesus, von dem Schreinermeister Gregor Kipfelberger mühsam heruntergespielt, sagte zu ihm: »In dieser Nacht werdet ihr euch alle ärgern an mir.« Petrus Daisenberger aber erwiderte zuversichtlich: »Wenn sie auch alle sich an dir ärgerten, so werde ich es doch ganz bestimmt nicht tun.« Jesus aber sprach zu ihm: »Wahrlich, ich sage dir: in dieser Nacht, ehe der Hahn kräht, wirst du mich dreimal verleugnen.« Aber der Fuhrmann Daisenberger trat jetzt dem etwas kleineren Jesus Kipfelberger ganz nahe, legte ihm die Hand auf die Schulter, strahlte ihn an und sagte ungeheuer zutraulich und bieder: »Geh zu. Und wenn ich mit dir sterben müßte, so will ich dich doch nicht verleugnen.« (...)

Aber Jesus Kipfelberger wurde unsanft ergriffen und in den Palast des Hohepriesters geführt. Der Fuhrmann Daisenberger folgte ihm nach von fern bis in den Palast, ging hinein und setzte sich zu den Knechten, auf daß er sehe, wo es hinaus wolle. Es wollte aber sehr übel hinaus und endete damit, daß alle sagten: »Er ist des Todes schuldig«, ihn sehr naturgetreu anspuckten, auf ihn losdroschen und ihn ins Gesicht hauten. Der Fuhrmann Rochus Daisenberger aber saß draußen im Hof, und es trat eine Magd zu ihm und sprach: »Und du warst auch mit dem Jesus aus Galiläa.« Da schaute der Fuhrmann Daisenberger die Magd an, und seine kleinen Augen strahlten gar nicht mehr. Er murkste herum, hob die Achseln, ließ sie wieder fallen, hob sie nochmals, sagte schließlich: »Ich begreife gar nicht, wie du das sagen kannst«, wollte sich drücken. Aber da sah ihn eine andere und sagte zu denen ringsum: »Dieser war auch mit dem Jesus von Nazareth.« Da hob der Fuhrmann Daisenberger abermals die Schultern, und er ärgerte sich und verschwor sich und schimpfte: »Ich weiß gar nicht, was ihr alle wollt, ihr Hundshäuter. Ich kenne den Menschen nicht.« Und über eine kleine Weile sagte wieder einer: »Wahrlich, du bist auch einer von denjenigen. Deine Sprache verrät dich.« Da mandelte er sich aber mächtig auf, fuchtelte groß und heftig mit den Armen und fluchte: »Himmelsakra, ich kenne den Kerl nicht.«

Und alsbald krähte der Hahn.

Da sahen alle, wie Petrus Daisenberger an die Worte Jesu dachte, da er zu ihm gesagt hatte: »Ehe der Hahn krähen wird, wirst du mich dreimal verleugnen.« Sie horchten auf, die Tausende in dem großen Holzbau. Es war ganz still, die Langeweile war fort. Sie sahen nur den Mann auf der Bühne, der seinen Meister verleugnete. Sie dachten nicht an Verrat, den sie gelitten, und nicht an Verrat, den sie geübt hatten. Nur der Boxer Alois Kutzner, er vielleicht am tiefsten ergriffen, dachte an den verratenen und gefangenen König Ludwig II.

Auf der Bühne aber der Apostel Petrus Daisenberger ging hin und weinte bitterlich, hemmungslos, schamlos, echt, wie er den Abend vorher getanzt hatte.

(aus: Lion Feuchtwanger »Erfolg. Drei Jahre Geschichte einer Provinz«. Berlin 1952, S. 426 ff.)

Ödön von Horváth

Auch keine Heiligen

Karoline: Der Zeppelin, der fliegt jetzt nach Oberammergau, aber dann kommt er wieder zurück und wird einige Schleifen über uns beschreiben.

Kasimir: Das ist mir wurscht! Da fliegen droben zwanzig Wirtschaftskapitäne und herunten verhungern derweil einige Millionen! Ich scheiß dir was auf den Zeppelin, ich kenne diesen Schwindel und hab mich damit auseinandergesetzt – Der Zeppelin, verstehst du nicht, das ist ein Luftschiff und wenn einer von uns dieses Luftschiff sieht, dann hat er so ein Gefühl, als tät er auch mitfliegen – derweil haben wir bloß die schiefen Absätze und das Maul können wir uns an das Tischeck hinhaun!

Karoline: Wenn du so traurig bist, dann werd ich auch traurig.

Kasimir: Ich bin kein trauriger Mensch.

Karoline: Doch. Du bist ein Pessimist.

Kasimir: Das schon. Ein jeder intelligente Mensch ist ein Pessimist. (...) Du kannst natürlich leicht lachen. Ich habe es dir doch gleich gesagt, daß ich heut unter gar keinen Umständen auf dein Oktoberfest geh. Gestern abgebaut und morgen stempeln, aber heut sich amüsieren, vielleicht sogar noch mit lachendem Gesicht!

Karoline: Ich habe ja gar nicht gelacht.

Kasimir: Natürlich hast du gelacht. Und das darfst du ja auch – du verdienst ja noch was und lebst bei deinen Eltern, die wo pensionsberechtigt sind. Aber ich habe keine Eltern mehr und steh allein in der Welt, ganz und gar allein. *Stille.*

Karoline: Vielleicht sind wir zu schwer füreinander –

Kasimir: Wie meinst du das jetzt?

Karoline: Weil du halt ein Pessimist bist und ich neige auch zur Melancholie – Schau, zum Beispiel zuvor – beim Zeppelin –

Kasimir: Geh halt doch dein Maul mit dem Zeppelin!

Karoline: Du sollst mich nicht immer so anschreien, das hab ich mir nicht verdient um dich!

Kasimir: Habe mich gerne! *Ab.*

Karoline *sieht ihm nach; wendet sich dann langsam dem Eismann zu, kauft sich eine Portion und schleckt daran gedankenvoll.*

Schürzinger *schleckt bereits die zweite Portion.*

Karoline: Was schauns mich denn so blöd an?

Schürzinger: Pardon! Ich habe an etwas ganz anderes gedacht.

Karoline: Drum. *Stille.*

Schürzinger: Ich habe gerade an den Zeppelin gedacht. *Stille.*

Karoline: Der Zeppelin, der fliegt jetzt nach Oberammergau.

Schürzinger: Waren das Fräulein schon einmal in Oberammergau?

Karoline: Schon dreimal.

Schürzinger: Respekt! *Stille.*

Karoline: Aber die Oberammergauer sind auch keine Heiligen. Die Menschen sind halt überall schlechte Menschen.

(Aus: Ödön von Horváth »Kasimir und Karoline«. Gesammelte Werke, Bd. 5. Frankfurt am Main 1986, S. 70 ff.)

Volkslied: Oberammergau ... offen für die Welt

Folg' mir Freund des Herzens
Und gib mir deine Hand
Hörst du Glocken klingen
Durch sommerlich blühendes Land
Folg' mir Freund des Herzens
Und schau mit mir zurück
Nach d'rüben nach den Bergen
Dahin wende deinen Blick
:Oberammergau Oberammergau:

Folg' mir Freund der Seelen
Den Alltag laß zurück
Öffne dich dem Zauber
Nur er schenkt uns dauerndes Glück
Folg' mir Freund der Seele
Durch das sanfte stille Tal
Im Nebel zu den Bergen
Dahin schau' doch noch einmal
:Oberammergau Oberammergau:

Volkstümlicher Kanon für zwei Stimmen

:Heut kommt der Hans zu mir,
Freut sich die Lies':
:Ob er aber über Oberammergau,
Oder aber über Unterammergau
Oder aber überhaupt net kommt,
Des ist net g'wiss.:
:Heut geht die Lies' mit mir
Zum Schützenfest.:
:Ob sie aber über Oberammergau,
Oder aber über Unterammergau
Oder aber überhaupt net geht,
Steht noch net fest.:
:Wenn die Uhr zwölfe schlagt
Geh'n wir nach Haus.:
:Ob wir über Oberammergau,
oder aber über Unterammergau
Oder aber überhaupt net geh'n
Ist noch net 'raus.:

Ernst Schumacher

Moderne Passion

In der Nacht der Helle rang er:
»Laß die Vernichtung, Herr, vorübergehen!
Warte! Vielleicht!«
In den Mond aber blinzelten die Völker,
die getreuen,
und schlichen dann alle herbei zum Kuß,
nach lausigen Träumen riechend sie alle.
Der Hohe Rat hatte gut gearbeitet
mit Heuteschnaps und Morgensekt
und Übermorgenweltherrschaft.
So klappte alles gut.
Malchus kam mit beiden Ohren davon,
weil keiner hieb.
Der Hahn freilich wurde heiser und krepierte.

Das große Verhör fiel aus. Seine Anwesenheit allein
genügte zu Ärgernis und Urteil.
Das Konsortium der Statthalter
führte vorher ein Ferngespräch mit den
Vereinigten Munitionsfabriken
und gab sein Ja.
Diese Leute rechneten kühl: Etliche Nullen
mehr an das Konto.
Daß sie sich aber öffentlich die Hände wuschen,
die doch sauber waren,
sollte man meinen, hatten sie doch nie
Kloaken gereinigt oder Därme aus Bäuchen gezerrt?

Sein Blitz: »Ich bin die Wahrheit!«
rief nur Gelächter hervor bei den vielen.
Sie striemten um so herzlicher seinen Leib
und knieten sonntäglich zum Hohnruf:
»Ave Cäsar! Moriturus nos salutas!«,
als ihm die Galle aus den Zähnen brach.

Das Spektakel war ja zu groß:
Die Dornenkrone aus Funktürmen,
der Mantel aus Zeitungsblättern,
dazu das weiße Gesicht mit den Blutrosen letzter
Gesundheit.
Die Reporter schwitzten.
Der Hauptmann telegrafierte: »Soeben
Verdienstkreuz erhalten. Heil!«
Herr Meunier versäumte den Stammtisch.
Die Myriaden, die an den Rissen schmarotzten,
tranken sie wirklich sich das Gericht,
die Millionen Eintagsmücken?

Dann litaneiten auf dem Weg zur Schädelstätte
aus allen Cafés die Lautsprecher:
»Im Namen Gottes! Im Namen des gerechten Gottes!«
Die Simone, die zusammenbrachen,
blieben als Dünger links liegen.
In die Epilepsie der Stunde droschen
rollende Feuergewitter,
daß selbst die Greise nochmals mannbar wurden.
Dann hämmerten sie mit Bomben seine Linke
an den Pazifik,
daß die Blutfontänen zum Himmel stachen
und, niederprasselnd, Tausende erschlugen.
Die Rechte wurde zwischen Schlachthöfe
und eine Korsettfabrik gekeilt.
Der Nagel stammte aus freiwilligen Krediten.
Ein Schlag, von der Kappe sprühend, zertrümmerte
den kleinen Finger,
daß er im Slum hinter den Riesenhäusern
der 5. Avenue verzuckte.
Die sich in seinen Rücken bohrten:
die Kathedralentürme und Domspitzen,
stürzten zusammen in den Fieberschauern des Todes,
heulend in Rot.
Noch lange nachher ballerten schwere Flakbatterien
gegen sein Kleingehirn,
während seine Füße verdorrten im Dschungel
am Kongo,
durchbohrt von der West-Ost-Autobahn.
Als fünfte Auffangstellung lag seine linke Hüfte

strategisch günstig.
Was Wunder, daß ihm auch das Lendentuch
abgerissen wurde:
Material, Material für die Mäntel der Henker!
Den stöhnenden Mund stopften sie
mit Ekrasit und Eiern,
in seinem Leib hoben sie Panzergräben aus
und verscharrten die Toten.
Durch den Qualm der Tränen aber
fuhr ihm die Kettenbombe ins Auge,
daß er nach dem Vater brüllte heiser.
Hörte dieser ihn wieder nicht,
weil, wie damals, nichts Besonderes geschah?
Zucken. Wimmern. Heulen.
Das war alles.
Die Schächer spotteten von beiden Seiten
und kotzten hoch ins Grau.
Eine Atombombe riß ihm schließlich die Worte
von den zerschlitzten Lippen:
»Es ist vollbracht!«
Die Wartenden drückten sich die Krallen:
»Es ist prachtvoll!«
und ließen sich in Gruppen und einzeln
mit ihm fotografieren,
zum Andenken für die Söhne und Töchter,
im Namen der Gerechtigkeit,
als Zeugnis für gute Arbeit.
Dann surrten die Rolls-Royce's:
Vollbracht und prachtvoll alles!

Der Leichnam hängt noch immer.
Wie lange wird er noch hängen?
Nikodemus traut sich nicht aus dem Keller.
Zwischen den faulenden Knien nisten sich
die Hungrigen ein.
Wer weiß, was da alles geschieht.
Die Frauen, die zu den Gräbern wollen,
müssen auf ihm herumtrampeln.
Auch alle andern,
die der Auferstehung harrn.

(aus: Ernst Schumacher »Eurasische Gedichte (1942–1956)«. Berlin 1957, S. 49 ff.)

Luis Trenker

Das Wunder von Oberammergau

Um die zeitraubenden Studien zum geplanten Film nicht vergebens gemacht zu haben und weil mich das Schicksal der legendären Figur des Pestträgers und Bildschnitzers Kaspar Schüssler weiterhin sehr beschäftigte, schrieb ich die geplante Filmfassung in der vorliegenden Romanform auf. Das im Titel angesprochene »Wunder« erinnert uns an Werfels »Lied von Bernadette«, das in dem jährlich von über fünf Millionen Pilgern besuchten Wallfahrtsort Lourdes spielt. (...)

Christus ist nicht mehr in Oberammergau

[Der Abt zu Hasso] »Das Dorf, dort weiß man nichts davon und lebt in den Tag hinein. Ist es nicht randvoll von den Lastern dieser Zeit? Was die Rottleute, die durch das Land fahren, an übler Fracht mit sich führen, im Dorfe laden sie es ab. Mit beiden Händen greifen die Leut' danach, als könnten sie etwas versäumen. Oh, die Leut' im Dorf! Ich kenne sie! Glauben, wenn sie einen Herrgott, brav und fromm, aus dem Holze schnitzen, würden sie alle Laster und Sünden los. Und nehmen den Herrgott doch nur auf die Tragkraxe, um ihn dem zu verkaufen, der ihn am besten bezahlt. Der Handel mit dem Herrgott hat sie zu Frevlern gemacht. Vermessen sind sie geworden. Und hätten sie hundertmal den Herrgott im Dorf, Christus ist nicht mehr in Oberammergau.«

Hasso spürte die unsagbare Bitterkeit seines Herzens. Doch jäh wie eine Flamme aus der verhaltenen Glut hochschlägt, schoß der Zorn des Abtes auf, ein ehrlicher Zorn. Nicht Othmar, der Abt, war es, vielmehr Othmar, der Goppeltsrieder, dessen Väter hinter dem Pflug einhergegangen waren, der mit wüsten Bauernflüchen auf Sünden und Laster einschlug: »Hol sie der Teufel, allesamt da drüben! Saufen und huren, als gäbe es keinen Herrgott mehr. Nicht besser als der Schwed' treiben sie es. Dreimal vermaledeit, was hinter dem Rainenbichl haust! Ist an der Zeit, ihnen ein Mahnzeichen zu setzen.«

Der Abt stütze die Fäuste schwer auf das Fensterkreuz.

»Diese frommen Herrgottschnitzer allesamt, die den Herrgott vergessen haben, ich will ihnen, ehe das letzte Gericht über sie kommt, einen Herrgott im Dorfe aufrichten lassen. Keinen frommen, sanften Herrgott, wie sie ihn billig schnitzen, vielmehr den gemarterten, geschundenen Heiland, der ihnen in Schmerz und Leid seine Wundmale vor Augen hält, daß sie begreifen lernen, wohin die Welt treibt.«

Schwer fielen seine Worte in die Stille des Raumes. »Einen Herrgott, nicht für die Stube, nicht für die Kirchen, einen Herrgott, der neben Berg und Wald bestehen kann, einen Herrgott unter den freien Himmel gestellt, in den Zug der Wolken, in Unwetter, Sturm und Nacht. So will ich ihn im Dorfe aufrichten lassen, daß ihn keiner, und läge er noch so tief in Sünde und Verderbnis, übersehen kann, wenn einmal, was Gott behüten möchte, das große Sterben kommt. Christus muß wieder in das Dorf.« (...)

Christus ist kein Oberammergauer

[Hasso zu Kaspar Schüssler] »Groß will der Abt den Gekreuzigten haben, doppelt mannsgroß. Alle sollen ihn sehen.«

Schüssler hob abwehrend die Hand.

»Was sagst du da? Sehen sollen ihn die Leute, den Gekreuzigten?« Er schüttelte düster den Kopf. »Sehen, das ist es nicht, sehen, wie man dies und das ansieht, nein! Spüren müßten es die Leute, daß das, was der Herrgott am Kreuze gelitten hat, ihr eigenes Leid ist. Daß uns Menschen nichts davon erspart bleibt, die Dornenkrone auf dem Haupte, die Nägel an den Händen, den Füßen, der Lanzenstich in der Brust, nichts, nichts! Sie müssen spüren: Das bin ich, ich selbst, der am Kreuze hanget – so muß dieser Herrgott sein. Ein Herrgott, der sie nicht in Ruhe läßt, nicht, wenn sie satt hinter den Tischen sitzen, vollgefressen, nicht, wenn sie grölend beim Bier hocken, nicht, wenn sie bei ihren Weibern liegen. In den Atem muß er zu ihnen kommen, wie in ihre Arbeit hinein, in den Schlag ihrer Herzen, daß sie wieder zu sich finden und Menschen werden nach seinem Vorbild ...«

Er schlug die Fäuste auf den Tisch: »Aber ich kann das nicht schaffen, ich nicht!«

Dann stand er auf. Seine Augen loderten heiß: »Und für wen soll denn dieser Gekreuzigte gut sein? Für die Frömmler, die glauben, mit ein paar sanften Sprüchen sei es getan? Schau sie dir an, Bärenlainer, die Plaikner, die Guett, die Gögl, die Hueter, die Zwink, und wie sie heißen mögen, die glauben, sie können sich mit ihren Geschäften den Himmel verdienen. Wie sie selber sind, so denken sie sich ihren Herrgott, der selbst, wenn er am Kreuze hängt, brav und bieder bleibt. Schau sie dir doch an, unsere Oberammergauer! Einen billigen Christus schnitzen sie, und einen noch billigeren tragen sie über das Land, wo er alle Tage um einen Silberling verraten und verkauft wird, ihr sanfter, stummer Herrgott! Einen Herrgott schnitzen, aber einen, der die Menschen aufreißt, einen Herrgott, der sie mit lauter Stimme anruft, der zum Himmel schreit um

Barmherzigkeit ... aber ich kann das ja nicht, hörst du, ich kann das nicht!«

Seine Stimme bebte vor Erregung. Die Hände an die Brust gepreßt, stand er da. Hasso spürte, wie sehr dieser Mensch selbst alles Leid der Zeit in sich aufgenommen hatte. Aber ehe Hasso zu Worte kam, fuhr Schüssler fort:

»Christus ist kein Ammergauer. Das glaube mir. Für Christus, den gemarterten, gequälten, leidgeprüften Erlöser, ist im Dorfe der Händler und Krämer kein Platz.« Er faßte Hasso am Arm. »Darum sag deinem Herrn, dem Abt Goppeltsrieder: Daß Kaspar Schüssler kann keinen Herrgott zuwege bringen, wie er ihn will.«

»Nicht einen Herrgott, Meister, einen Christus ...« Schüssler neigte sein Gesicht ganz nahe zu Hasso hin: »Erschrick nicht, Bärenlainer. Du bist ein frommer Klosterknecht. Du verstehst meine Sprache nicht. Ich möchte in Zukunft den Menschen das Schlechte, das in ihnen wohnt, zeigen, den Landsknecht, der mordend das Schwert schwingt, Schwed' oder Kroat', einerlei, lutherisch oder pfäffisch. Ich zeige die Menschen in ihrer Gier, in ihrer bösen Lust. Einen Spiegel will ich ihnen vor die Augen halten, in dem sie sich selbst besehen können und sich rüsten für das, was auf uns zukommt. Verstehst du mich?«

Hasso spürte, daß mit Kaspar Schüssler in dieser Stunde nicht zu reden war. Ein Wunder mußte geschehen, ein Wunder wahrhaftig, um diesen Menschen einsichtig und für das große Werk bereitzumachen.

Kaspar Schüssler trat vor die Hütte. Hasso sagte, es sei nicht zu raten, ungewehrt durch den Wald zu gehen. Er wolle ihn ein Stück den Weg geleiten. So nahm er das Waidgehäng um die Hüfte, warf die Büchse über die Schulter und schritt neben dem Meister den Steig dahin, der vom Pürschling über den felsigen Grat zum Kofel führt. (...)

Plötzlich blieb Schüssler wie gebannt vor ihm stehen. Still war es ringsum, totenstill. Der Himmel hatte sich vollends mit dunklem Gewölk überzogen. Nur eine schmale Lücke stand an der Stelle offen, wo die Sonne untergegangen war. Blutrot, wie aus einer offenen Wunde, strömte das Licht über das Land. Ein Golgathahimmel war es, schwer, düster, gewaltig.

»Dort ... dort!« fuhr Kaspar Schüssler auf und wies erregt mit der ausgestreckten Hand nach vorne. Hasso versuchte seinem Blicke zu folgen. Er konnte nicht sehen, was der Meister sah, vielleicht weil ihm dieses Bild zu vertraut war: graue Felsen, wucherndes Wacholdergestrüpp, und hart über dem Abgrund aufragend, ein einsamer mächtiger Baum, sich scharf in seinen Umrissen vom nächtlichen Himmel abhebend. Hasso kannte diese Zirbe; denn es gab nur wenige in den Bergen. Uralt war dieser Baum und hatte allzeit Wind und Wetter getrotzt, war eigentlich schon lange tot. Doch in jedem Frühsommer steckte diese Zirbe noch da und dort ein paar grüne Zweige auf, nicht mehr, als nötig waren, um noch unter die Lebenden gezählt zu werden.

Das Antlitz des Meisters leuchtete ergriffen. »Siehst du ihn? – Dort! Komm her, ganz nah, Bärenlainer, und sage mir, daß auch du siehst, was ich sehe, damit ich weiß, daß dies Wirklichkeit ist.«

Kaspar Schüssler schlang Hasso den Arm um die Schulter und zog ihn ganz eng an sich heran.

Hasso spürte, wie bewegt der Meister war, und versuchte zu sehen, was dieser sah. Doch für ihn blieb es bloß ein Baum ...

»Nicht ein Kreuz, wie es gewöhnlich ist, ein Balken senkrecht, waagrecht der andere. Nein, das Kreuz, an das man Christus geschlagen hat, siehst du es? hat sich unter der Last seines Körpers tiefer gebogen. Gewunden ist der Stamm, um die schmerzverkrümmte Gestalt des Heilands ganz in sich aufzunehmen. Aus dem Holze gewachsen der gemarterte Leib, aus den Schultern gerissen die Gelenke, im Schmerz verkrampft, auf die Brust gesunken, wahrhaftig, das Haupt des Erlösers ... o mein Gott ...«

Seine Worte fielen in die Stille. Es klang, als spräche ein anderer aus ihm. Die Augen Hassos gingen seinen Worten nach. Jetzt glaubte er unvollendet zu sehen, was Kaspar Schüssler vollendet sah: die mächtige, dreimal mannshohe Zirbe, nackt und bloß im Holz. Der Stamm, von Sturm und Winterfrost gekrümmt, warf nur mehr zwei knorrige Äste auf, die mit dem Stamm ein Kreuz bildeten, nicht deutlich, nicht regelmäßig, vielmehr ein Kreuz, das in seltsamer Bewegung dem gemarterten Leibe nachging ...

(aus: Luis Trenker »Das Wunder von Oberammergau«. München 1979, S. 6, S. 69 ff., S. 93 ff., S. 96 ff.)

Parkga

…aß mein Erlöser lebt !

age

Das Spiel als göttliche Offenbarung

Passionsspiel Oberammergau 1922

Der immer wieder diskutierte Grundwiderspruch im Oberammergauer Passionsspiel besteht darin, dass einerseits ein Gelübde zu erfüllen ist, andererseits die Umsetzung dieser religiösen Verpflichtung auf einer Theaterbühne vor sich gehen soll.

Spiel und Glaube müssen aber – abgesehen von einer tief verwurzelten Tradition in barock-katholischer Kultur, die diesen Gegensatz ohnehin nicht kennt – kein Widerspruch sein, solange durch das Spiel auch eine grundlegende offene Auseinandersetzung mit den Grundwerten der Religion angeregt wird. Zu den Besonderheiten von Oberammergau und seinem Spiel gehört, dass sich nicht nur ein ganzes Dorf an einer Auseinandersetzung mit einem Text beteiligt, sondern darüber hinausgehend mit theologischen Problemen – auf beiden Ebenen mit einem Niveau und in einer Weise, die einzigartig sein dürfte.

Die Bandbreite des Diskurses sucht der vorliegende Abschnitt zu überschauen. Ausgegangen wird von einem Ausschnitt aus Panizzas »Liebeskonzil«, das manchen Zeitgenossen blasphemisch erscheinen wollte. Bedenkt man freilich, dass sowohl die Pest in alten Zeiten wie Aids in diesen Tagen von verschiedenen Kreisen als gottgewollt und deshalb auch von Gott geschickt betrachtet werden, erscheint der Teufelspakt nur als eine aus der Literatur hinlänglich bekannte Travestie. Dem teuflischen Spiel folgen theologische Positionen verschiedener Provenienz: aus katholischer, protestantischer, jüdischer und zuletzt auch buddhistischer Sichtweise.

Untrennbar von der Konzeption des Spiels ist die Frage, wie die Rolle des Jesus anzulegen ist. Auch hier greifen die Debatten in Oberammergau auf theologische Vorgaben zurück, von denen einige in einem Unterkapitel vorgestellt werden sollen.

Jesus vertreibt die Händler, Probe zur Passion 2000

Oskar Panizza

Wie das Unheil auf die Welt kam

Im Himmel; ein vertrauliches Kabinett in blau. Interimsthron einfach und bequem.
Gott-Vater, Maria, Christus, der Teufel; erste drei auf ihren Stühlen; letzterer in
schwarzem, enganliegendem Kostüm, sehr schlank, mit pointiertem Gesicht, ganz
rasiert, mit verwitterten, abgelebten, gelb-verärgerten Zügen, in seinen Bewegun-
gen an einen feineren Juden erinnernd, auf einen Fuss sich stützend, den anderen
aufziehend, vor ihnen aufrecht.

Gott-Vater *ernst und kurz*
Freund, wir haben dich rufen lassen. – Es handelt sich um einen speziellen Auftrag, der ... *stockt* ... besondere Geschicklichkeit erheischt; –
ich weiss, du denkst viel – *Teufel verbeugt sich* – könntest du nicht ...
stockt ... es handelt sich, ä ... ein Wesen, ä ... ein Ding, welches ... ä, ein
Einfluss, – der imstande wäre, – die – uns in ihrem Begehren anekelnde,
gänzlich verwahrloste Menschheit – *Teufel macht eine verständnisinnige, vor-*
nehm-bedauernde Bewegung ... ä, wieder auf den Pfad der Tugend ... ä,
und der wahren Sittlichkeit ... in empfindlich-strafender Weise zurückzu-
führen, ... ä, so dass ... ä ... *zu Christus gewendet* – mein lieber Sohn, sag'
du's ihm; – ich kann mit Worten nicht recht umgehn; – ich habe immer
nur gehandelt, – nie viel Worte gemacht. –

Christus *sich mühsam aufrichtend, nach einigem Besinnen, fliessend*
Mein Herr! – Wir gedächten Ihre Hilfe in Anspruch zu nehmen – in einer
Sache, – die Ihnen ebenso grossen Vorteil einbringen soll, wie uns selbst,
– ich meine, – die Ihnen die Menschheit – hinsichtlich ihrer irdischen
Sphäre keineswegs entfremden soll, – ich sage dies ausdrücklich, um jeden Verdacht bei Ihnen nach dieser Richtung hin gleich von vornherein
zu zerstreuen – *Teufel macht eine verbindlich-abwehrende Handbewegung, als*
sei ihm Ähnliches nie in den Sinn gekommen – im Gegenteil, die Ihnen diese
Sphäre in noch ausgiebigerer Weise als bisher – unterwerfen soll: – es
handelt sich um ein Kompromiss, – um ein Übereinkommen hinsichtlich
der Verschiebung der Grenzen – unserer beiderseitigen, bisherigen Gewalten, – es keinem der beiden kontrahierenden Teile zu nahe treten
soll, – und wobei wir auf Ihre bewährte Geschicklichkeit, Ihren Scharf-
sinn, Ihren Takt, Ihr – versöhnliches Entgegenkommen, Ihre – Bildung,

Ihre – Ihre – *Fängt zu hüsteln an, wird kurzatmig, stöhnt und keucht, fällt röchelnd zurück, die Augen treten hervor, die Stirne wird schweissig, er bekommt einen asthmatischen Anfall.*

Maria *herbeispringend, während der Teufel sehr vornehm eine reservierte Verlegenheit heuchelt*
Schone dich, mein Sohn, – du solltest nie reden, – du wirst schlechter, – du bist leidend, – *zum Teufel gewendet, verbindlich* – mein Freund, wir bedürfen deiner Hilfe, – es ist ja nicht nötig, dass man erfährt, dass du es bist, der die Sache inszeniert – *der Teufel macht eine abwehrend-beruhigende Bewegung* – bitte, steh uns bei, es soll dein Schade nicht sein – *zwinkert ihn an* – du verstehst – *winkt gegen Gott-Vater ab, in dem Sinne, dass dieser taub, alt und gebrechlich, und ihr nichts in den Weg lege; der Teufel verbeugt sich* – es handelt sich in Kürze um folgendes: Durch eine unglückliche Einflüsterung – *zeigt auf den Alten hin* – bewogen, wohnten wir einer Szene im päpstlichen Palast zu Rom bei, in den Gemächern des Papstes ... wie heisst er gleich? ...

Teufel *verbindlich einfallend*
Ah, Alexander, der Sechste seines Namens, Rodrigo Borgia –

Maria
Ganz recht, dieser Borgia, – ah, es war skandalös, es war grässlich – das war ein Passahmahl! ...

Gott-Vater *plötzlich hervorkollernd in breitester Unflätigkeit*
Pfui Daifel! – Pfui Daifel! – Pfui Daifel! –

Christus *erwacht aus seiner Schwäche, fällt ein, fast tonlos*
Ja, – pfui Daiwel! – pfui Daiwel! ...

Teufel *in grosser Verwirrung, ärgerlich, unangenehm berührt*
... Ich bitte ... unter diesen Umständen ... darf ich wohl verzichten ... fernerhin hier ... *Will sich, nach rückwärts schreitend, zurückziehen.*

Gott-Vater *redressierend zum Teufel gewendet*
Mein Gott! – Nein! – Sie waren nicht gemeint ...

Teufel *pikiert*
Ah, doch ...

Gott-Vater
Nein, nein! - Also nochmals nein! Es war nicht so; ... es fuhr uns heraus
... die alte Gewohnheit ... Ich vergass ...

Teufel *kommt zurück, vornehm-versöhnlich, bitter lächelnd, schnellt mit der ei-*
nen Hand ein Stäubchen vom anderen Ärmel.
Bitte ... bitte ...

Maria
Nein, nein, mein Freund, du bist der unsere; von Verstimmung kann keine Rede sein; wir bedürfen deiner Hilfe zu notwendig; und – *sehr laut*
zum Alten hinüber, anzüglich – eine Beleidigung unseres vielieben Vetters,
unseres Alliierten, unseres freundlich geliebten Bruders, werden wir in
keiner Weise zulassen – *Teufel verbeugt sich sehr verbindlich* – mit einem
Wort also, die Sache ist die: Von einer an höchster Stelle – *hinüberdeutend*
– in Aussicht genommenen gänzlichen Vernichtung des Menschengeschlechts aus höheren Gründen absehend, haben wir beschlossen, eine
empfindliche, sündflutartige Rache zu nehmen, und brauchen daher jemand, ein Ding, einen Einfluss, eine Gewalt, eine Person, ein Gift, ein Etwas, welches die Unflätigkeit der Menschen, besonders der Neapolitaner
und Römer, in geschlechtlicher Beziehung – ah, fi donc! – *giesst etwas*
Eau de Cologne auf ein Spitzentuch und hält es sich vor; scheint leise zu schnup-
fen; schielt über dem Taschentuch zum Teufel hinüber – ah! es wird mir besser
– *fortfahrend* – welches die Bestialität der Männer und Weiber in jenen
lediglich der Fortpflanzung dienenden, und nur in dieser Begrenzung ihnen gewährleisteten Beziehungen und nötig erscheinenden Berührungen
und Vermischungen – ah, c'est terrible! – *schnupft wieder Eau de Cologne* –
enfin – eindämmen soll! – Du verstehst!

Teufel *in sonorem Bass – etwas theatralisch*
Ich verstehe. –

Gott-Vater *kollernd*
Ja, ja, – eindämmen soll! –

Christus *mit schwindsüchtiger Stimme*
Ja, ja, – eindämmen soll!

Teufel *nach einigem Besinnen*
Soll es sehr empfindlich sein? –

Maria *ihr Spitzentuch dem Teufel entgegenstreckend, heftig nickend – sozusagen für die anderen mitnickend*
In der Tat, es soll sehr empfindlich sein.

Gott-Vater *guckt glasig herüber; scheint nicht ganz verstanden zu haben; ächzt schliesslich zustimmend, mit fettem Räusperton*
Ja, ja! –

Christus *noch immer im Anfall liegend, sich langsam erholend, hauchend*
Ja, ja! –

Teufel *steht die ganze Zeit mit gesenktem Kopf, sich besinnend, zwei Finger an die Lippen gelegt*
Soll die Sache direkt auf dem Fuss folgen?

Maria
Freilich, freilich soll sie das!

Gott-Vater *wie oben*
Freilich! – Freilich! –

Christus *will seine zwei »freilich« sagen, kommt aber zu spät und kollidiert mit der folgenden Rede der Maria, die nichtsdestoweniger fortfährt, mit ihrem Taschentuch ihren Sohn beschwichtigend und abwehrend, der lechzenden Blicks jeder ihrer Bewegungen folgt.*

Maria *zum Teufel*
Du bist auf dem richtigen Weg, mein Freund, du bist unseres Wohlgefallens sicher!

Teufel *mit einem kurzen trockenen Blick auf Maria, dann wieder in seine Meditation von vorhin versinkend; nach langer Pause, während der man nur das Röcheln von Christus hört, eigentümlich betonend und skandierend*
– Dann – müsste man den Stachel, – das Gift, – ä – das Etwas – *den Finger wie zum Hindeuten erhebend* – in die Sache selbst, in die – hm! – *sich anzüglich räuspernd* – in die Beziehung selbst legen! –

Maria *sehr weltmännisch*
C'est charmant! – C'est charmant! –

Gott-Vater *versteht nicht recht, schaut mit grossen kugligfliessenden Augen herüber und wiederholt mehr im Tonfall als im Verständnis Marias Worte*
Ja, – ja, ja. –

Christus *will es auch wiederholen, bringt es aber nicht heraus, ist selbst darüber erschrocken, schaut sich ängstlich, erst zu Gott-Vater, dann zu Maria hin um und produziert endlich ein rhythmisches, unartikuliertes*
A, – a, – a! –

Teufel *nachdem er diese Leistung bei Christus mit einem kühlen, seine Überlegung nicht weiter störenden Blick verfolgt, fortfahrend, sehr betonend*
Man müsste die Sekretion beim Geschlechtsakt vergiften! –

Maria
Ah, wie das? – Das wird interessant! *Rückt auf ihrem Stuhl zurecht.*

Gott-Vater und **Christus** *die diesmal doch etwas verstanden zu haben scheinen, halten ihre Köpfe glotzend auf den Teufel gerichtet.*

Teufel *den eben geborenen Gedanken wiederholend, wie um ihn sich selbst nochmals in den Weg zu legen*
Man müsste die Sekretion beim Geschlechtsakt vergiften!

Maria
Du meinst den Samen? *Hält sich das Taschentuch einen Augenblick vor den Mund, als schlucke sie etwas Unangenehmes hinunter.*

Teufel *einfallend*
Nein, nein! – Nicht den Samen; nicht das Ei; – sonst würde die Nachkommenschaft darunter leiden, und, verschlechtert und gewitzigt, nicht mehr zu haben sein! – Die soll aber auch dran kommen! – Nein, Samen und Ei sollen unberührt bleiben, damit die Erzeugung der Menschen ruhig weitergeht. – Aber der Täter, der sorglos mit seinem Instinkt drauflos Fahrende, soll durch ein kleines Nebenprodukt vergiftet werden, durch ein Etwas, welches gleichzeitig mit Samen und Ei produziert wird, und welches, wie bei den Schlangen, nicht mehr auf den Besitzer, aber auf seinen Gegenpart, auf sein Vis-à-vis in der sexuellen Française – pardon! – wenn ich mich so ausdrücken darf – *Maria hebt zum Zeichen des bewundernden Verständnisses die Augenbrauen hinauf* – ansteckend wirkt – so dass der Mann das Weib, oder das Weib den Mann, im günstigsten Falle sie sich beide infizieren können, – nichts ahnend, – ganz im Taumel verloren, – ja in der Täuschung des höchsten Glücks – *macht eine Handbewe-*

gung zu Maria, ob er verstanden sei, die diese mit dem Spitzentuch freudig und verständnissinnig aufnimmt – so dass sie lallend wie Kinder in die scheussliche Brühe hineintappen!!!

Maria
C'est glorieux! C'est charmant! – C'est diabolique! – Mais comment? …

Gott-Vater und Christus *glotzen ruhig weiter.*

Teufel
Ah, Madame, das lassen Sie meine Sorge sein! –

Maria
Gut! Aber unter einer Bedingung. Was du auch mit den Menschen anfängst, sie müssen erlösungsbedürftig bleiben! –

Teufel *mit Beherrschung*
Erlösungsbedürftig bleiben sie.

Maria
Sie müssen auch erlösungsfähig bleiben! –

Teufel *mit den Armen wie ein Verkäufer, bis zur Schulterhöhe aufwippend*
Erlösungsfähig, – nachdem ich sie vergiftet, – auf besonderen Wunsch vergiftet, – das dürfte kaum sein. –

(aus: Oskar Panizza »Das Liebeskonzil. Eine Himmelstragödie«. München 1991, S. 59 ff.)

Martin Deutinger

Das Spiel als höhere Erfahrung

Wie die göttliche Liebe des Heilandes als der geistige Mittelpunkt der ganzen Handlung erscheint, so tritt diesem als finsterer Gegensatz die Unwissenheit und der Haß der Welt gegenüber. Das Licht leuchtete im Finstern und die Finsternis hat es nicht begriffen. Dieser Gegensatz von Himmel und Erde aber, von Licht und Finsternis, wird wieder vermittelt durch die menschliche Teilnahme an dem Lichte, die nach Erlösung, Licht und Liebe begehrt. Diese mittlere Lebensregion erscheint uns in der Beziehung des Heilandes zu seiner Mutter, zu den Aposteln und zu Lazarus und seinen Schwestern. In Lazarus und seinen beiden Schwestern begegnet uns die einfache reine Liebe des Herzens; in Maria, der Mutter des Herrn aber erscheint uns die unaussprechliche Liebe der Seele, zwischen beiden aber offenbart sich die Liebe der Apostel, die, zur Kraft geistiger Liebe und Erkenntnis berufen, von dem Herrn zu dieser geistigen Höhe herangebildet werden sollen, diese Höhe ihres Berufes aber immer noch nicht verstehen und darum gar mannigfaltig straucheln und irren.

Dieser dreifachen Beziehung zu dem von der Kraft der Erlösung bereits ergriffenen Menschenleben entspricht dann in dreifacher Verneinung die Verleugnung der göttlichen Sendung des Heilandes durch die finstere Macht der Erde. Hier stehen auf der einen Seite das Judentum mit seinem blinden Haß, das in dem Hochmut der Pharisäer und des hohen Rates, in dem Wankelmute und der gemeinen Gewinnsucht des Volkes und in dem treulosen Eigennutze des Verräters Judas seine eigentümliche Verkehrtheit offenbart. Ihm tritt dann in seiner natürlichen Größe, aber ohne Bewußtsein seiner höheren Bestimmung und in der aus dieser Bewußtlosigkeit der höheren Bestimmung hervorgehenden Roheit und natürlichen Verkommenheit das Heidentum, in dieser doppelten Gestalt einerseits durch Pilatus, andererseits durch die Henkersknechte repräsentiert, gegenüber. Zwischen beiden aber findet sich wieder ein nicht zu übersehendes Mittelglied in dem verworfenen kalten, höhnischen Unglauben und Indifferentismus eines Herodes.

Eine dramatische Entwicklung, welche diese allgemeinen Beziehungen zu würdigen verstände, würde an denselben gar leicht den goldenen Faden erkennen, mit welchen die einzelnen Szenen der Leidensgeschichte des Heilandes zu einem schönen harmonischen Ganzen sich verbinden ließen. Das Zusammentreffen des Heilandes mit diesen drei irdischen finstern Gewalten, in denen die Finsternis zum Richter des Lichtes sich aufgeworfen und der Kampf zwischen Licht und Finsternis gewissermaßen noch unentschieden ist, Wahrheit und Lüge, Liebe und Haß noch miteinander ringen, müßte notwendig in die Mitte der ganzen Handlung gestellt werden und die zweite Abteilung der organisch verbundenen Darstellungen ausmachen; so daß dann in der dritten Abteilung der äußere Sieg der Lüge und des Hasses und der innere Sieg der Wahrheit und der Liebe in dem Leiden der von dem Hasse verurteilten Liebe, von der Geißlung bis zur Kreuzigung, sich anschließen würde, während in der ersten Abteilung noch der Erlöser in seinem liebevollen Umgange mit seinen Aposteln und Freunden, das Bestreben des Hasses in seiner Erwartung eines künftigen Triumphes über die Wahrheit und endlich der Abschied und die Vorbereitung des Heilandes zu dem großen Erlösungswerke vorausgehen müßten.

Jede von diesen drei Abteilungen würde von selber wieder in drei weitere Unterglieder sich zerlegen lassen, indem zuerst die Liebe des Heilandes gegenüber dem einseitigen Hasse der Juden in allen Beziehungen nur dann vollkommen und in organischer Entwicklung dargestellt werden könnte, wenn wir zuerst den Herrn in seinem Umgange mit seinen Freunden, seiner Mutter und seinen Aposteln, dann aber den wütenden Haß des hohen Rates, die Wut und Klage des beleidigten Eigennutzes in Verbindung mit der Verräterei des Judas dargestellt sehen würden, bis endlich in dem letzten Abendmahl, in dem Gange nach dem Ölberg und in der Gefangennehmung des Heilandes im Garten Gethsemane der erste Zusammenstoß der höchsten Liebe in ihrer würdigen Schilderung mit dem bittersten Hasse ihrer Feinde folgte. Nun sehen wir in der zweiten Abteilung die göttliche Liebe vor dem Tribunal des dem Lichte sich verschließenden Judentums; wir sehen den hohen Rat und Annas und Kaiphas, hören die falschen Zeugen und erblicken den doppelten Fall und die doppelte Reue zweier Jünger, von denen der eine zum Verräter des Heilandes geworden, der andere aber, von Menschenfurcht überwältigt, ihn vor Juden und Heiden verleugnet. Danach apelliert das Judenvolk an den heidnischen Richterstuhl des römischen Landpflegers und wird von diesem an den Urteilsspruch des vom jüdischen Glauben und von heidnischer Größe gleich verlassenen Herodes gewiesen.

Von allen dreien aber wird das Licht der Erlösung zurückgewiesen und so wird uns in der dritten Abteilung zuerst die Verurteilung der Wahrheit von der Lüge in der Geißlung und Dornenkrönung, dann in der Schaustellung der in dem Menschen verhöhnten Gottheit, in dem bekannten Ausspruch des Pilatus: »Sehet ein Mensch« und in der Schilderhebung des wahnsinnigen Volkes für den Mörder Barabbas vorgeführt werden.

An diese wird dann die schmerzliche Kreuztragung (von Veronika und den weinenden Frauen, dem unter der Last des Kreuzes erliegenden Erlöser und dem zur Beihilfe herbeigenötigten Simon von Cyrene), in gleichfalls dreifacher Stufenreihe gegliedert, sich anschließen, bis endlich in der Kreuzigung die Leidensgeschichte ihren Höhepunkt und ihre Vollendung gefunden.

(aus: Martin Deutinger »Wallfahrt nach Oberammergau«. München 1934, S. 75 ff.)

Passionsspiel 1934

Leo Weismantel

Gnade über Oberammergau

»Merkt ihr denn nicht, warum das große Sterben, die Pest, nach Ammer-
gau gekommen ist? Daß ihr ablaßt, den Herrgott zu kreuzigen.
Drum muß das Kreuz schreien, Vitus, drum muß es schreien.
Ich hab's gesehen, ich hab's gesehen im Traum. Sie sind gekommen, die
Gasse herunter. Ich hab geglaubt, jetzt kämen sie und schlügen mich tot,
jetzt steckten sie das Haus in Brand, und ich käm mitten im Feuer um.«
Sprach der Vater von einem Traum, den er gehabt hatte?
»Da sind sie herein in die Stube«, fuhr der Kranke fort, »und haben mich
liegen lassen, als wär ich gar nicht da. Aber dein Kreuz, Vitus, das haben
sie gepackt und haben es auf die Straße geschleppt und fort auf den
Beinhof. Und dort haben sie es aufgerichtet. Und dann haben sie die
Kranken geholt und alle Armseligen. Und die aufgeschaut haben zum
Kreuz, Vitus, die sind gerettet worden, und die Pest ist gestorben zu Am-
mergau.« Der Kranke setzte sich auf, rutschte auf den Knien im Bett dem
Vitus nach, der von ihm wich.
»Geh du, Vitus, geh du zu dem Rat der Sechs und Zwölf und sag ihnen,
so soll es geschehen. Ich, der Kaspar Schissler, hätt ihnen die Pest ge-
bracht im Namen des Herrn Jesu Christ, und ich wollt in der Höll leiden
in alle Ewigkeit, wenn sie mir nachfluchen in mein Grab.«
Er faßte Vitus am Rock, zog ihn zu sich her. –
»Aber ich wollt die Pest auch wieder von ihnen nehmen«, schrie er, »und
ich wär der Letzte in Ammergau, der an der Pest stürb, wenn sie ein
Kreuz aufrichten auf dem Beinhof, und wenn das geschehen ist, dann
fängt das Kreuz an zu schreien und schreit die sieben heiligen Worte.«
»Vater, Ihr fiebert«, sagte Vitus. »Um Gottes willen, Vater!«
»Nicht, Vitus, ich hab ein Gesicht gehabt im Traum. Das ist kein Traum
gewesen wie andere Träume. Sag du dem Sechs- und Zwölferrat, so sollen sie es machen. Sie sollen das Kreuz aufrichten, und wenn es stumm
bleibt, so sollen sie ihm selbst Stimm verleihen. Sie sollen ein heiliges
Spiel spielen zu Ammergau von jetzt bis zum Ende aller Zeiten, und sie
sollen das bittere Leiden und Sterben des Herrn Jesu Christi darstellen
und nicht aufhören ohne Unterlaß.«
Vitus sah dem Vater mißtrauisch ins Gesicht. War das ein Fieberkranker
oder ein Erleuchteter? Kam seine Botschaft nicht vom Herrgott? Der Va-

ter fuhr fort: »Und wenn die Menschen in allen Dörfern rundum und in aller Welt den Herrgott verlassen und sich um des Glaubens willen bekämpfen, Krieg gegeneinander führen und sich totschlagen, und wenn sie die ganze Erde verwüsten, Vitus, – und wenn ihre wilden Scharen – auch nach Ammergau kommen, Vitus, dann sollen sie euch sehen, wie ihr auf dem Beinhof steht und das Spiel spielt vom bitteren Leiden und Sterben des Herrn Jesu Christi, daß die Welt es hier erfährt und nicht vergißt. Versteht du das, Vitus?«

(aus: Leo Weismantel »Gnade über Oberammergau. Die Pestnot 1633«. Gerabronn und Crailsheim 1984, S. 171 f.)

Religiöse Schau des Daseins

Es stellt sich die Frage nach der Ursache des Übels. Im Roman beantworten diese Frage die drei Wanderer, die durch ihr Erscheinen die Pest ankündigen – Allegorien für Sünde – Tod – Glaube.
Vorstellungen dieser Art entsprechen der mittelalterlichen Geisteswelt, die sich immer der Allegorie bedient, wenn es gilt, Geistiges durchscheinen zu lassen.
Solche Gestalten sind als Bilder geistiger Energien zu begreifen, die sowohl Ursache des Unheils sind, als auch zur Heilung zu führen mögen. Hier trennen sich zwei Positionen. Die eine ist die der unmittelbar betroffenen Dorfbewohner, die noch in einer »heilen«, d. h. ganzheitlichen Welt leben, in der Diesseits und Jenseits unmittelbar miteinander verbunden sind, das Diesseitige Spiegel transzendentaler Kräfte ist. – Die andere Position ist die des naturwissenschaftlich denkenden Menschen. Er denkt in Kausalzusammenhängen, die sich ausschließlich aus den Gesetzen der Natur ableiten.

(aus dem Nachwort von Johannes Schubert. In: Leo Weismantel »Gnade über Oberammergau. Die Pestnot 1633«. Gerabronn und Crailsheim 1984, S. 201 f.)

Daniel Krochmalnik

Oberammergau als »deutsche Passion«

Es gibt Theaterstücke, die weniger auf der Bühne als hinter den Kulissen und in den Zuschauerrängen spielen, vor allem solche Stücke, welche das »Juden«-Tabu berühren oder dieses Tabu gar brechen. Die politischen Machenschaften, die die Wiederaufführung von Rolf Hochhuths »Stellvertreter« in Ottobrunn verhindern sollten, oder der Protest, der die Erstaufführung von Rainer Werner Fassbinders »Die Stadt, der Müll und der Tod« in Frankfurt zu Fall brachte, sind die Stoffe, die Irritationen erregen. Antisemitismus-Skandale dieser Art begleiten die deutsche Theatergeschichte der Nachkriegszeit. Ein Dauerbrenner scheint in dieser Hinsicht das Passionsspiel in Oberammergau zu sein. Der Fall ist allerdings einzigartig, denn das »Stück«, das im Dorf und in der weiten Welt gespielt wird, ist in den Augen vieler Oberammergauer mit der Aufführung im Spielhaus identisch: eine Passion, eine »deutsche Passion«. (...)
Nun stellt aber das größte Passionsspiel unserer Zeit keine bloß lokale Angelegenheit dar. Die katholische Kirche, die es mit der Verbesserung im Verhältnis zu den Juden ernst meint, die jüdischen Organisationen im In- und Ausland, die die Oberammergauer Passionsspiele zu einem Testfall für die christliche Verständigungsbereitschaft gemacht haben, und nicht zuletzt mutige Reformer in Oberammergau, die ihre Spiele vom alten Feindbild entrümpeln wollen, drängen auf einschneidende Veränderungen. Es gibt meiner Meinung nach drei Möglichkeiten, dieses Problem zu lösen.
Die kühnste Lösung – vielleicht die einzige, die nach der Passion des jüdischen Volkes unter Adolf Hitler dem päpstlichen Bußgebet gerecht werden könnte – bestünde darin, Jesus und seine Jünger in Kaftane polnischer Juden zu stecken, dem Landpfleger einen viereckigen Schnauzbart aufzukleben und seinen Legionären SA-Uniformen anzuziehen, den Hohenpriestern Papst- und Bischofsmitren aufzusetzen und das Volk, das Jesus ans Messer liefert, in bayerischen Trachten auftreten zu lassen. Der Vexierspiegel wäre von der Wirklichkeit gar nicht so weit entfernt. Als Adolf Hitler am 13. August 1934 das Spielhaus in Oberammergau betrat, scholl ihm, wie die damalige Presse schilderte, »ein brausendes, tausendfaches Heil« entgegen. 1942, die »Endlösung der Judenfrage« war bereits in Gang, äußerte sich Hitler entzückt über die »Darstellung des

159

Pontius Pilatus bei diesen Festspielen, erschiene dieser doch als ein rassisch und intelligenzmäßig so überlegener Römer, daß er wie ein Fels inmitten des jüdischen Geschmeißes und Gewimmels wirke«. Er lobte die »ungeheure Bedeutung dieser Festspiele für die Aufklärung auch aller kommenden Geschlechter« – nach dem Ende des Regimes freilich ein kompromittierendes Lob. Nicht nur in diesem, auch noch in vielen anderen Punkten stimmt die Travestie mit der Wirklichkeit überein. Der umstrittene Text könnte übrigens beinahe unverändert bleiben. Es ist anzunehmen, daß kein Traditionalist daran Anstoß nehmen würde, wenn die folgenschwere Replik: »Sein Blut komme über uns und unsere Kinder« gestrichen würde.

Eine andere, nicht so konfliktträchtige, moralisch anspruchsvolle Lösung des Problems wäre es, die Schuldzuweisungen zu entschärfen und eine Gruppe, die bis in die Gegenwart unter dem Vorwurf des »Gottesmordes« gelitten hat, zu entlasten.

Das Textbuch der Oberammergauer von Joseph Alois Daisenberger aus dem 19. Jahrhundert scheint für eine solche Lösung freilich ganz ungeeignet, beruht doch seine dramatische Konzeption auf den Kontrasten zwischen dem Alten und dem Neuen Testament, zwischen Jesus und seinen Anhängern auf der einen Seite und den bösartigen jüdischen Gegnern auf der anderen Seite; wobei sich der heiligmäßig dargestellte Pilatus seine Hände füglich in Unschuld waschen darf.

Eine durchgreifende Revidierung dieses auf einem starren Gegensatz von Gut und Böse basierenden Stücks stößt daher sehr schnell an dramaturgische Grenzen. Ein idealer Ersatz bot sich im Passionsspiel des Benediktinerpaters Ferdinand Rosner aus dem 18. Jahrhundert an. Seine Fassung beruht auf einem intelligenten Motivationszusammenhang der Gegner Jesu und läßt, nach barocker Manier, das Böse leibhaftig als Verführer seiner Opfer erscheinen.

Eine mutige Minderheit engagierte sich in Oberammergau für diese Alternative, die die dauernde Aktualität des Passionsspiels sinnfällig macht. Sie brachte auch eine vielbeachtete Probeaufführung zustande, konnte jedoch letztlich keine Mehrheit im Gemeinderat erzielen. Viele Christen kehren im katholischen Pfaffenwinkel zum rührseligen und eindeutigen Bilderbuch ihrer Kindheit zurück. Ein anspruchsvolles allegorisches Welttheater, das sich Oberammergau im 18. Jahrhundert noch leisten konnte, scheint dem Konsumenten einer heilen Welt im 20. Jahrhundert nicht mehr zumutbar.

Also entschloß man sich für die bequemste Möglichkeit, die sich aber als die schwierigste erwies. Das eindeutig antijüdische Textbuch sollte bereinigt werden. Eine durchgreifende Überarbeitung durch den Ettaler Benediktinerpater Dr. Stephan Schaller wurde abgelehnt. Nach jahrelangem

Feilschen mit katholischen und jüdischen Repräsentanten wurde die antisemitische Komponente der Spiele entschärft. In diesem Kampf zwischen Traditionalisten und Reformern sind Generationen von Ammergauern gereift und für das Problem des christlichen Antijudaismus sensibilisiert worden.

(aus: Daniel Krochmalnik »Oberammergau – ›eine deutsche Passion‹«. In: Michael Henker/Eberhard Dünninger/Evamaria Brockhoff (Hg.) »Hört, sehet, weint und liebt. Passionsspiele im alpenländischen Raum«. München 1990, S. 211 f.)

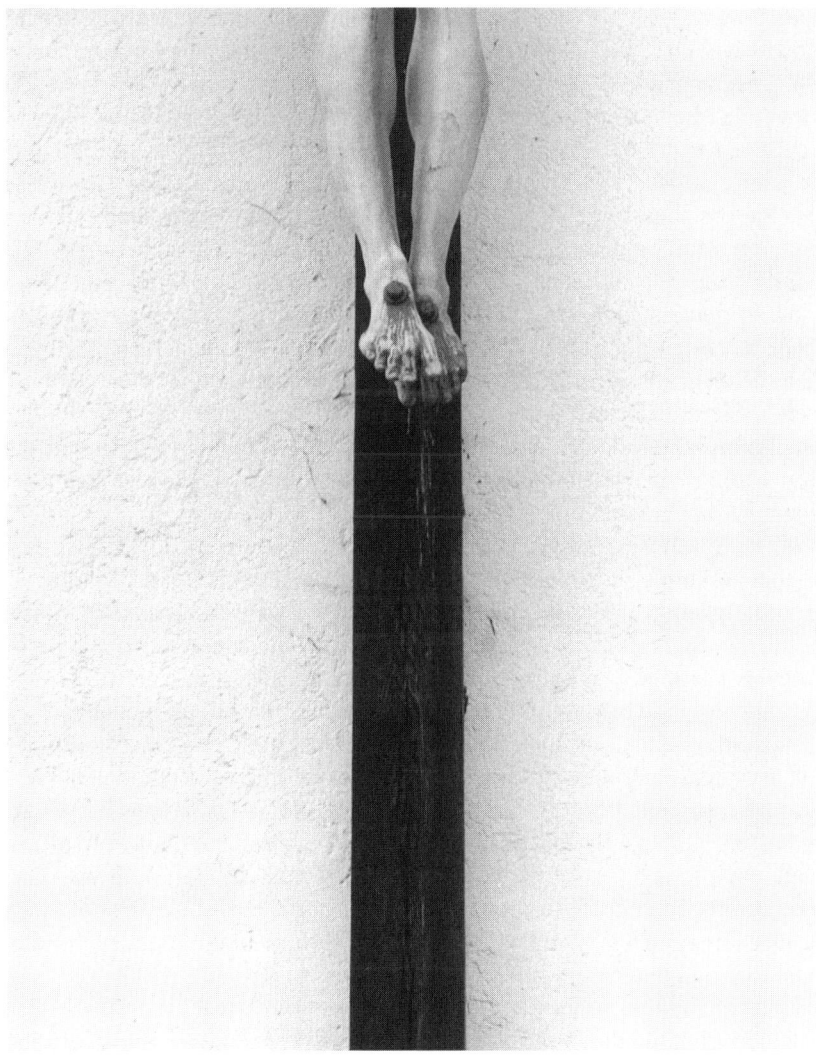

Pier Paolo Pasolini

Göttliche Menschlichkeit

Zum großen Erstaunen derer, die mich wegen Verunglimpfung von Religion verurteilt haben, drehte ich *Il Vangelo*. Das war zur Zeit des Pontifikats Johannes des XXIII., ihm habe ich den Film auch gewidmet. Er war sowas wie ein realer Dialog, eine Beziehung zwischen einem Kommunisten, wenn auch einem ohne Parteibuch, und den progressivsten Teilen des italienischen Katholizismus. Vom religiösen Standpunkt aus möchte ich, der ich immer versucht habe, die Eigenschaften der Religiosität mit meinem Laizismus zu verbinden, zwei ganz naiv ontologische Tatsachen festhalten: die Menschlichkeit Christi entspringt einer dermaßen starken inneren Kraft, einem dermaßen unstillbaren Hunger nach Wissen und Verifizierung des Wissens – und zwar ohne jegliche Angst vor Skandalen oder Widersprüchen –, daß für diese Menschlichkeit die Metapher »göttlich« schon an die Grenze der Metaphorik stößt, sie selbst wird ideell zur Wirklichkeit. Mehr noch: für mich ist die Schönheit immer eine »moralische«. Sie erreicht uns jedoch immer nur mittelbar: über die Poesie oder die Philosophie oder die Praxis: das einzige Beispiel einer nicht vermittelten »moralischen Schönheit«, einer Schönheit im Zustand der Reinheit, habe ich im Evangelium gefunden. (...)
Was mein »künstlerisches« Verhältnis zum Evangelium betrifft, so ist dies ziemlich kurios: denn als ein aus dem Widerstand hervorgegangener Schriftsteller, als Marxist, orientierte sich meine ideologische Arbeit während der fünfziger Jahre an der Rationalität, an der Vernunft, äußerte sich als Polemik gegen die Irrationalität der dekadenten Literatur (an der ich mich gebildet hatte und die ich sehr liebte). Die Idee, einen Film über das Evangelium zu machen, und die dazu notwendige technische Intuition ist aber, das muß ich zugeben, aus einer furiosen, irrationalen Wallung heraus entstanden. Mein Ziel war es, ein Werk reiner Poesie zu schaffen, selbst auf die Gefahr bloßen Ästhetizismusses hin (mit Musik von Bach und Mozart, mit von Piero della Francesca und teilweise von Duccio inspirierten Bildkompositionen, mit der eigentlich prähistorischen und exotischen arabischen Welt als Hintergrund und Szenerie). Es war mir klar, daß das meine ganze schriftstellerische Karriere erheblich in Frage stellen konnte. Aber das hätte schließlich noch gefehlt, daß ich, der ich den Christus des Matthäus so abgöttisch liebte, davor Angst gehabt

hätte. Nichts scheint mir der gegenwärtigen Welt fremder zu sein als jene Figur: jener Christus, sanft im Herzen, aber nie und nimmer im Denken. Wenn man den stilistischen Beschleunigungen des Matthäusevangeliums buchstäblich folgt, der barbarisch-zweckmäßigen Funktionalität seiner Erzählweise mit der fehlenden Chronologie, den elliptischen Sprüngen in der Geschichte und den unverhältnismäßig langen didaskalischen stillen Momenten (der wundervollen endlosen Bergpredigt), dann wird die Figur Christi am Ende dieselbe gewalttätige Kraft des Widerstandes haben: etwas, das dem Leben, so wie es sich dem modernen Menschen darbietet, radikal widerspricht: seiner dumpfen Orgie von Zynismus, Ironie, Brutalität, Kompromiß, der Glorifizierung seiner Identität als Teil der Masse, seinem Haß auf jedes Anderssein, der theologischen Mißgunst ohne Religion. Das Evangelium sollte ein aufrüttelnder Schrei an eine sich blind in die Zukunft stürzende Bourgeoisie sein, die nur die Zerstörung des Menschen und seiner anthropologisch menschlichen, klassischen und religiösen Wesenszüge zur Folge haben kann. (...)
Ich wollte keinen Christus mit weichen Gesichtszügen und treuherzigem Blick, wie er in der Ikonographie der Renaissance dargestellt wird, ich wollte einen Christus, dessen Gesicht auch Kraft und Entschlossenheit auszudrücken vermochte, ein Christusgesicht, wie es bei mittelalterlichen Malern vorkommt. Ein Gesicht, das den kargen und steinigen Orten, an denen die Predigten stattfanden, angemessen war. Nachdem ich mich schon für einen deutschen Theaterschauspieler entschieden hatte, besuchte mich eines Tages ein katalanischer Student, der etwas über mein Buch *Ragazzi di vita* geschrieben hatte. Als Enrique Irazoqui mein Arbeitszimmer betrat, wußte ich sofort: das ist mein Christus. Er hatte genau das schöne, stolze, gleichzeitig menschliche und entrückte Gesicht der von El Greco gemalten Christusfiguren. Streng, bisweilen sogar hart im Ausdruck. (...)
Aus ästhetischen Gründen wollte ich bei *Vangelo* dem Matthäusevangelium absolut treu bleiben, auch vom historischen Standpunkt aus erschien es mir einfach am richtigsten. Ich wollte kein Christus-Leben verfilmen, weil ich von meinem Vorhaben einfach keine klaren theologischen oder sozialen Vorstellungen hatte. Ich wollte nicht die Evangelien neu verfassen, das Leben Christi nicht anhand neuer Dialoge rekonstruieren: ich wollte mich einzig an Matthäus halten, und dieser Idee bin ich treu geblieben.
Bei der Arbeit hab' ich versucht, das Material auf Aktualität hinzutrimmen, ich hielt das für außerordentlich wichtig. Zum Beispiel dachte ich mir die Soldaten des Herodes als Faschisten gekleidet, die römischen Soldaten als Straßenpolizisten von heute: Josef und Maria auf der Flucht wäre die Flucht der Spanier über die Pyrenäen, usw., nun, ich dachte, das

würde alles viel deutlicher machen, ich war überzeugt, das Evangelium aktualisieren zu können, ohne dabei meiner Metrik, auf die ich mich am Anfang festgelegt hatte, untreu zu werden. Wenn man sich als Autor für eine bestimmte Metrik entschieden hat, muß man ihr auch treu bleiben. Ich dachte, der Film würde in Wirklichkeit ausdrucksvoller, kräftiger, magmatischer, expressionistischer werden, als er es dann schließlich wurde. Alle diese Verweise auf die heutige Welt, (...) die Gesamtheit der Ausdrucksformen und expressionistischen Elemente, die sich klar abheben sollten, erschienen am Ende im Kontext des gesamten Films etwas flach, sie haben eine Art Unbeweglichkeit bekommen, eine Distanz hergestellt, die von mir nicht intendiert war, die ohne mein Wissen entstanden ist, so daß ich mich heute noch frage, wie das alles passiert ist. Ich hätte zwar die reale historische Situation der Beziehung zwischen Herodes und Pontius Pilatus entmystifizieren können, die von der Romantik mythifizierte Christusfigur, den Christus der Gegenreformation, all das, wie aber hätte ich das mit der Todesproblematik anstellen sollen? Das heißt: was ich nicht entmystifizieren kann, ist das zutiefst irrationale, in gewisser Weise auch religiöse Geheimnis der Welt. Das ist nicht entmystifizierbar. (...)
Die große Schwierigkeit bei *Vangelo* war eben, den Erzählstil von Matthäus nicht zu zerstören, ihn um jeden Preis zu erhalten. Das zwang mich gleichzeitig, das äußerst schwierige Gleichgewicht zwischen meinem Standpunkt und dem eines Gläubigen zu finden – das Gleichgewicht zwischen zwei verschiedenen Erzählweisen. Ich glaube, ich bin dem Text so weit wie nur irgend möglich treu geblieben. Umgekehrt ausgedrückt: das, was ich zerstört habe, ist deutlich erkennbar: die ganze kleinbürgerliche, letztendlich kommerzielle Ikonographie. Ich habe alles getan, um den wahren Kern der Matthäus-Erzählung zu erhalten, durchaus mit einem polemischen Hintergedanken: einen bestimmten fanatischen Marxismus und Laizismus zu attackieren. Ich wollte bis auf den Grund verstehen, bis ich fähig war, die religiöse Wirklichkeit mit den Augen eines Gläubigen zu sehen.

(Pier Paolo Pasolini in: Franca Faldini/Goffredo Fodi (Hg.) »Pier Paolo Pasolini. Lichter der Vorstädte. Die abenteuerliche Geschichte seiner Filme«. Hofheim 1986, S. 73 ff.)

Joseph Kardinal Ratzinger

Passionsspiele müssen Gebet sein

Wahrheit auf die es ankommt

Die Passionsspiele müssen ihrem Kern nach Gebet sein, inneres Eingehen auf den Weg Jesu Christi und in den Weg Jesu Christi. Hier kann und darf es nicht um künstlerischen Ehrgeiz und um Star-Ruhm gehen. Daher begrüße ich, daß alle Hauptrollen doppelt besetzt wurden und daß versucht worden ist, an dem Grundgedanken festzuhalten, daß die ganze Gemeinde und nur die Gemeinde Oberammergau dieses Spiel vollzieht.

Gewiß verlangt die innere Höhe des Dargestellten unbedingt auch die würdige Form und den künstlerisch angemessenen Ausdruck. Aber das Ganze muß letzten Endes ein Gebet dieser Gemeinde und daher ihr betender Ausdruck vor Gott sein, der sich nicht an Festspielmaßstäben mißt, sondern an seinem religiösen Ernst. Wenn das Spiel in seinem Ursprung Bitte im Angesicht des Todes und Dank in der Hoffnung auf Rettung war - wie viel Anlaß zu solchem Bitten und zu solchem Danken haben wir heute! Für wie viel Rettung haben wir zu danken, aber auch angesichts wie vieler Schrecklichkeiten haben wir zu bitten - nicht nur für uns, sondern für alle Leidenden auf Erden: Solche Gesinnung muß die Darsteller leiten und wird sie den rechten Ausdruck finden lassen. (...)

Ereignis der Buße und Versöhnung

Das gilt besonders auch für unser Verhältnis zum jüdischen Volk. Wir wissen, daß ein Strang des Antisemitismus die Jahrhunderte hindurch zu den dunklen Kapiteln christlicher Geschichte zählt; der antichristliche Antisemitismus des Dritten Reiches muß in seiner ganzen abgründigen Unmenschlichkeit für uns eine Warnung bleiben, an der wir nie achtlos vorübergehen können. Die Oberammergauer Passionsspiele haben, geschichtlich betrachtet, nichts zu tun mit dem Antisemitismus, der sich im Umkreis der Kreuzzugsidee und mancher Hostienlegenden ausgebildet hatte. Sie haben auch nichts zu tun mit dem deutschnationalen Antisemitismus des 19. Jahrhunderts. (...)

Gewiß müssen wir nach den schrecklichen Ereignissen der jüngsten Vergangenheit den Text mit einer größeren Empfindsamkeit hören und lesen. Darum waren Überarbeitungen angebracht. Jede einzelne Aussage muß von der Grundabsicht des Ganzen her bestimmt werden, aber man muß auch das Einzelne von der Grundabsicht her lesen. Man kann Antisemitismus auch herbeireden; auch das sollte bedacht werden; deshalb möchte ich alle, besonders auch unsere jüdischen Freunde, bitten, mit dem Vorwurf des Antisemitismus aufzuhören, der dem geschichtlichen Ursprung und dem geistigen Gehalt des Spieles fremd ist.

Unsere Schuld: Ursache des Kreuzes

Die Passion Christi ruft nicht nach Rache, sondern nach Versöhnung. Wenn in diesem Zusammenhang immer wieder die Frage nach der Schuld an Christi Tod gestellt wird, so möchte ich dreierlei dazu sagen. Als erstes zitiere ich den bekannten Exegeten Bo Reicke, der dazu sagt: »Die heute beliebte Frage nach der Verantwortung ist anachronistisch. Juden und Römer brachten Jesus um, nicht Israeli und Italiener.« Als zweites muß man daran erinnern, daß der christliche Glaube zwar von Erbsünde spricht, aber von dieser Grundverfassung des Menschen abgesehen, keine Kollektivschuld erkennt. Auch für Christen gilt nach wie vor das Gotteswort aus dem Buch Deuteronomium: »Väter sollen nicht um ihrer Kinder willen und Kinder nicht um ihrer Väter willen bestraft werden. Jeder soll nur für seine eigene Schuld den Tod erleiden.« (24,16). Als drittes ist daran zu erinnern, daß nach christlicher Glaubenslehre aller Menschen Schuld, auch die unsrige, die Ursache des Kreuzes Christi ist. Der Catechismus Romanus, die offizielle Lehrgrundlage der katholischen Katechese nach dem Trienter Konzil sagt dazu: »Wenn also einer fragt, was die Ursache war, warum der Sohn Gottes das bitterste Leiden übernahm, so wird er finden, daß es außer der Erbschuld der ersten Eltern die Laster und Sünden waren, welche die Menschen von Beginn der Welt bis zum heutigen Tag begangen haben und bis zum Ende der Zeit begehen werden.«

(aus: Joseph Kardinal Ratzinger »Hoffnung inmitten der Herrschaft des Todes«. Predigt zur Eröffnung der Oberammergauer Passionsspiele 1980. Nach der gedruckten Fassung S. 5 ff.)

Der religiöse Diskurs

Oberammergau 1930

Judasgaſſe

Oberammergau rüstet sich wieder zur Erfüllung heiligen Versprechens, das seine Vorväter in der furchtbaren Zeit der Pestnot des Jahres 1633 gemacht haben. Das Leiden und Sterben unseres Herrn Jesus Christus wurde von der Dorfgemeinschaft ursprünglich für die Dorfbewohner und die nähere Umgebung in einem religiösen Spiele dargestellt. Mit der Zeit weitete sich der Besucherkreis, Männer von Gestaltungskraft und Formungsgabe haben sich in den Dienst am Oberammergauer Passionsspiel gestellt, wachsende Berühmtheit – vor allem in neuerer Zeit, kam dazu. Damit wurde aber auch hier und dort, bald leise, bald laut diese und jene Forderung für das Spiel und seine Gestaltung angemeldet. Wenn nicht überall im Geschehen auf der Bühne, in Wort und Bild wie in manchen Begleiterscheinungen am Rande so schnell und glücklich eine Änderung zum Besseren erfolgen konnte, wie es auch verantwortungsbewußte Menschen im Passionsdorf wünschen mochten, so hat doch Oberammergau ernstlich darum gerungen.
Textbuch zum Oberammergauer Passionsspiel 1970

Hans Lamm

Oberammergau – ein Trauerspiel

Ob die in den Evangelien berichtete Passionsgeschichte für den gläubigen Christen eine Tragödie oder ein trostreiches Heilsereignis ist, steht Andersgläubigen zu beurteilen nicht an. Das Problem der Passionsspiele von Oberammergau hat viele Aspekte, historische und literarische, politische, wirtschaftliche und lokalpolitische und vor allem religiöse. Hier sollen die ersten nur erwähnt werden. Wir wollen uns auf den inter- und überkonfessionellen Aspekt konzentrieren.

Das »geistliche Festspiel«, wie im kürzlich publizierten Text das Passionsspiel genannt wird, geht auf ein Gelübde aus dem Jahre 1633 zurück. Wer sich über die Historie bis auf den heutigen Tag, mit ihren vielen tragischen und merkwürdigen Episoden orientieren will, der sei auf das Werk »Die ewige Passion« eines katholischen und evangelischen Autors, Roman Fink und Horst Schwarzer (Econ-Verlag, 1970), verwiesen. Die Aufführungen dieses Jahres werden die 36. Spielsaison sein. 1960 wohnten 92 Aufführungen mehr als 518.000 Zuschauer bei. In diesem Jahr ist der erwartete Ansturm noch größer, und man erwägt Wiederholungsvorstellungen im kommenden Jahr. Die Einnahmen überstiegen 1960 neun Millionen Mark und werden 1970 noch weit höher liegen, da die Eintrittspreise stark angehoben wurden.

Der immer wieder auflodernde Streit um Oberammergau betrifft keinesfalls das für Christen heilige Geschehen, wie es die Evangelien berichten, und nicht die Historizität jener lange nach dem Tod von Jesus abgefaßten Darstellungen. Nicht die Tatsache, daß die Lebens- und vor allem die Sterbensgeschichte Christi zur dramatischen Präsentation gelangt, hat christliche wie jüdische Gemüter erhitzt, sondern lediglich das Wie, und nur davon sei fortan die Rede. Das »Wie« kristallisiert sich um den Text des Ortspfarrers Josef Alois Daisenberger, der 1860 erstmalig zur Aufführung gelangte und, wie ein Vergleich der verschiedenen Spieltexte erweist, bis zum heutigen Tag keiner umfassenden Erneuerung unterzogen wurde.

Der literarische Wert des Daisenberger-Textes wurde selbst von seinen Verteidigern fast nie hoch veranschlagt! (...)

Ideologische Munition zur »Endlösung«

Der um die Verständigung von Christen und Juden, von Deutschen und Israelis verdiente frühere Pressedirektor des Senats der Stadt Hamburg Erich Lüth befaßte sich bereits am 10. August 1950 in der »Hamburger Freien Presse« mit dem Daisenbergerschen Text und (wir zitieren aus seinem Buch: »Viele Steine lagen am Weg«, Hamburg 1966) kam zu dem Ergebnis: »Das ist weder biblisch noch poetisch bäuerlich; das ist knisterndes Papierdeutsch. Der Dichter Leo Weismantel nannte das schlechtweg ›Schund‹.« Zur Information: Lüth ist evangelischer Christ, der verstorbene Weismantel war Katholik. Lüth berichtet, daß der damalige Oberammergauer Bürgermeister Anton Lang die Sachlichkeit der Lüthschen Einwände anerkannte »und sogar die Bitte äußerte, ihm auf der Suche nach einem neuen Autor zu helfen«.

Wir wollen nicht behaupten, daß Daisenberger vor mehr als 110 Jahren ein Stück schreiben wollte, das der Sache des modernen Antisemitismus (der Begriff wurde ja erst 1873 bzw. 1880 von Wilhelm Marr oder Bernhard Foerster geprägt) dienen würde. Daß die Wirkung jedoch stets »antijüdisch« war und sein mußte, dafür gibt es einen Kronzeugen von »historischer Größe«. Der »Führer und Reichskanzler« hat die außerordentlichen Jubiläumsfestspiele 1934 nicht nur geduldet, sondern kam selbst am 13. August 1934 ins Passionsspieldorf. Die Presse berichtet darüber: »Ein brausendes, tausendfaches Heil scholl Hitler im Theater entgegen.« Hitler hatte Grund, mit dem Text und den Oberammergauern zufrieden zu sein. Im offiziellen Gemeindeführer schrieb Pfarrer Dr. Franz Xaver Bogenrieder über »Die neue Zeit, zu der sich mit dem ganzen Volk auch das Passionsdorf bekennt« und nannte das Spiel »eine heilige Quelle tiefer, deutscher Glaubensinnigkeit«. Schon bei der Volksabstimmung Ende 1933 hatten 1.673 der 1.697 Ortsbewohner mit einem »Ja« für das neue

Regime gestimmt, vielleicht, weil – wie die Presse damals schrieb – »das Jubiläums-Passionsspiel 1934 von der Regierung Adolf Hitler beschirmt« werde. Hitler wußte, warum er das tat. Er sprach sich darüber im kleinen Kreis im Führerhauptquartier (Wolfsschanze) am 5. Juli 1942 sehr offen aus. Wir zitieren aus den »Tischgesprächen«, die auf Henry Pickers stenographischen Aufzeichnungen beruhen und deren historischer Quellenwert unumstritten ist, wörtlich und ungekürzt.

»(Die Oberammergauer Passions-Spiele: Anschauungsunterricht für Rassenunterschiede) Es sei eine unserer wichtigsten Aufgaben, unsere kommenden Geschlechter vor einem gleichen politischen Schicksal von 1913 bis 1933 zu bewahren und deshalb das Bewußtsein der jüdischen Gefahr in ihnen wachzuhalten. Allein schon aus diesem Grunde müßten die Oberammergauer Festspiele unbedingt erhalten werden. Denn kaum je sei die jüdische Gefahr am Beispiel des antiken römischen Weltreichs so plastisch veranschaulicht worden, wie in der Darstellung des Pontius Pilatus bei diesen Festspielen, erscheine dieser doch als ein rassisch und intelligenzmäßig so überlegener Römer, daß er wie ein Fels inmitten des jüdischen Geschmeißes und Gewimmels wirke. In der Anerkennung der ungeheuren Bedeutung dieser Festspiele für die Aufklärung auch aller kommenden Geschlechter sei er ein absoluter Christ.«

Die offiziellen Sprecher Oberammergaus meinen, daß dies alles am besten vergessen werde, weil der Text von 1970 mit dem früherer Jahre nicht völlig identisch sei. Sicher stimmt er nicht Zeile für Zeile, Wort für Wort überein mit dem, was Hitler 1934 und 1942 so begeisterte, daß er es gern als ideologische Munition zur »Endlösung der Judenfrage« benutzte, aber nach einem genauen Vergleich der Texte von 1960 und 1970 steht doch fest: Der Text dieses Jahres atmet noch denselben Ungeist wie ihn der Daisenbergersche seit seiner Erstproduktion 1860 verbreitet hat. Sachkundige aller Bekenntnisse haben dies mit Bedauern registriert: Der Münchner Rabbiner H. I. Grünewald schrieb am 13. August 1970 an Kardinal Döpfner unter anderem: »Jetzt hatte ich Gelegenheit, den Text von 1970 mit dem von 1960 zu vergleichen, und wenngleich festgestellt werden kann, daß einige Stellen des 1960er Textes 1970 entschärft worden sind, so ist doch die Grundtendenz erhalten geblieben, und das Bild, das von den Juden jener Zeit gezeichnet wird, entspricht weder der historischen Wahrheit noch kann es dem Geiste dienen, der sehr zur Freude aller friedliebenden Menschen in den Konzilbeschlüssen zum Ausdruck kommt.«

Ein trauriges Zerrbild
Der bekannte Dominikaner Dr. Willehad Paul Eckert (Köln) kam zu einem noch weit schärferen Urteil (Brief vom 5. April 1970): »Das Vorwort des

Pfarrers von Oberammergau zum offiziellen Text nimmt ausdrücklich Bezug auf die Erklärung Nostra aetate – über das Verhältnis der Kirche zu den nichtchristlichen Religionen, die das Zweite Vatikanische Konzil 1965 verabschiedet hat. Man muß also den Text des Passionsspieles, wenn das Vorwort nicht als reine Farce gemeint sein soll, an der Erklärung des Zweiten Vatikanischen Konzils nach dem Willen der Ammergauer selbst messen. Das Ergebnis ist so, wie es selbst Pessimisten nicht schlimmer erwarten konnten. Die Verkürzung der Spielzeit hat an den Intentionen des Stückes nicht das mindeste geändert.

Nach der bisherigen wie nach der jetzigen Fassung sieht das Oberammergauer Passionsspiel die treibenden Kräfte gegen Jesus: 1. in den Krämern und Wechslern im Tempel, die sich durch Jesus in ihrem Verdienst geschmälert sehen (= Image des Juden als des geld- und gewinngierigen Menschen). Sie werden von den Vertretern des Hohen Rates als die besten Bundesgenossen und treuesten Anhänger der Gesetzestradition gewertet, haben aktiven Anteil an Verhaftung und Verurteilung Jesu – 2. in den Priestern, die aus Verblendung und Rachsucht handeln, 3. in den Pharisäern, die Bundesgenossen der Priester sind. Andere Gruppen im Judentum werden nicht gezeigt, außer den Jüngern Jesu selbst. Im Programmzettel wird von einem Rabbi Jakob, Pharisäer, gesprochen, im Spiel selbst erscheint er kurzerhand nur als Rabbi. Diesem Rabbi fällt die Rolle eines Treibers gegen Jesus zu. – Pilatus wird weitgehend entlastet, die Volksmasse als verächtlich hingestellt. Im herkömmlichen, d. h. in der jahrtausendalten christlichen antijüdischen Tradition ist wiederholt von der Synagoge als dem Symbol des Judentums die Rede. (...) Jesus wird ›Feind der Synagoge‹ von Annas genannt, in ›Von der Gefangennahme im Olivengarten bis zur Verurteilung durch Pilatus‹. Kaiphas fragt ihn: ›Du bist also derjenige, der sich einfallen ließ, unserer Synagoge und dem Gesetz Mosis den Untergang bereiten zu wollen?‹ – Vom Tag der Kreuzigung sagt er: ›Dieser Tag wird die Religion unserer Väter retten und die Ehre der Synagoge erhöhen.‹ Die Beispiele lassen sich vermehren. Sie zeigen überdies, daß von der jüdischen Welt und dem Glauben der Juden zur Zeit Jesu ein Zerrbild gegeben wird, wie es trauriger gar nicht gegeben werden könnte. Das schon ist gewiß nicht in der Intention des Konzils gewesen, auf das sich peinlicherweise das Vorwort ja ausdrücklich beruft. Der Konziltext hatte ausdrücklich erklärt: ›Die heilige Synode will die gegenseitige Kenntnis und Achtung fördern.‹ Dies geschieht bestimmt nicht durch den Text des Oberammergauer Passionsspieles.«

Kritik von evangelischen Thoelogen sei hier nicht ausführlich zitiert, da sie seit langem vorliegt. Die Pfarrvikarin Marianne Timm erstattete 1960 ein Gutachten, in dem sie vor allem drei Punkte herausstellte: »1. Das jüdische Synhedrium wird dargestellt als ein Gremium von engstirnigen Fanatikern, deren ›Eifer für das heilige Gesetz‹ in verkappter Heuchelei, Lieblosigkeit, Neid und Rachsucht wurzelt. 2. Verzeichnung der Gestalt des Pilatus ... Aus dem skrupellosen Gewaltherrscher ... ist in Oberammergau ein ehrlich um Recht und Wahrheit ringender, wenn auch schwacher Mann geworden. 3. Der gefährlichste Akzent des Passionsspieles liegt wohl in der dem Ganzen zugrunde liegenden Fluch- und Verstoßungstheologie.« Abschließend spricht die Gelehrte von »gravierendsten Entstellungen der Passionsgeschichte« und erwähnt weiter »eine nicht unbeträchtliche Anzahl von Unrichtigkeiten« und in der »Darstellung an einigen Stellen eine offene antisemitische Tendenz«. Daß ihr Urteil heute milder wäre, ist nicht anzunehmen, schrieb sie mir doch am 23. März 1970: »Oberammergau aber ist ja eine Schande für die christliche Kirche und nicht für das Judentum ... Im Grunde gibt es nur eine Möglichkeit: das Spiel ersatzlos zu streichen. Denn ich halte es für ausgeschlossen, daß für 1980 die Möglichkeit besteht, ein Passionsspiel zu schreiben, das sachlich verantwortbar und zugleich publikumswirksam wäre.« Die Enttäuschung erklärt sich darauf, daß die Zusicherung von 1960 eben nicht gehalten wurde. Wir zitieren das Gutachten von Frau Timm aus dem Jahre 1960: »Die Oberammergauer Spielleitung hat am letzten Spieltag bekanntgegeben, daß für 1970 ein neues Spiel in Auftrag gegeben worden sei. Dieses neue Spiel könnte eine neue Chance bedeuten.«

(aus: Hans Lamm »Oberammergau – ein Trauerspiel«. In: Allgemeine unabhängige jüdische Wochenzeitung Nr. 18, 1. Mai 1970)

Charlotte Klein

Das entstellte Evangelium

Nach einem Vergleich des Oberammergauer Passionsspieles mit den Evangelien muß man zu der Überzeugung gelangen, daß dieses Stück weder mit den Passionsberichten übereinstimmt noch dem Geist der Botschaft Jesu entspricht. Die Tausende von Zuschauern, die man für den Sommer 1970 erwartet, werden eine verzerrte, oft völlig falsche Darstellung der »Frohen Botschaft« zu hören und zu sehen bekommen, eine biblisch und theologisch unrichtige Handlung mit frei erfundenen Reden und fast unbewußt zu Vorurteilen einladenden Anspielungen.

Ein Drama braucht vor allem eine spannende Handlung, einen Konflikt zwischen dem Helden und seinen Gegenspielern, um die Zuschauer zu fesseln – und in Oberammergau handelt es sich um eine Spieldauer von sechs bis sieben Stunden. Der Autor und die späteren Bearbeiter dieses Stückes hatten das durchaus richtige Gefühl, daß die Evangelien einen zu vagen Umriß eines solchen Konfliktes liefern, als daß er für die Bühne brauchbar wäre. Tatsächlich gibt es genügend historische Beweise dafür, daß die Ereignisse des Lebens und Todes Jesu von Nazareth spurlos an den meisten seiner Zeitgenossen vorübergingen.

Wohl gab es eine Opposition, besonders unter jenen thoratreuen Juden, denen seine Worte und stellenweise sein Verhalten nur als Übertretung der offenbarten Lehre und schließlich als Lästerung erscheinen konnten. Die Evangelien erhielten aber erst vierzig bis siebzig Jahre nach dem Tode Christi ihre endgültige Form; sie spiegeln berechtigterweise den viel schärferen Konflikt wider, wie er sich in den dazwischenliegenden Jahrzehnten entwickelt hatte.

Das Oberammergauer Stück geht von der Annahme aus, daß jedes Ereignis und jeder Ausspruch der Evangelien wirklich das genaue geschichtliche Ereignis zur Zeit Jesu wiedergibt. Mit dieser naiven Interpretation begnügen sich aber die Verfasser nicht, sondern fügen Übertreibungen und frei erfundene Episoden hinzu, für die ihnen die Texte keinerlei Vorwand liefern.

Doch auch so fanden es die Autoren immer noch schwierig, eine dramatisch wirkungsvolle Handlung herauszuarbeiten. Sie nahmen sich deshalb ihre Vorgänger auf diesem Gebiet zum Vorbild, gewisse mittelalterliche Mysterienspiele mit ihrer Tendenz, den zeitgenössischen jüdischen »Wucherer« mit den Juden des ersten Jahrhunderts zu identifizieren, besonders mit den Händlern im Tempel.

Unter den Hauptgegnern Jesu sind im Oberammergauer Spiel diese Händler, die laut nach ihrem »Geld«, nach ihren »Waren« schreien und die Wiedergutmachung ihrer Verluste verlangen. Das steht im Widerspruch zu der kurzen Erzählung in allen vier Evangelien, die überhaupt nichts von der Reaktion der Händler erwähnen. Tatsächlich interessierten diese die Evangelisten auch nicht. Was Jesus im Tempel tat, sei es zu Anfang seines öffentlichen Wirkens (Joh) oder am Ende (Math, Mk Lk), ist ein prophetischer Akt in Übereinstimmung etwa mit den Worten Jeremias (7.11), an sich also nichts absolut Neues oder Revolutionäres, was schon daraus hervorgeht, daß dieser Zwischenfall nicht als belastendes Beweismaterial bei seinem Prozeß angeführt wird.

Die Rolle der Händler ist ein Leitmotiv für das ganze Drama: sie sind es, die Jesus beim Hohen Rat anklagen, sie nehmen sogar an seiner Verhaftung teil, nachdem Dathan, der »Oberhändler«, Judas erst zum Verrat überredet hat und später das »Volk« gegen ihn aufwiegelt.

Ein anderer evangeliumswidriger Grundzug dieses Stückes ist sein Geist der Rachsucht. Er kommt oft in den merkwürdigen allegorischen »Prologen« und »Vorbildern« aus dem Alten Testament zum Ausdruck. Diese Bibelstellen, die jeden Akt einleiten, werden als direkt auf die Passion Jesu bezogene Weissagungen aufgefaßt. So werden u.a. Vasthi und ihre Nachfolgerin Esther zum Beispiel der Vergeltung: »Drum kehrt sich auch von ihr (Jerusalem) der Höchste; läßt sie versinken in ihr Verderben ... Doch ach! Die verstockte Sünderin, sie wandelt fort in ihrem bösen Sinn. Darum, so spricht der Herr, die Stadt will ich nicht mehr. Seht, Vasthi – seht! Die Stolze wird verstoßen! Ein Bild, was mit der Synagog' der Herr beschlossen.« Oder ein andermal der Chorus: »Jerusalem! Jerusalem! Das Blut des Sohnes rächet noch an dir der Herr.« Keine Barmherzigkeit für den Sünder überhaupt, wie in der Parallele zwischen Kain und Judas: »Dies soll der Sünder Spiegel sein; denn kommt die Strafe heute nicht, will noch der Himmel borgen, so fällt das doppelte Gewicht auf ihre Häupter morgen.«

Drei weitere Verfälschungen des Evangeliums: Die Einstellung des Volkes und seiner Führer zur Thora wird als der Lehre Jesu diametral entgegengesetzt geschildert. Jesus ist der »Feind des Moses«, der dessen Werk zunichte macht.

Die Lehre des Moses wird in mehreren Szenen so verzerrt, daß man dies nur krasser Ignoranz zuschreiben kann. Entschuldigungsgründe früherer Zeiten können bei unserem Wissen um das Judentum, um die vielen Übereinstimmungen zwischen der Lehre Jesu und der der Pharisäer und um die jüdischen Wurzeln des christlichen Glaubens nicht mehr geltend gemacht werden. Es ist schwer verständlich, daß dergleichen heute noch verkündet und solche Verkündigung stillschweigend abzeptiert wird, auch wenn Oberammergau dieses Jahr nicht die Missio canonica erhielt.

Nichts kann den dauernden Gebrauch der Ausdrücke »Kirche« und »Synagoge« entschuldigen - in dem Sinne, wie sie hier verwendet werden. Es gab damals, in Palästina wie in der Diaspora, Gebetshäuser, Synagogen genannt, wo sich fromme Juden zur Stunde der Tempelopfer versammelten, um im Geiste am Tempelkult teilzunehmen, aber es gab keine organisierte jüdische Gemeinde, die man »Synagoge« nannte. Der früheste Gebrauch dieses Wortes als Sammelnahme für das jüdische Volk, im Gegensatz zur Kirche, findet sich erst später. Der Ausdruck wurde dann von den Kirchenvätern personifiziert und häufig benutzt. Was die »Kirche« angeht, so entstand sie erst nach dem Tode Christi und löste sich erst Jahrzehnte später vom Judentum. Hier aber stehen sich die beiden Gruppen während des ganzen Spiels freundlich [feindlich] gegenüber und die »Synagoge«, d. h. alle Juden und die jüdische Religion selbst, ist in das Komplott gegen Jesus mitverwickelt. Nirgends im Spiel wird die immerhin wichtige Tatsache erwähnt, daß Jesus und jeder einzelne seiner Jünger selbst auch Juden waren.

Ein dritter schwerer Irrtum: Die Pharisäer spielen ständig eine Hauptrolle in den Vorgängen, die zum Prozeß Jesu führen. Das steht nicht in den Evangelien, denn mit Ausnahme einer beiläufigen Erwähnung (Joh 18.3) wird von keiner Teilnahme dieser Gruppe an der Verurteilung Jesu berichtet.

Eine der übelsten Verzeichnungen des ganzen Stückes ist die Person des Pilatus als moralischer Gegensatz zu den Juden.

Hermine Diemer, die sich eingehend mit dem Stück befaßt hat, drückt sich folgendermaßen in ihrem Buch über Oberammergau aus: »Pilatus ... wird mit einer gewissen Vorliebe behandelt. Es wird klargemacht, daß er der einzig anständige Mensch ist und daß er sich den fanatischen Juden widersetzt. Er ist eine typische Figur dieses Stückes geblieben, die sich bis auf den heutigen Tag nicht verändert hat.«

Dies stimmt durchaus auch für die Fassung des Stückes von 1970. Die Freunde Jesu hoffen auf ihn, »da er ja nie etwas Böses, sondern nur Gutes getan«. Pilatus sagt von ihm: »Er hat so viel Edles in seinen Gesichtszügen, in seinem Benehmen, auch seine Rede zeugt von so edlem Freimut und höherer Begabung, daß er mir vielmehr ein sehr weiser Mann zu sein scheint ... Wenn er etwa wirklich höherer Abkunft wäre?«

Das Weißwaschen des Pilatus erinnert an ein apokryphes Evangelium, die sogenannten Pilatusakten, besonders an einen legendären Brief des Pilatus an Tiberius, in dem er ihm von dem Prozeß erzählt und lobend von Jesus spricht, den er nur gegen seinen Willen hingerichtet hat. In dieser phantastischen Erzählung stirbt Pilatus als christlicher Märtyrer, und alle am Prozeß Jesu beteiligten Juden werden vom Kaiser bestraft.

An ähnlich gezielten Entstellungen der Evangelien fehlt es im Oberammergauer Spiel auch sonst nicht. Man legt historischen Personen Worte in den Mund, für die unsere Quellen nicht den geringsten Anhaltspunkt bieten. So sagt zum Beispiel Annas: »Bei meinen grauen Haaren sei es geschworen, ich will nicht ruhen, bis mit dem Blute dieses Verführers unsere Schmach getilgt ist.« Kaiphas muß selbst mitansehen, daß dem Gekreuzigten »die Gebeine zerschlagen sind«, und die Wache am Grab beobachtet die Einzelheiten der Auferstehung.

Durch solch ständiges Übertreiben und Hinzufügen wird die ganze Perspektive der Evangelien verändert in Richtung einer Schwarzweißmalerei, eines Kampfes zwischen den »Guten« und den »Bösen«, wobei die Bösen die Juden sind.

(aus: Charlotte Klein »Das entstellte Evangelium. Kritische Anmerkungen zum Textbuch der Oberammergauer Passionsspiele«. In: Publik Nr. 18, 1. Mai 1970, S. 24 f.)

Einzug in Jerusalem, Passionsspiele 1970

Schalom Ben-Chorin

Distanz zu jüdischen Gebräuchen

Es gibt zweifellos antijudaistische Elemente im Neuen Testament, die den Oberammergauern nicht anzulasten sind. (...)
Am 15. September 1984 sah ich das Passionsspiel in Oberammergau, schon vorher konnte ich das mir zugesandte Textbuch genau studieren. In meinem Exemplar finden sich einige Randbemerkungen: »Der dramatische Text ist oft dilettantisch; die Verse zuweilen von unfreiwilliger Komik.« (...)
Bedenklich ist es, daß Jesus von der jüdischen Tempelwache verhöhnt und mißhandelt wird (...), während es nach dem Neuen Testament die römische Soldateska war, die sich an ihm vergriff (...). Die Reinwaschung des Pilatus wird übertrieben dargestellt, und die Verklärung Mariens ist ganz unbiblisch, entspricht aber katholischer Mariologie, so daß hierfür Oberammergau nicht verantwortlich gemacht werden kann. In einem Punkt haben die Oberammergauer sogar den Text (...) bewußt entschärft. Während im Evangelium vom »ganzen Volk« berichtet wird, daß es vor Pilatus gerufen habe: »Sein [Jesu] Blut komme über uns und unsere Kinder«, vermerkt das Textbuch von 1984, daß nur einige aus der Menge dies geschrien hätten.
Solche kleinen Entschärfungen zeigen den guten Willen der Verantwortlichen. Die Distanz zu jüdischen Gebräuchen aber wurde mir erst klar, als ich dem Passionsspiel selbst beiwohnte. Vor allem wurde das bei der Darstellung des Letzten Abendmahls sichtbar. Beim Abendmahl, das ein Passah-Mahl war, fehlen jene Polster, die im Neuen Testament ausdrücklich erwähnt werden. (...)
Diese Polster, deren Fehlen dem Spielleiter Hans Maier, laut eigenem Bekunden, nicht aufgefallen war, haben eine ganz bestimmte Bedeutung. In der dritten der vier Fragen des Jüngsten beim Passah-Mahl heißt es: »In allen anderen Nächten essen wir sitzend oder hingelagert; in dieser Nacht nur hingelagert«. Es handelt sich um die hellenistische Sitte, der gemäß die freien Männer beim Mahle hingelagert, auf die linke Seite gelehnt, die Speisen einnahmen und den Becher jeweils mit der rechten Hand ergriffen, um zu trinken. Das war das Zeichen der Freien, während die Sklaven beim Mahl bedienend stehen mußten. Israel feierte (und feiert bis heute) in der Passah-Nacht den Auszug aus Ägypten, den Weg

178

von der Knechtschaft in die Freiheit. Zur Zeit Jesu wurde das im Sinne eines griechischen Symposions durch den Wein und das Lagern auf Polstern sinnfällig dargestellt.

Beide, der Wein und die Polster, entsprechen nicht der alttestamentlichen Vorschrift des Passah-Mahls (Ex 12,11), das eilig, in Reisekleidung, eingenommen werden sollte; das Kultmahl mit dem Lamm wurde nur durch die ungesäuerten Brote und die bitteren Kräuter ergänzt. Der Wein wird hier nicht erwähnt, und vom Lagern beim Mahle ist nicht die Rede. Dies kam, unter hellenistischem Einfluß, erst in der Zeit des Zweiten Tempels hinzu, so daß wir von einem Gestaltwandel des Festes zur Zeit Jesu sprechen können. Von alldem wußte man in Oberammergau nichts. Für die Darstellung des Abendmahls auf der Bühne war hingegen das berühmte Bild von Leonardo da Vinci maßgebend, das unbeeinflußt von diesen in der Mischna, der im 2. Jahrhundert kodifizierten mündlichen Überlieferung, bezeugten Bräuchen ist.

Es fiel mir ferner auf, daß offenbar nicht das richtige Brot beim Abendmahl gebraucht wurde. Auf meine Frage hin meinte der Spielleiter Hans Maier, man habe »ganz einfaches Schwarzbrot« verwendet. Doch entspricht dies nicht den historischen Tatsachen, denn beim Passah-Mahl muß das ungesäuerte Brot, die Mazzot, genossen werden. (...)

An dieser Stelle wird das ungesäuerte Brot als Brot des Elends oder der Armut bezeichnet, womit ein gewisser motivischer Zusammenhang mit der Nacht der Leiden Jesu gegeben ist. Die Kirche erinnert sich an die ursprüngliche Form des Brotes beim Letzten Abendmahl durch die Hostie, die sozusagen eine Miniatur-Mazza darstellt. In Oberammergau hatte man diesen Zusammenhang völlig außer acht gelassen.

Unhistorisch und sinnwidrig sind auch die Hörner der Priester im Passionsspiel. Dieser Brauch ist schon aus der frühesten Zeit der Spiele bekannt, entbehrt aber jeder historischen Grundlage. Ursprünglich sollte damit vermutlich der satanische Charakter der Priester vorgeführt werden, da man sich den Teufel gehörnt vorstellte. Wenn statt dessen eine Kopfbedeckung der Priester in Form von Tüchern oder Käppchen gewählt würde, käme das der historischen Realität wohl näher.

(aus: Schalom Ben-Chorin »Die Polster, das Schwarzbrot und der Antisemitismus. Randbemerkungen zum Oberammergauer Passionsspiel«. In: Michael Henker/ Eberhard Dünninger/Evamaria Brockhoff (Hg.) »Hört, sehet, weint und liebt. Passionsspiele im abendländischem Raum«. München 1990, S. 215 f.)

Tilgung antijudaistischer Tendenzen – Diskussionsstand 1990

Ob es denn nicht möglich wäre, fragt Pinchas Lapide, bis zum Ende des zweiten Jahrtausends den »Blutsatz« zu streichen (»Sein Blut komme über uns und unsere Kinder«). Er erinnert daran, dass Jesusliebe und Judenhass immer enger zusammengewachsen sind. Man hasste die Juden, weil man Jesus liebte, das Heil des Christentums wurde zum Unheil der Juden – dabei spielt für Lapide auch Oberammergau eine wichtige Rolle. Bei allem, was er 1990 an positiven Änderungen anerkennen konnte, sieht er doch auch weiterhin als Aufgabe der Spieler von Oberammergau, Baustein zu sein zur Entfeindung und zur Befreundung.

Christian Stückl sprach unumwunden aus, dass er den Satz am liebsten gestrichen hätte, doch hat das Komitee diese Änderung abgelehnt. Im Nachwort zum Textbuch kommentiert Rudolf Pesch, von der Deutschen Bischofskonferenz vorgeschlagener Berater der Textkommission in Oberammergau, diesen Beschluss. Der Satz soll erklärt werden, es soll an ihn erinnert werden, aber er soll nicht verdrängt werden. Um die furchtbaren Wirkungen dieses Satzes wissen alle, doch: »Jeder erkenne sich selbst als schuldig in diesem Geschehen«, wie es im Prolog heißt.

Otto Huber hält es mit dem großen jüdischen Religionsphilosophen Martin Buber: »Das Wesen der Religion ist Liebe.«

Otto Huber

Antijudaistische Mißverständnisse vermeiden

Ist in Oberammergau auf die Passionsspiele 1990 hin etwas geschehen, um die seit den 50er Jahren artikulierten Befürchtungen hinsichtlich einer antijudaistischen Mißverstehbarkeit des Passionsspiels gegenstandslos werden zu lassen? Zunächst: Ihre Tradition hat es der Gemeinde Oberammergau zur Aufgabe gemacht, eine optimistische Botschaft zu vermitteln: daß sich gegenüber allem menschlichen Unheil Gottes Wille zur Heilung des Menschen durchsetzt, daß die Liebe stärker ist als der Tod, daß Versöhnung, Friede und Brüderlichkeit möglich sind trotz aller menschlich-unmenschlichen Veranlagung zu Machtstreben und Gewalt, trotz aller Feindschaften und Konflikte, wie sie uns auch die Geschichte hinterläßt. Diese Botschaft ihres Spiels wird die Gemeinde Oberammergau immer verpflichten, auch die Form und die Praxis ihrer Tradition an den Maßstäben ihrer Botschaft zu messen und zu überprüfen. Das bedeutet unter anderem, daß das Passionsspiel frei gehalten werden muß von allem, was es zum Nährboden werden lassen könnte für Tendenzen, die sich gegen Mitglieder des jüdischen Volkes richten. Angesichts der Schatten auf der Geschichte des christlichen Umgangs mit der Passionsgeschichte überhaupt muß darauf geachtet werden, daß Israel und sein Glaube im Passionsspiel nicht nur von Seiten der mit Jesus in Konflikt geratenden Gegner, sondern auch als tragender Wurzelgrund Jesu und der ersten Christen in den Blick kommen.

Die Gemeinde Oberammergau hatte schon für die Passionsspiele 1970, 1980 und 1984 den Text einer Reihe von Theologen (Bischof Graber, Prof. Blinzler, Prof. Gößmann, Prof. Mußner, K. Ipser, Pater Rümmelein OSB u. a.) vorgelegt mit der Bitte, ihn auf möglicherweise darin enthaltene antijudaistisch zu verstehende Elemente zu überprüfen. Gleichzeitig trat die Gemeinde in einen nun seit über zwanzig Jahren vielfältig geführten Dialog mit Vertretern des Judentums aus Deutschland, Amerika und Israel ein.

Sowohl die Anregungen der beratenden oder zur Mitarbeit herangezogenen Theologen wie die Kritik von jüdischer Seite führten schrittweise bis 1984 zu umfangreichen Abänderungen des (an sich weder moralisch noch literarisch-künstlerisch zu unterschätzenden) Original-Textes von Weis (1769–1843) und Daisenberger (1799–1883).

Dialogteile und ganze Szenen wurden gestrichen, ebenso einige der für das Oberammergauer Passionsspiel typischen Lebenden Bilder mit Figurationen aus der Hebräischen Bibel, manche Dialoge wurden hinzugefügt, z.B. um die Anhängerschaft Jesu innerhalb des jüdischen Volkes seiner Zeit deutlich sichtbar werden zu lassen. Um antijudaistische Mißverständnisse zu vermeiden, nahm Oberammergau auch bewußt Einbußen der dramatischen Wirkung des Spiels in Kauf.

Quantität und Qualität der Veränderungen wurden u. a. von Hans Lamm befriedigt anerkannt, dem Vorsitzenden der Israelitischen Kultusgemeinde München, der noch 1970 zu den entschiedenen Kritikern Oberammergaus gehört hatte. Auch andere Vertreter des Judentums wie Ben-Chorin aus Israel sahen in dem Oberammergauer Passionsspiel keine Anhaltspunkte mehr für Antijudaismus.

Weitergehende Forderungen vertraten jedoch die jüdischen Organisationen Amerikas. Die Anti-Defamation-League beauftragte 1984 zwei katholische Theologen, Prof. L. Swidler und Prof. G. Sloyan von der Universität Philadelphia, das Oberammergauer Passionsspiel erneut auf antijudaistische Ansätze hin zu untersuchen. In ihrer Studie »Das Leiden des Juden Jesus. Empfohlene Textänderungen für das Oberammergauer Passionsspiel nach 1984« legten diese der Gemeinde Oberammergau eine Liste von 25 Kritikpunkten, z. T. mit eigenen Lösungsvorschlägen, vor. Diese Forderungen bedeuteten zwar einerseits für die Gemeinde Oberammergau eine erhebliche Belastung, doch erkennt sie auch dankbar an, daß sie zum Stimulans einer fruchtbaren Auseinandersetzung mit der eigenen Tradition wurden. (...)

Veränderungen der Textkommission unter Leitung von Prof. Dr. Dr. Rudolf Pesch

Eine erste Arbeitsperiode galt der grundsätzlichen Beschäftigung mit Dokumenten der Kirche über das Verhältnis von Christen und Juden. Besondere Berücksichtigung fanden die folgenden Abschnitte aus Kapitel 4 der Erklärung »Nostra aetate«: »Die Kirche hat auch stets die Worte des Apostels Paulus vor Augen, der von seinen Stammverwandten sagt, daß ›... aus ihnen Christus dem Fleische nach stammt‹ (Röm 9, 5), der Sohn der Jungfrau Maria. Auch hält sie sich gegenwärtig, daß aus dem jüdischen Volk die Apostel stammen, die Grundfesten und Säulen der Kirche, sowie die meisten jener ersten Jünger, die das Evangelium Christi der Welt verkündet haben. ... Da also das Christen und Juden gemeinsame geistliche Erbe so reich ist, will die Heilige Synode die gegenseitige Kenntnis und Achtung fördern, die vor allem die Frucht biblischer und theologischer Studien sowie des brüderlichen Gesprächs ist. Obgleich die jüdischen Obrigkeiten mit ihren Anhängern auf den Tod Christi gedrungen haben, kann man dennoch die Ereignisse seines Leidens weder allen damals lebenden Juden ohne Unterschied noch den heutigen Juden zur Last legen. ... [So] darf man die Juden nicht als von Gott verworfen oder verflucht darstellen, als wäre dies aus der Heiligen Schrift zu folgern. Darum sollen alle dafür Sorge tragen, daß niemand in der Katechese oder bei der Predigt des Gotteswortes etwas lehre, das mit der evangelischen Wahrheit und dem Geiste Christi nicht im Einklang steht. ... [Es] beklagt die Kirche ... alle Haßausbrüche, Verfolgungen und Manifestationen des Antisemitismus ... Auch hat ja Christus ... um der Sünden aller Menschen willen sein Leiden und seinen Tod auf sich genommen, damit alle das Heil erlangen. So ist es die Aufgabe der Predigt der Kirche, das Kreuz Christi als Zeichen der universalen Liebe Gottes und als Quelle aller Gnaden zu verkünden.« (...)

1. Verdeutlichung der Einbindung Jesu in sein Volk Israel:

1.1. Häufige Anrede Jesu mit »Rabbi«:
Die Textkommission hat die Anrede Jesu mit »Rabbi« deutlich vermehrt (9mal häufiger), um erkennbar zu machen, daß zum Wirken Jesu auch die spezifische Form jüdischer Lehrtätigkeit gehörte. Da in den Evange-

lien die Anreden (Rabbi, kyrie, didaskale, epistata – Rabbi, Herr, Lehrer, Meister) wechseln, soll allerdings auch ein gewisser Wechsel der Anreden beibehalten werden. (...)

1.5. Thematisierung des großen Anhangs Jesu innerhalb des jüdischen Volkes: In dieser Hinsicht wurde schon in den vergangenen Jahrzehnten manches getan. Auch diesmal wurden erneut entsprechende Einschübe hinzugefügt. (...)

1.6. Einige Versuche, Jesus auch durch den Gebrauch der hebräischen Sprache als Juden auszuweisen (ein dramaturgisch schwer zu bewältigender Vorschlag Swidler/Sloyans):
An hervorgehobener Stelle, am Kreuz, war auch bisher schon ein hebräisches Zitat eingefügt, das auf Psalm 22 zurückgreifende Wort aus Mt 27, 46 »Eli! Eli! Lema sabachtani?«
Das zweite bisherige hebräische Zitat war bisher bei der Begegnung Magdalena mit Christus entsprechend Joh 20, 16 die Anrede »Rabbuni!«
An einer weiteren hervorgehobenen Stelle, in die Darstellung der Ölberg-Angst (Szene VI.3.), wird nun mehrmals das hebräische Wort »Abba« eingefügt. (...)

3. »Entstereotypisierung« der Gegner Jesu:
Unter diesem Stichpunkt kritisieren Swidler/Sloyan an verschiedenen Figuren, daß sie sich mit typischen Zerrbildern des Judentums verbinden. (...)

4. Änderung der Darstellung des jüdischen Gesetzes:
Zur Neuakzentuierung der Darstellung des Gesetzes tragen auch die unter Punkt 1.4. erwähnten Differenzierungen des Verhältnisses Jesu zum Gesetz bei. (...)

5. Die Auseinandersetzung um Jesus als »ein interner jüdischer Kampf« (Swidler/Sloyan Punkt 7):
Swidler/Sloyan betonen, daß nicht der Anschein erweckt werden dürfe, »daß fast alle damaligen Juden Jeschua ablehnten und seine Hinrichtung befürworteten« bzw. »daß die meisten Juden gegen Jeschua und nur wenige für ihn waren.« Diesem Anliegen nachzukommen, hatte man sich in den vergangenen Jahrzehnten durch die Einführung und Vermehrung von »Pro Jesus«-Gruppen und entsprechenden Text bemüht. Um den Gedanken einer »Kollektivschuld« nicht aufkommen zu lassen, wurden auch diesmal weitere Änderungen vorgenommen. (...)

6. Änderung in Rücksicht auf jüdische Glaubenssymbole:
Trotz der Einschränkungen, die analog zu den Anmerkungen in 4.2. gemacht werden müssen, daß in einem Drama auch Menschen erscheinen können, die sogar Heiliges in den Dienst ihrer persönlichen Interessen stellen, muß in diesem Bereich sensibel verfahren werden. So wird die Anspielung auf das Pessach-Mahl im Munde der Gegner gestrichen. (...)

Weitere Änderungen
Änderungen für die Oberammergauer Passionsspiele 1990, die von den Spielleitern vorgeschlagen und von dem Passionsspielkomitee genehmigt wurden:

9. Änderungen der Gewänder von Jesus und seinem Kreis:
Das Problem: Form und Farbe der Gewänder Jesu und seines Kreises haben sich in einer zeitlich weit zurückreichenden christlichen Ikonographie entwickelt. Daraus erklärt sich, daß diese Gewänder am römischen Kleidungstyp orientiert waren. Das Oberammergau Passionsspiel setzte diese Tradition fort.
Für die Bekleidung der jüdischen Zeitgenossen Jesu aber nahm man im letzten Jahrhundert die Kleidung zum Vorbild, die man damals im geographischen Raum Israels fand (Burnus-Art, Mäntel, entsprechende Kopfbedeckung usw.) Dieses nicht antijudaistisch gemeinte Vorgehen hatte eine eigenartige Zweiteilung zur Folge, die dazu führte, daß Jesus und sein Kreis nicht als Juden erschienen.

9.1. Grundsätzliche Änderungen und Neugestaltungen in diesem Bereich für 1990:
Die Gewänder Jesu und seiner Schüler und Freunde werden in der gleichen Weise gestaltet sein wie die der anderen jüdischen Rollen.
Jesus wird darüberhinaus auch dadurch deutlich als Jude kenntlich gemacht, daß er zum Betreten des Tempels wie zum Gebet beim Abendmahl ein Gebetstuch trägt und damit das Haupt bedeckt.

9.2. Änderungen im Bereich der Symbolfarben:
Zur ikonographischen Tradition gehörten auch die Symbolfarben, die sich zum Teil auf dem Boden einer allgemeinen Farbsymbolik, zum Teil auch der speziellen Farbsymbolik der Liturgie entwickelt hatten. Manches daran ist interessant und wertvoll: So trägt z. B. Maria über einem roten Untergewand einen blauen Mantel, wobei Blau, die Farbe des Himmels, die ihr nach christlichem Verständnis zuteil werdende Gnade symbolisiert. Mit Johannes, dem jüngsten der Anhänger Jesu, ist traditionell die Farbe Grün als Symbol seiner Jugend verbunden und ähnliches.

184

Das Problem: Judas war in diesem Farbsystem die Farbe Gelb zugeteilt worden, die auch eine verhängnisvolle Rolle bei der Diffamierung der Juden spielte.
Änderung: Während bei verschiedenen Kostümen die Farbsymbolik beibehalten wird, wird sie im Fall des Judas-Kostüms aufgegeben.

10. Änderungen bei den Kostümen des Hohen Rates:
Traditionell setzten sich die Gewänder der Hohenpriester aus Elementen der Priestergewänder der Kirche und aus Elementen einer speziellen ikonographischen Tradition zusammen, zu der z. B. die Hörnerkappen gehörten, Attribute, die die Priester ursprünglich mit Teufeln assoziieren ließen.
Nun muß gesagt werden, daß diese ursprünglich intendierte Assoziation durch vielfache Veränderung und Stilisierung der Hörnerkappen sowie durch das Fehlen eines reflexen Bewußtseins dieser Form seit langer Zeit nicht mehr nachvollzogen wurde und daß in Oberammergau selbst niemand mehr die negativen Symbolwerte dieser Kopfbedeckung verstand. Vielmehr wurden sie fast in gleicher Weise gesehen wie etwa die Mitra eines Bischofs, einfach als Würdezeichen.

10.1. Änderungen der Hörnerkappen:
Trotz des Umstandes, daß hier aktuell keine antijudaistischen Assoziationen mehr gegeben waren, werden die Kopfbedeckungen abgeändert. Sie werden sich nun an den Formen der Kopfbedeckungen orthodoxer Würdenträger orientieren. (...)

11. Änderungen der Gewänder der Henker:
Bisher wurden die Henker nach einer ikonographischen Tradition, die schon für das 18. Jh. nachweisbar ist, in gelben Hemden und mit braunroten Hosen dargestellt. Welche historischen Kleidungen dabei das Modell abgaben, ist schwer zu erkennen. Formal sind keinerlei Zusammenhänge mit jüdischer Kleidung gegeben. Das Problem bei dieser Art der Kleidung war: sie ließ nicht sichtbar werden, daß es sich bei den Henkern um Römer handelte, daß es Römer waren, die Jesus hinrichteten.
Änderung: Durch die neuen Kostüme der Henker wird deutlich gezeigt, daß es sich bei ihnen um Mitglieder der römischen Besatzungstruppen handelte und die Tötung Jesu durch Römer erfolgte.

12. Änderung der Kleidung des Pilatus:
Bei der Pilatus-Kleidung wurde in den meisten Inszenierungen dieses Jahrhunderts historisiert, ohne die Symbolwirkung des Kostüms weitgehender zu reflektieren. Ausgehend von dem Gedanken, daß Pilatus ein

Angehöriger der römischen Oberschicht war, wurde er in eine weiße Toga mit einem Purpur-Besatz gekleidet. Die Farbe Weiß, verbunden mit einem goldenen Stirnreif, gab ihm ein strahlendes, edles, positives Äußeres. Änderung: Pilatus erhält einen bronzenen Brustpanzer und ein Gewand, das ihn als Gewaltherrscher, als leitenden Militär der römischen Besatzertruppe kennzeichnet. (Die Symbolwirkung des weißen Kleids entfällt also.) Eine positive Wertung seines Charakters wird auch durch die schauspielerische Gestaltung der Rolle vermieden. (...)

14. Änderungen im Umgang mit jüdischen Symbolen:

14.1. Die Menorah:
Die Menorah, der siebenarmige Leuchter, war in den letzten Inszenierungen Teil der Ausstattung des Saales des Hohen Rates.
Änderung: Da man sich der Bedeutung dieses Symbols für das Judentum bewußt wurde und die Institution des Hohen Rats (u. a. hinsichtlich der Rolle der Sadduzäer) nicht als repräsentativ für das Judentum verstanden werden kann, wird die Menorah herausgenommen.

14.2. Die Torah:
Schon in den früheren Inszenierungen war die Torah – in der aus der traditionellen Ikonographie stammenden Form der Gesetzestafeln – symbolisch dem Hohen Rat zugeordnet worden, so daß der Eindruck eines absoluten Gegensatzes zwischen der Torah und der Botschaft Jesu erweckt wurde.
Änderung: Die Gesetzestafeln werden aus dem Hohen Rat herausgenommen. (...)

(aus: Otto Huber »Änderungen am Oberammergauer Passionsspiel zur Vermeidung antijudaistischer Mißverstehbarkeit«. Unveröffentlichte Manuskriptfassung 1990)

Dalai Lama

In der eigenen Religion bleiben

Ich sage immer, daß es für die Menschen besser ist, in ihrer eigenen Religion zu bleiben. Ein Religionswechsel ist nicht einfach. Für Westler mit ihrer jüdisch-christlichen Tradition ist es besser, ein Anhänger des Judentums oder Christentums zu bleiben. (...)

Wenn jemand aus seinem traditionellen Glauben keine Befriedigung mehr zieht, aber trotzdem eine spirituelle Belehrung und Praxis sucht und unter den verschiedenen östlichen Traditionen den buddhistischen Weg für gangbar hält, ist es natürlich sein individuelles Recht, den Buddhismus als seine Religion anzunehmen.

Der buddhistische Weg analysiert den Geist. Damit ist aber keine abgeschlossene Größe gemeint. Es gibt viele unterschiedliche Gedanken und geistige Einstellungen. Durch analytische Meditation findet man heraus, welche Art von Gedanken und Gefühle leidbringend und welche hilfreich sind. Zum Beispiel echtes Mitgefühl und Liebe. Gewöhnlich bezieht sich unsere Liebe auf unsere Freunde und Verwandte. Sie ist konditioniert und von unseren geistigen Projektionen abhängig.

(aus: Interview mit dem Dalai Lama. In: Die Furche Nr. 25 vom 18. Juni 1998)

ESUS

Archetyp Jesus

Der fremde Jesus

Gerd Holzheimer

Die Konzeption der Jesus-Figur

Der in Oberammergau schon seit Menschengedenken stehen gebliebene
Diskurs um die Figur des Jesus soll wieder in Gang kommen – und so
geschieht es auch. Wer meint, dass Resümees der Art, dass es eigentlich
nicht geht, die Heilsgeschichte auf die Bühne zu bringen, wie selbst
Spielleiter Stückl meint, erkennt nicht die Offenheit, die eben durch solche Aussage entsteht. »Den« Jesus gibt es nicht, räumen selbst oder gerade die beteiligten Theologen ein. Es kann also nur um eine Annäherung gehen, die jedem Einzelnen einen individuellen Zugang ermöglicht.
Auf diese Weise kann man »von einem Menschen erzählen, der seine
Menschlichkeit so vollendet hat, daß er das Göttliche berührt«, wie es
Georg Seeßlen als Grundzug europäischer Jesus-Filme erkennt. In ihren
radikalen Ausprägungen wie etwa bei Rosselini erscheint Jesus dabei als
Figur, »der mit größter Schlichtheit revolutionäre Dinge gesagt hat«,
während die Sehnsucht nach dem Authentischen hingegen »aus dem Geschehen allzu leicht eine Art historische Soap Opera« macht.
Was dem Kafka-Rezipienten der Moderne geläufig ist, sich mit einer Figur auseinanderzusetzen, die sich nicht mit sich selbst identisch fühlt,
wird in ungewohnter, aber evangeliumsgetreuer Ausdeutung auf die Jesus-Figur übertragen. Gegen den Kitsch einer süßlichen Nazarener-Dar-
stellung wird die Fremdheit des Jesus selbst gegenüber seiner eigenen
Familie betont, ja mehr noch: Jesus ist sich selbst ein Fremder.
In einer Serie des SZ-Magazins mit dem Titel »Jüngstes Gericht (erstes
Vorgespräch)«, in der fiktiv aus bereits jenseitiger Perspektive Menschen
über ihr Dasein auf Erden befragt werden, gehen die Fragen an Christian
Stückl in die Richtung, wie sich Kategorien von Himmel und Hölle auf
moderne Stücke anwenden lassen. Stückl zieht dabei das Stück »Volks-
vernichtung oder meine Leber ist sinnlos« von Werner Schwab, das er
selbst in den Münchner Kammerspielen inszeniert hatte, zum Vergleich
heran: »Sowohl die Leidensgeschichte unseres Herrn Jesus Christus bei
den Oberammergauer Passionsspielen als auch die Leidensgeschichte eines Hermann Wurm in Werner Schwabs Stück haben sehr viel mit diesen
Kategorien zu tun. Dieser Wurm hat ein sehr großes Problem mit dem
Glauben seiner Mutter, er sagt: ›Nie mehr werde ich mit einer Weihwas-
serjauche aus Fatima angspritzt.‹ Als ich dann am Grab von Werner

Schwab stand und gesehen habe, wie seine Mutter eine Literflasche Weihwasser hinunterschüttet, habe ich verstanden, was er gemeint hat. Und Himmel und Hölle waren plötzlich ganz nah beieinander.«

Der himmlische Interviewer gibt vor, nicht zu verstehen, und Stückl versucht es noch einmal: »Schwab hat als Autor mit seinen Stücken ständig eine Auseinandersetzung betrieben mit Glaubens- und Sinnfragen. Für mich als Regisseur ist es ähnlich. Ob ich das christliche Passionsspiel oder ein eher unchristliches Stück von Werner Schwab inszeniere, es geht letztendlich um die letzten Fragen.«

Christian Stückl kann sich sogar vorstellen, dass ein ausgesprochener Atheist die Rolle des Jesus vielleicht besonders gut spielen könnte, weil er sich möglicherweise mit dem Glauben auseinandersetzt und Christus stärker hinterfragt. Die Passionsspiele im Jahre 2000 verschieben den Akzent vom Leiden auf die Erlösung, so dass sie mehr »Erlösungsspiele« als »Passionsspiele« werden. »Solches Gedenken widerfahrenen Heils«, fasst Otto Huber in »Die Erlösung spielen« zusammen, »geschieht aber nicht unbeteiligt, es steht immer auch im Zusammenhang aktueller Heilsbedürftigkeit. Denen, die ›mühsam und beladen‹ sind, vergegenwärtigt das Oberammergauer Spiel, daß Christus – paradoxerweise – der Grund größter Hoffnung ist, weil er den tiefsten Abgrund menschlichen Leidens ausgeschritten hat. Es tut dies u.a. dadurch, daß es der Passion Jesu die alttestamentarischen Bilder gegenüberstellt, die eigentlich menschliches Leid aller Zeiten, auch der unsrigen, vor Augen führen.«

Günther Nenning

Die moderne ist Welt voll von Jesussen

Ja, natürlich war Jesus der erste Humanist, der erste Sozialist, der beste
Revolutionär, der erste Hippie, ein Blumenkind, ein Ausgeflippter, ein Al-
ternativer. Aber alle diese Nahebringungen haben auch was Läppisches
an sich, sie stillen die große Sehnsucht nicht, und nicht die große Angst.
Die meiste Angst hat der moderne Mensch vor Leid und Tod; der gefol-
terte, sterbende, tote Jesus ist der unmodernste Jesus; zugleich der aktu-
ellste, denn die moderne Welt ist voll Tod. Die moderne Welt ist voll Je-
sussen.
Der moderne Widerwillen vor dem Tod; der moderne Wunderglaube, die
Wissenschaft wird den Tod besiegen – dem beugen sich auch die modernen Theologen. Die »Konservativen«, mit ihrem stur unmodernen Behar-
ren auf Leiden, Tod und Tragik, haben hier ein Verdienst, das die »Pro-
gressiven« anerkennen sollen, die mitmarschieren im Marschblock des
Fortschritts.
Der Tod ist der Durchgang vom menschlichen Jesus, der uns nicht reichen kann, zum Christus, der rettet und befreit.
Der voll durchgestylte Jesus Christus der Kirche(n), definiert durchs »Par-
teiprogramm« – ist nicht mein Jesus und nicht dein Jesus. Der Christus
läßt sich nicht ausgrenzen durch »Jesus, der wunderbare Mensch« und
nicht eingrenzen durch Definitionen, die von der theologischen Intelli-
gentsija gebastelt wurden mit jahrhundertelangem Riesenaufwand an
köstlichem Gehirnschmalz.
Jesus läßt sich nicht einfangen. Persönliche, historische, aktuelle Ketze-
reien machen ihn immer wieder neu, und die stets zu reformierende Kirche zieht dann mit, nicht voran, doch immerhin hinterdrein.
Heute, da alle Ismen dahin sind, alle Werte verfallen, aller Sinn in Krise:
zum Teufel hinein (das ist die richtige Anrufung), ich kann's schon nicht
mehr hören, das Gejammer und Gelaber. Ja, heute hilft nur noch der volle christliche Wahnsinn.
Jesus ist der große Unlogische, der größte Übertreiber. Schon wer hin-
schaut, begeht Ehebruch. Wen sein Auge ärgert, der soll es ausreißen.
Die Scheidung ist aus keinerlei Grund möglich (ein, zwei unwichtige Ausnahmen) – so daß die Jünger sagen, ja, dann ist's besser, gar nicht zu
heiraten. Hat genau das Jesus im Sinn? Er sagt ja auch: eine Möglichkeit

ist, sich selber zu kastrieren. Und er sagt nicht nur: scheiden darf man sich nicht, sondern auch: die eigene Ehefrau muß man hassen und ihm nachfolgen, also seine Frau verlassen, jene, von der man sich nicht scheiden darf und die man hassen muß.

Keine Scheidung und seine Frau hassen – eine stets aktuelle Variante des Verheiratetseins.

Man muß sich Jesu Verrücktheit durch grobe Gegenüberstellung zu Gemüt führen. So wird gänzlich klar, daß er uns damit etwas Wichtiges sagen will, das die Theologen wegdrücken durch peinlich berührtes Schweigen oder durch noch peinlichere Versuche der Harmonisierung. Nein, ich glaube, Jesus will uns sagen ... aber er sagt es ja selbst: »Wer es fassen kann, der fasse es.«

Ein Wesentliches am Geheimnis ist immer das Absurde.

Der volle christliche Wahnsinn. Paulus ist verrückt, Christus ist verrückt, Gott ist verrückt. Torheit, stultitia, moría, foolishness, folie – in allen Sprachen, Ursprache und Übersetzungen, tönt die Verrücktheit des Evangeliums. Der rasende Paulus ruft sie aus sechsmal hintereinander (1. Korinther 1,17-27). Er gibt auch einen vernünftigen Grund dafür an. Weil nämlich die Vernunft (die kalte, enge) das Kreuz reduziert auf ein Nichts. »Gott ist verrückt.« Damit meine ich, sehr respektvoll, die positive Eigenschaft des Nicht-Normalen, total Außergewöhnlichen, Unbegreiflichen, Ver-rückten.

Das hat Gott absichtlich gemacht: er stößt uns in ein Zeitalter, in dem wir täglich erleben, daß die kalte, enge Vernunft Unheil und Untergang produziert. So werden wir auf die Unvernunft des Christentums zart aufmerksam gemacht.

Wir leben in einem fruchtbaren Zeitalter. Gott erweist sich als humorvoll. Gott hat einen eigenartigen Humor.

(aus: Günther Nenning »Gott ist verrückt. Die Zukunft der Religion«. Düsseldorf 1997, S. 129 f.)

Jesus steigt vom Kreuz

Fjodor Michailowitsch Dostojewskij

Der Großinquisitor

»Ihn hatte es danach verlangt, wenn auch nur für einen Augenblick, Seine Kinder zu besuchen, und zwar gerade dort, wo die Scheiterhaufen der Ketzer prasselten. In seiner unendlichen Barmherzigkeit wandelt Er noch einmal unter den Menschen in derselben Menschengestalt, in der Er vor fünfzehn Jahrhunderten dreiunddreißig Jahre lang unter ihnen gewandelt ist. Er steigt hinab auf die glühenden Plätze der südlichen Stadt, in der gerade erst am Tage vorher in ›prunkvollem Autodafé‹ in Gegenwart des Königs, des Hofes, der Ritter, der Kardinäle und der schönsten Hofdamen der Kardinal-Großinquisitor vor der zahlreichen Einwohnerschaft ganz Sevillas fast ein ganzes Hundert Ketzer auf einmal hat ad majorem gloriam Dei verbrennen lassen.

Er ist leise und unauffällig erschienen, doch alle – das ist seltsam – erkennen Ihn. Das könnte eine der besten Stellen meines Poems sein: warum alle Ihn erkennen. Das Volk strebt mit unbezwinglicher Macht zu Ihm hin, es umringt Ihn, sammelt sich um Ihn und folgt Ihm nach. Stumm schreitet Er unter ihnen mit einem sanften Lächeln unendlichen Mitleids. Die Sonne der Liebe glüht in Seinem Herzen, Strahlen des Lichtes, der Erleuchtung und der Kraft brechen aus Seinen Augen, ergießen sich über die Menschen und machen ihre Herzen von Gegenliebe erbeben. Er streckt Seine Hände über sie aus, Er segnet sie und von der Berührung mit Ihm, ja nur mit Seinem Gewande geht heilende Kraft aus. Da ruft aus der Menge ein Greis, der von Kind auf blind gewesen ist: ›Herr, heile mich, damit auch ich Dich schaue!‹ und wie Schuppen fällt es von seinen Augen, und der Blinde sieht Ihn. Das Volk weint und küßt die Erde, über die Er geht. Die Kinder streuen Blumen auf Seinen Weg, singen und rufen Ihm zu: ›Hosianna!‹ – ›Das ist Er, das ist Er selbst‹, wiederholen alle, ›das muß Er sein, das ist niemand anderer als Er!‹ Am Portal der Kathedrale von Sevilla bleibt er stehen, gerade in dem Augenblick, als man unter Weinen einen offenen weißen Kindersarg hineinträgt: in ihm liegt ein siebenjähriges Mädchen, die einzige Tochter eines angesehenen Bürgers. Das tote Kind ist ganz in Blumen gebettet. ›Er wird dein Kind auferwecken!‹ ruft man aus der Menge der weinenden Mutter zu. Der Geistliche, der aus der Kathedrale dem Sarg entgegengekommen ist, blickt befremdet und runzelt die Stirn. Doch da beginnt die Mutter des toten Kindes laut zu wehklagen. Sie wirft sich Ihm zu Füßen: ›Wenn Du es bist, so erwecke mein Kind!‹ ruft sie und streckt Ihm die Hände entgegen. Die Prozession bleibt stehen, man stellt den kleinen Sarg vor dem Portal zu Seinen Füßen nieder. Er blickt voller Mitleid, und Seine Lippen sprechen leise noch einmal: ›Talitha kumi! – Mägdlein, ich sage dir, stehe auf!‹ Das Mädchen erhebt sich im Sarg, setzt sich auf und blickt lächelnd mit verwunderten, weit geöffneten Augen um sich. In den Händen hält es den Strauß weißer Rosen, mit dem es im Sarg gelegen hat.

Im Volk herrscht Bestürzung, Schreie und Schluchzen werden laut, und gerade in diesem Augenblick geht über den Platz, an der Kathedrale vorbei, der Kardinal-Großinquisitor selbst. Er ist ein Greis von fast neunzig Jahren, groß und aufrecht, mit vertrocknetem Gesicht und eingesunkenen Augen, aus denen jedoch ein Glanz wie von Feuerfunken leuchtet. Oh, er trägt nicht sein prächtiges Kardinalsgewand, in dem er gestern vor dem Volke prangte, als man die Feinde des römischen Glaubens verbrannte – nein, in diesem Augenblick hat er nur seine alte, grobe Mönchskutte an. Ihm folgen in einiger Entfernung seine finsteren Helfer und Knechte und die ›heilige‹ Wache. Er bleibt vor der Menge stehen und beobachtet von weitem. Er hat alles gesehen; er hat gesehen, wie man den Sarg vor Seinen Füßen niederstellte, hat gesehen, wie das Mädchen aufwachte, und sein Gesicht hat sich verdüstert. Er zieht seine dichten greisen Brauen zusammen, und in seinen Augen glüht ein unheilverkündendes Feuer. Er streckt den Finger aus und befiehlt den Wächtern, Ihn zu ergreifen. Und so groß ist seine Macht, so gut abgerichtet, so unterwürfig und ihm ängstlich gehorsam ist das Volk, daß die Menge sofort vor den Wächtern auseinanderweicht; diese legen in der Grabesstille, die jäh eingetreten ist, Hand an Ihn und führen Ihn ab. Und augenblicklich verneigt sich die ganze Menge wie ein Mann vor dem greisen Inquisitor tief bis zur Erde; er segnet schweigend das Volk und geht weiter. Die Wache bringt den Gefangenen in einen engen und düsteren gewölbten Kerker in dem alten Bau des Heiligen Tribunals und schließt Ihn dort ein. Der Tag vergeht, die dunkle, schwüle und ›tote‹ Nacht von Sevilla bricht an. Die Luft ›duftet nach Lorbeer und Zitrone‹. Da öffnet sich plötzlich im tiefen Dunkel die eiserne Tür des Kerkers, und herein kommt langsam, eine Leuchte in der Hand, der greise Großinquisitor selbst. Er ist allein, hinter ihm schließt sich sofort die Tür. Er bleibt am Eingang stehen und blickt lange, eine Minute oder zwei, Ihm ins Gesicht. Endlich tritt er leise näher, stellt die Leuchte auf den Tisch und sagt zu Ihm: ›Bist Du es? Du?‹ Doch bevor er noch eine Antwort erhält, fügt er rasch hinzu: ›Antworte nicht, schweige. Was könntest Du auch sagen? Ich weiß nur zu gut, was Du sagen würdest. Auch hast Du gar kein Recht, dem etwas hinzuzufügen, was Du schon früher gesagt hast. Warum bist Du gekommen, uns zu stören? Denn Du bist gekommen, uns zu stören, und Du weißt das selbst. Weißt Du aber, was morgen geschehen wird? Ich weiß nicht, wer Du bist, und will auch gar nicht wissen, ob Du es wirklich bist oder nur Sein Ebenbild, doch morgen noch werde ich Dich richten und als den schlimmsten aller Ketzer auf einem Scheiterhaufen verbrennen lassen, und dasselbe Volk, das heute Deine Füße geküßt hat, wird morgen auf einen Wink von mir herbeistürzen, um Kohlen auf Deinen Scheiterhaufen zu schaufeln. Weißt Du das? Ja, vielleicht weißt Du es‹, fügt er in tiefem Nachdenken hinzu, ohne auch nur für eine Sekunde seinen Gefangenen aus den Augen zu lassen.« (...)

»Und der Gefangene schweigt? Er sieht ihn an und sagt kein Wort?«

»So muß es auch sein, unter allen Umständen sogar«, sagte Iwan und lachte wieder. »Der Greis selbst gibt Ihm doch zu verstehen, Er habe gar kein Recht, dem etwas hinzuzufügen, was Er schon früher gesagt habe. Wenn du willst, liegt gerade darin der Grundzug des römischen Katholizismus, meiner Meinung nach wenigstens: ›Alles ist von Dir dem Papst übergeben worden, und alles liegt jetzt folglich in Händen des Papstes, Du aber sollst jetzt überhaupt nicht mehr kommen, störe uns wenigstens vorderhand nicht.‹ In diesem Sinne reden sie nicht nur, sondern schreiben sie auch, die Jesuiten wenigstens. Das habe ich bei ihren Theologen selbst gelesen. – ›Hast Du das Recht, uns auch nur ein einziges Geheimnis jener Welt zu verkünden, aus der Du gekommen bist?‹ fragt Ihn mein Greis und antwortet selbst an Seiner Statt: ›Nein, Du hast es nicht, denn Du darfst dem, was Du schon früher gesagt hast, nichts hinzufügen und darfst den Menschen nicht die Freiheit nehmen, für die Du so sehr eingetreten bist, als Du noch auf Erden warst. Alles, was Du neu verkünden würdest, wäre ein Anschlag auf die Glaubensfreiheit der Menschen, denn es käme einem Wunder gleich; die Freiheit ihres Glaubens aber ging Dir damals, vor anderthalbtausend Jahren, über alles. Hast nicht gerade Du damals so oft gesagt: Ich will euch frei machen? Nun hast Du sie gesehen, diese freien Menschen!‹ fügt der Greis mit nachdenklichem, spöttischem Lächeln hinzu. ›Ja, das ist uns teuer zu stehen gekommen‹, fährt er fort und blickt Ihn streng an, ›doch wir haben dieses Werk schließlich zu Ende geführt, in Deinem Namen. Fünfzehn Jahrhunderte lang haben wir uns mit dieser Freiheit herumgeplagt, doch jetzt ist unser Werk vollendet, für alle Zeiten vollendet. Du glaubst nicht, daß es für alle Zeiten vollendet ist? Du blickst mich sanft an und würdigst mich nicht einmal Deines Unwillens? Doch Du mußt wissen: gerade jetzt, gerade heutzutage sind die Menschen mehr als je davon überzeugt, völlig frei zu sein; dabei haben sie selbst uns ihre Freiheit gebracht und sie uns demütig vor die Füße gelegt. Das ist unser Werk, hast Du aber das gewollt, eine solche Freiheit?‹«

»Ich verstehe wieder nicht«, unterbrach ihn Aljoscha. »Redet er ironisch, will er sich über Ihn lustig machen?«

»Nicht im geringsten. Er rechnet es sich und den Seinen als Verdienst an, daß sie endlich die Freiheit niedergerungen haben und daß sie das taten, um die Menschen glücklich zu machen. ›Denn jetzt‹ – er spricht natürlich von der Inquisition – ›ist es zum erstenmal möglich geworden, an das Glück der Menschen zu denken. Der Mensch ist seiner Anlage nach ein Empörer; können denn Empörer glücklich sein? Man hat Dich gewarnt‹, sagt er zu Ihm, ›es fehlte Dir nicht an Warnungen und Hinweisen, aber Du hörtest nicht auf die Warnungen, Du verschmähtest den einzigen Weg, auf dem man die Menschen hätte glücklich machen können. Doch zum Glück hast Du, als Du von hinnen schiedest, die Sache uns übergeben. Du hast es versprochen. Du hast es durch Dein Wort bekräftigt, Du hast uns das Recht verliehen, zu binden und zu lösen, und jetzt darfst Du selbstverständlich nicht einmal daran denken, uns dieses Recht wieder zu nehmen. Warum bist Du also gekommen, uns zu stören?‹«

»Was heißt das: ›Es fehlte Dir nicht an Warnungen und Hinweisen?‹« fragte Aljoscha.

»Gerade darin besteht das Wichtigste, was der Greis zu sagen hat. ›Der furchtbare und kluge Geist, der Geist der Selbstvernichtung und des Nichtseins‹, fährt der Greis fort, ›der große Geist hat mit Dir in der Wüste gesprochen, und es ist uns in der Schrift überliefert, er habe Dich dort versucht. Trifft das zu? Und hätte man wohl etwas Wahreres sagen können als das, was er Dir in den drei Fragen verkündete und was Du von Dir wiesest und was in der Schrift ›Versuchungen‹ genannt wird? Wenn jemals auf Erden ein wirkliches, gewaltiges Wunder vollbracht worden ist, so an jenem Tage, am Tage dieser drei Versuchungen. Gerade darin, daß diese drei Fragen auftauchten, bestand das Wunder. Wenn man sich, nur zur Probe und als Beispiel, vorstellen wollte, daß diese drei Fragen des furchtbaren Geistes spurlos aus der Schrift verschwunden wären und wiederhergestellt, von neuem erdacht und formuliert werden müßten, um sie wieder in die Schrift einzusetzen, und daß man zu diesem Zweck alle Weisen der Erde, alle Herrscher, Erzpriester, Gelehrten, Philosophen und Dichter versammelte und ihnen die Aufgabe stellte: ersinnt und formuliert drei Fragen, die nicht nur der Größe des Ereignisses entsprechen, sondern überdies noch in drei Worten, in drei Sätzen die ganze künftige Geschichte der Welt und der Menschheit enthalten – glaubst Du wohl, alle Weisheit der Welt vermöchte, wenn sie sich vereinigte, etwas zu ersinnen, das an Kraft und Tiefe in den drei Fragen gleichkäme, die Dir damals in der Wüste von dem mächtigen und klugen Geist vorgelegt wurden? Schon allein an diesen Fragen, allein schon an dem Wunder, daß sie gestellt wurden, ist zu erkennen, daß man es hier nicht mit der vergänglichen menschlichen Vernunft zu tun hat, sondern mit der ewigen und absoluten. Denn in diesen drei Fragen ist die gesamte weitere Geschichte der Menschheit gleichsam zusammengefaßt und vorausgesagt, und in ihnen werden drei Symbole gezeigt, die alle unlösbaren historischen Widersprüche der menschlichen Natur auf Erden in sich vereinen. Damals war das noch nicht so ersichtlich, denn die Zukunft war unbekannt, heute aber, nachdem fünfzehn Jahrhunderte vergangen sind, sehen wir: in diesen drei Fragen ist alles dermaßen genau dargestellt und vorausgesagt, und es hat sich so sehr bewahrheitet, daß sich ihnen nichts mehr hinzufügen und nichts von ihnen wegnehmen läßt.

Entscheide nun selbst, wer recht hatte: Du oder jener, der Dich damals fragte? Erinnere Dich der ersten Frage! Wenn auch nicht wörtlich, so doch dem Sinne nach lautete sie: ›Du willst in die Welt gehen und gehst mit leeren Händen, mit dem vagen Versprechen einer Freiheit, das sie in ihrer Einfalt und angeborenen Zuchtlosigkeit nicht einmal begreifen können, vor dem sie sich fürchten und das sie beängstigt – denn nichts ist jemals dem Menschen und der menschlichen Gesellschaft unerträglicher gewesen als die Freiheit! Siehst Du die Steine in dieser nackten und glühenden Wüste? Verwandle sie in Brote, und die Menschheit wird Dir nachlaufen wie eine Herde, dankbar und gehorsam, wenn sie auch ewig zittern wird, Du könntest Deine Hand zurückziehen, und Deine Brote würden ein Ende nehmen.‹ Doch Du wolltest den Menschen nicht der Freiheit berauben und lehntest den Vorschlag ab, denn was wäre das für eine Freiheit, dachtest Du, wenn der Gehorsam mit Broten erkauft würde? Du entgegnetest, der Mensch lebe nicht vom Brot allein, aber Du weißt auch, daß im Namen gerade dieses irdischen Brotes der Geist der Erde sich gegen Dich erheben und mit Dir kämpfen und Dich besiegen wird und daß alle ihm mit dem Ruf folgen werden: ›Wer ist dem Tier gleich, es hat uns das Feuer vom Himmel gegeben!‹ Weißt Du auch, daß Jahrhunderte vergehen werden und die Menschheit durch den Mund ihrer Weisheit und Wissenschaft verkünden wird, es gebe kein Verbrechen und folglich auch keine Sünde, sondern es gebe nur Hungrige? ›Mache sie zuerst satt, und dann verlange von ihnen Tugend!‹ Das werden sie auf das Panier schreiben, das sie gegen Dich erheben werden und durch das Dein Tempel zerstört werden wird. An Stelle Deines Tempels wird ein neues Gebäude, ein neuer furchtbarer babylonischer Turm errichtet werden, und obwohl auch der unvollendet bleiben wird wie der ehemalige, so hättest Du doch den Bau dieses neuen Turms abwenden und die Leiden der Menschen um tausend Jahre abkürzen können – denn sie werden ja zu uns kommen, nachdem sie sich tausend Jahre lang mit ihrem Turm abgeplagt haben! Sie werden uns dann wieder unter der Erde, in den Katakomben, unserem Versteck suchen (denn man wird uns von neuem verfolgen und martern), sie werden uns finden und uns anflehen: ›Sättigt uns, denn die uns das Feuer vom Himmel versprachen, haben es uns nicht gegeben!‹ Und dann werden wir ihren Turm vollenden, denn vollenden wird ihn, wer sie satt macht, und sie satt machen werden nur wir, und wir werden ihnen vorlügen, es geschehe in Deinem Namen. Oh, nie, nie werden sie sich ohne uns sättigen können! Keine Wissenschaft kann ihnen Brot geben, solange sie frei bleiben, doch es wird damit enden, daß sie uns ihre Freiheit zu Füßen legen und zu uns sagen werden: ›Knechtet uns lieber, aber macht uns satt!‹ Sie werden endlich selber einsehen, daß beides, Freiheit und genügend Brot für jeden, zusammen undenkbar sind, denn nie werden sie untereinander zu teilen wissen! Zudem werden sie sich davon überzeugen, daß sie auch niemals frei sein können, weil sie schwach, lasterhaft, nichtig und aufrührerisch sind. Du hast ihnen himmlisches Brot versprochen, ich aber sage nochmals: läßt es sich denn in den Augen des schwachen, ewig lasterhaften und ewig undankbaren Menschengeschlechts mit dem irdischen vergleichen? Und wenn auch um des himmlischen Brotes willen Tausende und Zehntausende Dir nachfolgen werden, was geschieht dann mit den Millionen und Milliarden von Geschöpfen, die nicht die Kraft haben, das irdische Brot um des himmlischen willen zu verschmähen? Oder liegen Dir nur die Zehntausende von Großen und Starken am Herzen, und sollen die übrigen Millionen, die schwach sind und zahllos wie der Sand am Meer, aber Dich lieben, den Großen und Starken nur als Material dienen? Nein, uns sind auch die Schwachen lieb. Sie sind lasterhaft und aufrührerisch, aber zu guter Letzt werden sie sich fügen. Sie werden uns anstaunen und uns für Götter halten, weil wir, die wir uns an ihre Spitze stellten, uns bereit erklärt haben, die Freiheit zu ertragen, vor der sie erschraken, und über sie zu herrschen – so schrecklich wird es ihnen zuletzt erscheinen, frei zu sein! Aber wir werden sagen, daß wir Dir gehorsam sind und in Deinem Namen herrschen. Wir werden sie wieder betrügen, denn Dich werden wir nicht mehr zu uns lassen. In diesem Betrug wird unsere Qual bestehen, denn wir werden lügen müssen. – Das bedeutet die erste Frage in der Wüste, und das hast Du im Namen der Freiheit abgelehnt, die Du über alles stelltest. Und doch war in dieser Frage das große Geheimnis dieser Welt enthalten. Hättest Du die Brote angenommen, so hättest Du der allgemeinen und ewigen menschlichen Sehnsucht, des einzelnen wie auch der ganzen Menschheit, entsprochen: ›Wen sollen wir anbeten?‹ Es gibt für den Menschen, wenn er frei bleibt, keine hartnäckigere und qualvollere Sorge als die, möglichst schnell jemanden zu finden, den er anbeten kann. Doch der Mensch strebt danach, etwas anzubeten, das über allen Zweifel erhaben ist, so hoch erhaben, daß alle Menschen zugleich bereit sind, es gemeinsam anzubeten. Denn die Sorge dieser jämmerlichen Geschöpfe besteht nicht nur darin, etwas zu finden, das ich oder ein anderer anbeten könnte, sondern etwas zu finden, woran alle glauben und was alle, unbedingt alle zusammen, anbeten könnten. Gerade dieses Bedürfnis nach einer Gemeinsamkeit in der Anbetung war die größere Qual jedes einzelnen Menschen und der gesamten Menschheit seit dem Anfang der Zeiten. Um der gemeinsamen Anbetung willen rotteten sie einander mit dem Schwerte aus. Sie schufen Götter und forderten einander auf: ›Verlaßt eure Götter und kommt, die unsrigen anzubeten, oder ihr und eure Götter sollt des Todes sein!‹ Und so wird es bleiben bis zum Ende der Welt, selbst dann, wenn die Welt entgöttert sein wird: einerlei, sie werden sich vor Götzen niederwerfen. Du kanntest dieses Grundgeheimnis der menschlichen Natur, es ist undenkbar, daß Du es nicht gekannt hast, aber Du hast das einzige absolute Zeichen verschmäht, das Dir angeboten wurde und womit Du alle hättest zwingen können, Dich ohne Widerrede anzubeten – das Zeichen des irdischen Brotes, und Du hast es verschmäht im Namen der Freiheit und des himmlischen Brotes. – Siehe, was Du weiter getan hast, wiederum im Namen der Freiheit. Ich sage Dir, der Mensch kennt keine qualvollere Sorge, als jemanden zu finden, dem er möglichst bald jenes Geschenk der Freiheit übergeben könnte, mit dem er, dieses unglückselige Geschöpf, auf die Welt kommt. Doch nur der kann sich der Freiheit der Menschen bemächtigen, der ihr Gewissen zu beruhigen vermag. In dem Brot wurde Dir ein unanfechtbares Zeichen angeboten: gibst Du Brot, so wird der Mensch Dich anbeten, denn es gibt nichts, das sich weniger anzweifeln ließe als Brot; unterwirft sich aber zur gleichen Zeit neben Dir ein anderer das Gewissen der Menschen – oh, dann werden sie sogar Dein Brot von sich werfen und dem nachfolgen, der ihr Gewissen verführt. Darin hattest Du recht. Denn das Geheimnis des menschlichen Seins liegt nicht darin, daß der Mensch lebt, sondern darin, wozu er lebt. Ohne eine feste Vorstellung davon, wozu er leben soll, wird der Mensch nicht leben wollen und sich eher vernichten, als auf Erden bleiben, selbst wenn er Brot in Hülle und Fülle hätte. So ist das, was aber machtest Du daraus? Statt Dich der Freiheit der Menschen zu bemächtigen, hast Du sie noch mehr erweitert! Oder hast Du vergessen, daß Ruhe und selbst der Tod dem Menschen lieber sind als freie Wahl in der Erkenntnis von Gut und Böse? Nichts kann den Menschen mehr verführen als Gewissensfreiheit, aber auch nichts ist qualvoller für ihn. Doch statt ihm feste Grundlagen zu geben, damit er sein Gewissen ein für allemal beruhigen könnte, wiesest Du ihm alles zu, was es an Ungewöhnlichem, Rätselhaftem und Unbestimmtem gibt, alles, was über die Kräfte der Menschen geht. Du handelst also, als liebtest Du sie überhaupt nicht – und wer hat das getan? Der, der gekommen war, Sein Leben für sie zu lassen! Statt Dich der Freiheit der Menschen zu bemächtigen, hast Du sie vermehrt und ihre Qualen auf ewig der menschlichen Seele aufgebürdet. Du wolltest, der Mensch solle in Freiheit lieben, damit er, von Dir bezaubert und gebannt, Dir freiwillig folge. Statt nach dem festen alten Gesetz sollte der Mensch hinfort in der Freiheit des Herzens selber entscheiden, was gut und was böse sei, und nur Dein Vorbild als Richtschnur vor sich haben – aber hast Du denn nicht daran gedacht, daß er schließlich sogar Dein Vorbild und Deine Wahrheit ablehnen und bestreiten wird, wenn man ihm ein so furchtbares Joch wie die Wahlfreiheit aufbürdet? Die Menschen werden schließlich ausrufen, die Wahrheit sei nicht in Dir, denn es war unmöglich, sie in größerer Verwirrung und Qual zurückzulassen, als Du es getan hast, der du ihnen soviel Sorgen und unlösbare Aufgaben hinterließest. Auf diese Weise hast Du selbst die Zerstörung Deines Reiches angebahnt, miß also niemand anderem die Schuld daran bei. Was aber wurde Dir angeboten? Es gibt drei Mächte, nur drei Mächte auf Erden, die das Gewissen dieser kraftlosen Rebellen zu ihrem eigenen Glück auf ewig besiegen und gefangennehmen können – diese Mächte sind: das Wunder, das Geheimnis und die Autorität. Du hast die eine wie die andere und auch die dritte verworfen und bist selbst mit gutem Beispiel vorangegangen. Als der furchtbare und weise Geist Dich auf des Tempels Zinne stellte und zu Dir sprach: ›Wenn Du wissen willst, ob Du Gottes Sohn bist, so stürze Dich hinab, denn es steht geschrieben von Ihm, daß Engel Ihn auffangen und tragen werden und Er nicht fallen noch sich verletzen wird – dann wirst Du wissen, ob Du Gottes Sohn bist, und beweisen, wie stark Dein Glaube an Deinen Vater ist.‹ Doch du hörtest den Vorschlag an und wiesest ihn zurück, Du gabst nicht nach und stürztest Dich nicht hinab. Oh, gewiß, Du hast stolz und großartig gehandelt wie ein Gott, doch die Menschen, dieses schwache, aufrührerische Geschlecht – sind sie denn Götter? Oh, Du begriffst damals: tätest Du nur einen Schritt, nur eine Bewegung, um Dich hinabzustürzen, so würdest Du damit sofort Gott versuchen wie auch Deinen ganzen Glauben an Ihn verlieren und an der Erde zerschellen, die zu erlösen Du gekommen warst, und der böse Geist, der Dich versuchte, würde darüber frohlocken. Doch ich wiederhole: gibt es denn viele, die sind wie Du? Und konntest Du wirklich nur einen Augenblick lang annehmen, auch die Menschen seien einer solchen Versuchung gewachsen? Ist denn die Natur des Menschen so beschaffen, daß er das Wunder ausschlagen und in so furchtbaren Augenblicken des Lebens, in Augenblicken der schrecklichsten, wichtigsten und qualvollsten Seelenfragen, mit der freien Entscheidung seines Herzens auskommen könnte? Oh, Du wußtest, daß Deine Tat in der Schrift aufbewahrt bleiben, die Tiefe der Zeiten und die äußersten Grenzen der Erde erreichen wird, und Du hofftest, daß auch der Mensch Deinem Beispiel folgen und kein

Wunder brauchen werde, um seinen Glauben an Gott zu bewahren. Aber Du wußtest nicht, daß der Mensch, sobald er das Wunder ablehnt, auch Gott ablehnt, denn den Menschen verlangt es nicht so sehr nach Gott als nach Wundern. Und da der Mensch außerstande ist, ohne Wunder auszukommen, wird er sich neue, eigene Wunder schaffen und das Wunder der Scharlatane, die Hexerei alter Weiber anbeten, wenn er auch hundertmal ein Aufrührer, ein Ketzer und ein Gottesleugner ist. Du bist nicht vom Kreuz herabgestiegen, als sie Dir unter Hohn und Spott zuriefen: ›Steig herab vom Kreuz, und wir werden glauben, daß Du es bist!‹ Du bist nicht herabgestiegen, weil Du wiederum den Menschen nicht durch ein Wunder knechten wolltest, weil Du nach seinem reinen Glauben lechztest und nicht nach Wunderglauben. Du lechztest nach Liebe in Freiheit und nicht nach der knechtischen Begeisterung eines Sklaven angesichts einer Macht, die ihm ein für allemal Schrecken eingeflößt hat. Aber auch darin hattest Du eine zu hohe Meinung von den Menschen, denn sie sind selbstverständlich Sklaven, wenn auch Aufrührer von Natur. Blicke um Dich und urteile; fünfzehn Jahrhunderte sind vergangen; geh hin und sieh Dir die Menschen an: wen hast Du zu Dir emporgehoben? Ich schwöre Dir, der Mensch ist schwächer und niedriger, als Du gedacht hast! Vermag er denn zu vollbringen, was Du vollbracht hast? In Deiner hohen Achtung vor ihm hast Du so gehandelt, als hättest Du kein Mitleid mehr mit ihm, denn Du verlangtest zuviel von ihm – Du, der Du ihn mehr liebst als Dich selbst!‹«

(aus: Fjodor Michailowitsch Dostojewskij »Die Brüder Karamasow«. München 1978, S. 335 ff.)

Günter Herburger

Jesus denkt nur an Liebe

Jesus geht an seinen Platz zurück. Er hinkt plötzlich, als wolle er wie ein
Kind durch einen körperlichen Mangel auf sich aufmerksam machen. Jesus, der bis jetzt noch nie von Liebe sprach, denkt nur an Liebe. Für die
leistungssteigernden Debatten des Saales hat er jedoch noch kein Konzept gefunden. Resigniert könnte er feststellen, daß Information Entla-
stungscharakter annimmt und Initiative lähmt. Das größte Problem der
industriellen Massengesellschaften im 21. Jahrhundert wird die pausen-
lose Veröffentlichung von Informationen sein, über die nur der verfügen
kann, der die Mittel und die Bildung dazu besitzt. Liebe dagegen würde
direkte Demokratie bedeuten, ständig verbreitet von milliardenfach sich
anbietenden Individuen, die Gemeinschaft fordern. Der Staat wäre nicht
mehr Lieferant von Schutzmaßnahmen, sondern Intelligenzbackofen, Lie-
besproduzent, ein einziger Offenstall. Jesus ahnt die Konsequenz, die
Liebe bedeutet, penetrant rechthaberische Liebe, schutzlos dazwischen-
drängend, sich preisgebend, zusammenbrechend, wieder erstehend, Liebe, die sofort anspringt, sofort mitmacht, sofort einhängt, sofort die
Jacke auszieht, die Hose, sofort die Suppe verschüttet, sofort Wärme
spendet und wieder fordert, sofort im Bett steht, in der Fabrik sitzt,
durch die Büros schleicht, Organisationen zersetzt und schließlich explo-
diert. Liebe wird, wenn sie unmittelbar beginnt, immer politische Wirkung haben, sonst würde sie unser Leben nicht ändern. (...)
Die angenagelten Hände werden leicht, der von Schmerzen zusammen-
gepreßte Kopf vermählt sich mit dem Himmel, und der geschundene
Leib, aus dem Blut und Kot flossen, wird durchsichtig und zerbricht.
Über der zitternd heißen Landschaft steigen nur noch Papierschnitzel
auf. Den Blick immer noch nach oben gerichtet, fühlt Jesus die Verach-
tung der knienden Menge. Er hört sie murren und murmeln, die Geräu-
sche schwellen an und vereinen sich in dem Ruf:
»Feigling! Feigling!«
»Ich bin nicht Jesus«, schreit er. »Ich will es nicht sein!«
»Jesus! Jesus!« antwortet die Menge, aus der besonders die Frauenstim-
men zu hören sind.
»Jesus ist tot«, wiederholt er. »Jesus ist schon lange tot, ihr braucht ihn
nicht mehr!«

»Jesus! Jesus«, kommt Echo aus dem Zuschauerkreis, der bereits ein Stück näher gerückt ist.

»Millionen sterben«, ruft Jesus. »Jeder ist geeignet dafür. Ich kann es nicht sein, ich glaube nicht daran und habe Angst.«

»Angst! Ah, die Angst, die Angst!« erwidert die Menge. »Jesus hat Angst! Jesus und die Angst!«

»Ich will nicht sterben«, ruft er. »Ich will kein Beispiel sein, ich will leben wie ihr!«

»Jesus lebt und stirbt nicht«, kommt Antwort zurück. »Jesus lebt und stirbt nicht!«

»Wenn ich Jesus wäre«, trumpft er auf, »säße ich schon längst im Himmel und könnte euch zerschmettern!«

»Zerschmettern! Zerschmettern«, lautet die nächste Aufforderung. »Jesus lebt und stirbt nicht, er kann uns zerschmettern!«

»Ich bin nicht Jesus«, schreit er. »Ich will nicht Jesus sein, sonst hätte ich mein Kreuz selbst getragen!«

»Das Kreuz! Ah, das Kreuz, das Kreuz«, stimmt die Menge höhnisch zu. »Jesus lebt und stirbt nicht, er kann uns zerschmettern, denn er hat ein Kreuz!«

»Jesus verrecke«, schreit er. »Jesus verrecke, verrecke! Ich bin nicht Jesus, ich will nicht Jesus sein, ich habe das Kreuz mitgebracht, um es zu beweisen!«

»Beweisen, beweisen«, schwillt der Chor zu einer neuen Aufforderung an. »Jesus lebt und stirbt nicht, er kann uns zerschmettern, denn sein Kreuz beweist es!« (...)

»Ich habe gelernt, mich zu lieben«, ruft er. Vor Erregung hält er sich nur noch mit einer Hand an den Griffen fest, die andere schwingt er durch die Luft wie zum Auftakt einer turnerischen Übung. Er ist bewegt und frei, es geht ihm gut an seinem Kreuz. »Weil ich am Kreuz hing«, fährt er fort, »an diesem Kreuz, sage ich laut, daß ich mich liebe, liebe, liebe. Ich will mich dazu bekennen, damit ich mich daran gewöhne, ich glaube nicht mehr an Erlösung durch den Tod, ich liebe mich, ich habe gelernt, mich zu achten, deshalb lerne ich auch, andere zu achten, wir lieben uns.« (...)

»Liebe«, höhnen sie, »Liebe, Liebe!«

»Tote sind nutzlos«, ruft Jesus. »Tote sind häßlich und nutzlos. Ich will kein Toter, kein Sterbender, kein Gefolterter sein. Ich will leben wie ihr. Wir erlösen uns jetzt, nicht nachher, jetzt, nicht nachher, jetzt, nicht nachher!«

»Liebe«, schreien alle, »Liebe, Liebe!«

Die Versammlung drängt zurück und drückt, gemeinsam ausatmend und begleitet von Rufen und Gelächter, erneut von allen Seiten zur Mitte vor.

Das Kreuz bebt in der Masse, die Frauen und Mädchen, dicht um den Stamm geschart, werden wieder zusammengepreßt.

»Schöne Liebe«, rufen sie, »schöne Liebe, schöne Liebe!«

»Du sollst dir kein Bild machen«, erwidert Jesus.

»Schöne lange Liebe! Schöne lange Liebe!«

»Du sollst dir kein Bild machen von Gott und dem Himmel«, fährt er fort.

»Schöne lange dicke Liebe! Schöne lange dicke Liebe!«

»Du sollst dir kein Bild machen von Gott und dem Himmel, sondern auf der Erde vollenden!«

»Schöne lange dicke reine Liebe! Schöne lange dicke reine Liebe, mehr wollen wir nicht«, fordern sie.

»Ich bin Gottes Sohn«, sagt er. »Wir sind Gottes Söhne und Frauen, die selber Vater und Mutter haben und keine Bilder brauchen. Wenn wir uns jetzt erlösen, kommen wir in den Himmel. Daß der Tod uns erlöst, macht uns böse und verzweifelt.«

»Liebe! Schöne lange dicke reine Liebe wie im Himmel! Liebe wie im Himmel«, verlangt die Versammlung und stößt, zurück- und wieder vorwärtsdrängend, im Zentrum zusammen gegen das Kreuz, an dem Jesus hängt, der die Haltegriffe umklammert, mit den Beinen rudert, jetzt eine Hand losläßt und, umschwingend wie ein Affe, zum Querbalken hinaufturnt, wo er sitzt und winkt, bis die Menge sich beruhigt.

»Ich habe den besten Platz«, ruft er. »Wenn ihr mich herunterschüttelt, müßt ihr mich auffangen!«

»Ja«, schreien sie. »Herunterfallen!«

»Wenn ich falle, müßt ihr mich auffangen, damit mir nichts geschieht!«

»Ja!« schreien sie. »Fall herunter, wir fangen dich!«

»Wenn ihr mich auffangt, müßt ihr geschickt nachgeben, sonst breche ich Arme und Beine!« (...)

»Wenn Jesus gelebt hätte«, sagt sie, »dann wären wir erlöst. Wir haben irgendeinen Jesus getötet, wie wir schon viele umgebracht haben oder selbst getötet werden. Ich sehe darin keinen Unterschied. Wir erlösen uns, wenn wir zärtlich sind und es merken, wenn wir Geld haben und andere keins, wenn wir krank sind und wieder gesund werden, wenn wir sehr krank sind und noch nicht sterben müssen. Wenn wir foltern, erlösen wir durch Tod. Andere Möglichkeiten gibt es für uns nicht.«

(aus: Günter Herburger »Jesus in Osaka«. Darmstadt Neuwied 1970, S. 56 f., S. 172 f., S. 178, S. 182 f., S. 268)

Günter Herburger

Wollt ihr einen Verletzten als Vorbild?

Bei den zertrümmerten Autos stehen viele Leute und sehen zu, wie Blut auf die Straße fließt. Sie helfen den Verletzten nicht, sie reden nur. Rot, gelb und blau blinkend saust Birne zwischen den Leuten hin und her, bis sie eine Gasse bilden. Die Verletzten stöhnen und werden bewußtlos. Die Zuschauer reden immer noch und fürchten sich vor dem vielen Blut. Da fliegt Birne durch die Unterführung in die Kirche und ruft:
»He, Jesus, wir brauchen dich! Draußen liegen Verletzte. Komm herunter von deinem Kreuz!«
»Sofort«, sagt Jesus. »Ich muß mir nur noch die Nägel aus Händen und Füßen ziehen.«
Er macht sich vom Kreuz los und steigt herunter. Birne, die neben ihm herschwebt, zeigt ihm den Weg durch die Unterführung. Auf der Straße stillt er sofort die Wunden der Verletzten. Einen Sterbenden belebt er wieder durch Mund-zu-Mund-Beatmung. Die Neugierigen, die nur zugesehen und nichts getan haben, staunen, wie leicht es diesem Mann aus der Kirche fällt, Verletzten zu helfen.
»Jeder kann helfen«, ruft Jesus. »Ihr müßt nicht staunen, sondern handeln.«
»Jesus, Jesus«, ruft die schöne Frau. »Das ist Jesus! Er ist von seinem Kreuz gestiegen.«
»Jesus, Jesus«, rufen alle. Sie heben ihn hoch und tragen ihn in die Kirche zurück. Sie können sich nicht vorstellen, daß es Jesus auch außerhalb der Kirche gibt. Als sie ihn wieder ans Kreuz hängen wollen, springt er auf den Altar und ruft: »Ich will nicht mehr ans Kreuz! Wollt ihr denn immer einen Verletzten als Vorbild? Ich bin wie ihr! Ich will mich freuen und anderen helfen, die in Not sind.«
Und mit einem Sprung steht Jesus zwischen den Zuschauern und geht mit ihnen aus der Kirche. Seitdem wird in Kirchen wieder gelacht, vielleicht sitzt Jesus manchmal auch unter der Gemeinde, auf jeden Fall hängt kein Verletzter mehr am Kreuz. Die Kreuze wurden abgeschafft.

(aus: Günter Herburger »Birne in der Kirche«. In: Günter Herburger »Birne kann alles«. Darmstadt Neuwied 1971, S. 78 f.)

Jesus in Oberammergau

Anton Lang als Christus, Oberammergau 1900

Tony Schumacher

Mit Bescheidenheit, fast Ängstlichkeit

Ein Gefühl des anfänglich großen Schreckens hatte auch Anton Lang gehabt, als man ihn zum Träger der Christusrolle gewählt, als die gewaltige
Aufgabe an ihn herantrat, den Christus zu spielen. Er hatte es ja wohl
schon lange kommen sehen, aber mit derselben Bescheidenheit, fast
Ängstlichkeit, wie Anna Flunger, übernahm er die riesengroße Aufgabe,
die ob des vollendeten Spieles seines Vorgängers noch erschwerter war.
Nur mit dem größten Ernst und Gebet an sich arbeitend, sich versenkend
in die Person Christi und das Erlösungswerk, daneben als treuer Sohn
dem Vater immer wieder im Handwerk helfend, an den Abenden lesend
und sich bildend, ist es ihm gelungen, den an ihn gestellten Anforderun-
gen gerecht zu werden und die Person des Heilands so zu verkörpern,
daß wir den ins Menschliche herabgestiegenen Gottessohn in ihm ahnen
können. Davon und von vielem andern erzählte uns Anton mit großer
Schlichtheit, als er uns am ersten Abend im Rutzhause besuchte, und
später, als wir zum Kaffeetrinken bei ihm und seinen Eltern, dem Hero-
des-Darsteller Hafner Rochus Lang und bei dessen rühriger Ehefrau, eingeladen waren. Über das gleiche Thema sprach er auch bei einem großen
Spaziergange, den er mit uns machte, um den bewundernden englischen
und andern Damen zu entgehen, die sein Haus stundenlang umlagerten
und ihn wiederum stundenlang hinhielten, weil eine jede seinen Namen
auf eine Photographie oder in ein Buch eingetragen haben wollte.
Wir fragten ihn, warum er sich das antue.
»Ich muß es doch tun, wenn's den Menschen Freude macht,« meinte er
in seiner freundlichen Art. »Komisch ist's freilich, wenn einzelne mir nach
dem Spiele sagen: ›Ach, wie müde müssen Sie sein! Ach, ruhen Sie sich
nur recht aus!‹ und mir dabei zugleich einen ganzen Pack Bilder zum
Unterschreiben hinschieben. Viele der Fremden aber bitten bloß um eine
Hand oder sagen einfach: ›Darf ich Sie begrüßen?‹ – ›Darf ich Ihnen
danken?‹ und das tut dann auch wirklich herzlich wohl!« – Anton Lang
ist gut gewachsen und hat einen fast an Guido Reni erinnernden Chri-
stuskopf. Er schilderte uns einzelne Momente während des Hängens am
Kreuz, einer der größten seelischen und körperlichen Anstrengungen, die
es wohl gibt. Unter dem Trikot verborgen trägt er eine Art eisernes Kor-
sett mit einem starken Ring, der an einen Haken am Kreuze eingefügt

wird. Die Zehen haben einen kleinen Halt an einem winzigen Brettchen, während ein zwischen den Fingern steckender sehr starker Nagel von diesen einigermaßen umklammert werden kann. In dieser Stellung, so hoch hängend, daß oft Schwindel eintritt, so ausgespannt, daß die Arme blau werden und das Blut zum Herzen zurücktritt, zwanzig Minuten lang auszuhalten, ist eine Riesenleistung, wie sie nur große körperliche Kraft und ein inniges Durchdrungensein von der heiligen Aufgabe zustande bringen kann. Lang erzählte uns, wie man ihn bei einer Probeaufführung, wo natürlich noch alle in einiger Aufregung waren, vergessen und statt zwanzig fünfundzwanzig Minuten am Kreuze habe hängen lassen. »Das war ein bissel schwer, und ich habe nachher lang' die Arme nicht recht gebrauchen können,« sagt er.

Aber ganz entsetzlich muß es gewesen sein, als einige Sonntage später einer der Nägel zwischen den Händen sich plötzlich löste und der am Kreuze Hängende nicht nur keine Stütze mehr hatte, sondern krampfhaft noch das Stück Holz halten mußte. »Das war eine böse Sache! Den Arm durfte ich doch nicht sinken lassen, denn der ganze Körper hätte sich sonst schief verzogen,« beschrieb er. »Also hieß es aushalten, aber der Angstschweiß ist mir ausgebrochen. Und als mir's schließlich schwarz vor Augen wurde, da haben es zum Glück die Kriegsknechte unten bemerkt, und man hat den Vorhang fallen lassen, obgleich noch fünf Minuten an der richtigen Zeit fehlten! ... Ich hab' wirklich nimmer können,« fügte er, fast entschuldigend, hinzu.

Anton Lang hat sich den Dialekt beinah abgewöhnt, auch den schwäbischen, den er während seiner Gesellenzeit als Hafner in Stuttgart angenommen hatte. In seinem Handwerk hatte er bis zum Beginn des Spieles noch fleißig gearbeitet, im Winter den Tag über Öfen gesetzt und an der Drehscheibe geschafft. Des Abends aber bereitete er sich auf seine Rolle vor, drang in den Geist der Heiligen Schrift ein und studierte fördernde christliche Werke. »Das Lesen von Ben Hur von Wallace hat mir große Dienste geleistet,« erzählte er uns. Wer dieses Buch kennt, wird verstehen, daß der Christus von Anton Lang mehr der vollständig menschgewordene, namenlos leidende, mit sich selbst und seiner Schwachheit kämpfende, alle menschlichen Eigenschaften an sich tragende Christus wurde, während Joseph Mayer den über allem stehenden Gottessohn in der Menschlichkeit darstellte. Für regelmäßige Oberammergauer Besucher hat gerade diese Verschiedenheit der Auffassungen, die beide berechtigt sind, einen großen Reiz.

(aus: Tony Schumacher »Meine Oberammergauer von einst und jetzt«. Stuttgart o. J., S. 83 ff.)

Anton Lang

Meine Rolle war Gottesdienst

Was die Passion bedeutet für den Oberammergauer? Alles. Er lebt und stirbt für die Passion. Wir leben und sterben für die Passion. Der Oberammergauer fühlt immer eine geheime Sehnsucht, in der Passionszeit treibt es ihn heim, besonders jüngere Leute, die auswärts sind. Ist jemand verhindert durch Studium, oder ist einer in Dienst oder in Stellung, so klagt er: »Ich bin ein Oberammergauer Kind und soll nicht mitspielen!« So geht es allen, die draußen sind. Ich hatte das Glück, immer in Oberammergau sein zu können während dieser Zeit, das empfand ich gar nicht so, es war mir selbstverständlich. (...)

Hinter dem Vorhang der Mittelbühne versammeln sich zu dieser Zeit die Darsteller, um in stillem Gebet sich Kraft für ihre Aufgabe und ein gutes Gelingen des Spieles zu erflehen. Denn der Oberammergauer betrachtet die Aufführung des Passionsspieles nicht als ein Schauspiel, sondern als eine heilige Handlung, als einen Gottesdienst, bei dem mitzuwirken für ihn die höchste Auszeichnung ist, für die er die größten Opfer bringt an Zeit, an Geld, an Nervenkraft und Gesundheit. Besonders bei den Hauptdarstellern ruht auch Beruf und das Geschäft während des Spieles; wenn auch Einnahmen aus Zimmervermieten und aus dem Verkauf von Schnitzereien und Töpferwaren fließen. Wenn man bedenkt, daß 1900 mein Honorar 1.500 Mark, 1910 2.500 Mark, 1922 infolge der Inflation etwa zwanzig Goldmark betrug, so stehen Leistung und Entgelt in keinem Verhältnis zu dem, was ein Schauspieler oder Sänger erhält. Und ähnlich ist es bei allen anderen Darstellern. Der Ammergauer muß draußen in Regen, Wind und Kälte ausharren. Nur die heilige Begeisterung, mit der er sich der großen Aufgabe widmet, läßt es verständlich erscheinen, daß er sich mit solcher Uneigennützigkeit dem Spiele widmet. (...)

Mit dem Passionsspiel von 1900 begann für mich ein ganz neuer Lebensabschnitt. Für mich, den jungen Menschen, war die Darstellung meiner Rolle Gottesdienst; Erfüllung einer hohen Mission, der höchsten Mission. Zum Studium meiner Rolle dienten mir nächst den Bildern meiner heimischen Pfarrkirche auch die Darstellungen in der nahegelegenen Ettaler Klosterkirche, ferner der Besuch der Werkstätten für religiöse Kunst. Außerdem las ich »Das Leiden Christi« von Katharina Emmerich und »Ben Hur« von Wallace.

Was habe ich noch gelesen? Ich vertiefte mich in die biblischen Geschichten und machte mich auch so mit dem Stoff des Spieles vertraut.
Zudem hatte ich schon als fünfzehnjähriger Jüngling Gelegenheit, die
Passion mitzuerleben und gab genau auf die einzelnen Szenen acht, obwohl ich dabei nur schüchtern wünschte, den Lieblingsjünger Jesu darstellen zu dürfen. (...)

Bei der Kreuzigung im Jahre 1900 hängte sich einmal mein rechter Arm
aus; der Armring glitt bei dem Aufstellen des Kreuzes aus dem Haken,
der ihn hielt. Ich versuchte mit aller Kraft den Nagel mit der Hand zu
umklammern, aber der Nagel löste sich auch und drohte aus seinem Lo-
che herauszufallen, so daß ich in Angst schwebte, herunterzustürzen.
Zum Glück bemerkte es der Spielleiter noch rechtzeitig und kürzte die
schwere Szene der Kreuzigung um einige Minuten. Ein andermal 1910
wurde der Nagel, der das Kreuz am Boden festhielt, durch ein Versehen
verlegt; die Kreuzerhöhung mußte stattfinden, indem man das Kreuz nur
notdürftig mit Ketten befestigte. An jenem Tage war mir zumute, als
müßte es mein letztes Spiel sein; denn wenn das Kreuz mit mir gestürzt
wäre, so hätte ich zerschmettert daruntergelegen. Das waren wohl zwei
denkwürdige Tage.

Bei einer Aufführung flogen während des Abendmahles eine Menge
Wespen um mich herum, da wir immer Kuchen auf dem Tisch hatten; ich
konnte sie nicht abwehren, denn ich durfte ja keine würdelose Bewegung machen. Auch während der Kreuzigung geschah es einmal, daß eine Wespe ständig um mein Gesicht herumflog. Da ich mich nicht rühren
konnte, so war ich natürlich in Angst, sie könnte mich stechen. Doch gelang es mir nach den letzten Worten sie hinwegzublasen, ohne daß es
auffiel.

Die Aufführungen, die oft zwei- bis dreimal in der Woche stattfanden,
haben mich nicht, wie oftmals angenommen wurde, abgestumpft, oder
mich meine Rolle mechanisch auffassen lassen, sondern jedesmal fühlte
ich mich mehr im Geist der großen Aufgabe. Eine Freude war es mir auch
immer, wenn ich am Abend das Passionsspielhaus verließ und meine kleinen Freunde und Freundinnen, die Kinder, die mir beim Einzug in Jerusalem zugejubelt hatten, mich an der Hand heimbegleiteten. (...)

In jenen Tagen ward mir ein hoher Besuch zuteil. Eine Dame wünschte
das Passionstheater zu sehen und ließ mich von der Arbeit holen. Auf
dem Rückweg ins Dorf zeigte ich ihr mein neuerbautes Häuschen und
sagte ihr, daß ich in zwei Tagen Hochzeit halten werde. Von Nürnberg
aus sandte sie mir einen schön geschliffenen Glaskrug mit Glückwunsch-
schreiben: Es war Margeritha, die Königin von Italien gewesen.

Am 25. August 1902 fand dann unsere Hochzeit statt. Außer unseren
nächsten Verwandten und Bekannten kamen einige Freunde aus Eng-

land herüber, denen wir unsere Verlobungsanzeige geschickt hatten. Wir hatten gar nicht damit gerechnet, daß sie kommen würden. Der ganze Ort nahm innigen Anteil an unserer Hochzeitsfeier. Wir erhielten zahlreiche Glückwunschtelegramme aus verschiedenen Ländern, nicht nur aus Deutschland. Nur eine französische Marquise, der ich unsere Verlobung mitgeteilt hatte, schrieb feierlich mir zurück, ich dürfe nicht heiraten, weil Christus auch nicht verheiratet gewesen sei. Sie konnte den Darsteller und den Dargestellten nicht auseinanderhalten, ebensowenig wie jene Mutter, die mir nach einem Spieltag ihr Kind brachte, daß ich es segnen möge. (...)

Zum zweitenmal »Christus«

Als ich 1900 das erstemal den Christus gab, hatte ich noch nicht das tiefe Verständnis, das diese Rolle erfordert. Ich war jung, hatte wenig Lebenserfahrung, ging, wie schon gesagt, mit Scheu und Schrecken an meine schwere Aufgabe. Inzwischen hatte ich auf der Übungsbühne wiederholt gespielt. Ich hatte Italien und England gesehen, war selbständig und Meister geworden, hatte mich verlobt und verheiratet, ich war Vater von drei Kindern. So hatte ich ein tieferes Verständnis für das Leben und für das Passionsspiel gewonnen. Mit ganzer Seele gab ich mich dem Spiel, der Erfüllung meiner Rolle hin. Meine Frau nahm mir die schwere Bürde des Haushalts und die Unterbringung und Verpflegung der Gäste, die sich zahlreich meldeten, vollständig ab. Ich lebte nur dem Spiel und nahm alle Anstrengungen der Spielzeit als selbstverständlich hin, so frisch und leistungsfähig fühlte ich mich. (...)

Das Leiden Jesu am Ölberg schien mir das Schwerste zu sein. So gut es ging, vertiefte ich mich mehr und mehr in den bittersten der Schmerzen, in die Todesangst von Gethsemane. Diese Szene erschütterte mich zuweilen so, daß ich bei dem Rufe »Vater, der Kampf ist heiß« in Tränen ausbrechen mußte; erst durch die Trostworte, die der Engel zu mir sprach, fand ich mein Gleichgewicht wieder.

So war ich immer froh, wenn nach diesem Abschnitt die Mittagspause kam, in der ich ganz allein in meinem Ankleidezimmer im Passionstheater ausklingen lassen konnte, was mich bewegte. So war es auch abends; nachdem alles vorüber war, wollte ich gern allein sein und entzog mich der harrenden Menge durch eine Seitentür, um in meinen nahen Bergen noch einmal all das Durchlebte an mir vorüberziehen zu lassen.

(aus: Anton Lang »Aus meinem Leben«. Oberammergau 1930. S. 18, S. 22 f., S. 27 ff., S. 44 f., S. 55 ff.)

Martha Krause-Lang

Vermächtnis

Ein »Christus« zu werden ist eine schwere Aufgabe. Ungeheuer viele Erwartungen häufen sich auf den Träger einer solchen Rolle. Er soll sie so spielen, daß sie glaubwürdig ist, d. h., daß der Charakter sichtbar wird, der hinter der Rolle steckt. Nicht um eine Maske darf es sich handeln, die nur dann vorgehalten wird, wenn der Spieler sie gerade gebrauchen will, sondern um etwas Vorgegebenes, das durch diese Maske hindurchdringt. Er darf aber nicht nur diese eine Rolle spielen. Ein Dutzend andere sind ihm ebenfalls auferlegt. Ich habe hier nur einige sehr hervorstechende Rollen und Positionen im Leben des Anton Lang zu schildern versucht im vollen Bewußtsein der Tatsache, keineswegs alles vorhandene Material ausgeschöpft zu haben. Die Rollen des Lebensscripts verschlingen sich auf vielfache Weise, treten manchesmal hinter einer anderen zurück, überdecken ein andermal völlig die Wichtigkeit der übrigen Rollen. Und zu jeder dieser Rollen gehören ganz bestimmte Verhaltensweisen, die sozusagen »vorgeprägt« sind. Es gibt Rollenattribute, die nicht überschritten werden dürfen. Sind sie aber überhaupt nicht vorhanden, dann werden elementare »Muß-Erwartungen« der Gesellschaft nicht befriedigt.
Wenn man sich die grundsätzliche Frage der Rollen-Ansprüche einmal gestellt hat, empfindet der Betrachter ein so reiches Leben wie das des Anton Lang beinahe verwirrend. Beim zweiten Blick tut sich die ganze Weite einengender Zusammenhänge auf, die das Verhalten bestimmen in einem jeweiligen Rollenbereich. Und erst dem dritten Blick erhellt sich etwas von der Bedeutung der Person, die nicht in der Rolle voll zu erfassen ist. (...)
Die Rolle des Christus mußte erlernt werden. Aber auch die anderen Rollen fielen ihm nicht einfach zu. Er mußte, über Niederlage und Siege hinweg, sich in sie langsam einüben. Gerade die Familie war oft Zeuge des andauernden Bemühens, aufbrausende Heftigkeit zu bändigen, wenn er sich von irgendjemand in der Umgebung mißverstanden fühlte. Niederlagen und Siege: wie oft hat er sich hinterher entschuldigt, wenn das passierte!
Anton Lang hat versucht, seine Lebens- und Wirkbereiche in ein Ganzes zu bringen. Das Element der Einigung war der Versuch zur Nachfolge des Herrn. Als Leitbild stand vor ihm Jesus, der Gottessohn, der nicht als

Machthaber geboren wird, sondern als der »Letzte der Menschen«, wie dies Charles de Foucauld später so oft zitierte. Dieser Jesus war nicht von vermögender Familie. Er nährte sich von seiner Hände Arbeit als Zimmermann. Er versuchte nicht, nach oben zu gelangen in den Kreis der Mächtigen dieser Erde, welche die Herrschaft ausüben. Er blieb »unten«, bei den Seinen, die er liebte. Er gibt sein Leben hin, indem er das Kreuz auf sich nimmt.

Und im Gefolge eines solchen Meisters, dem das Teilen, das Austeilen, das Sich-Mitteilen an die Menschen zum Motiv des Lebens geworden war, hat Anton Lang versucht zu leben. Und so ist er auch gestorben.

Anton Lang war kein immer gesunder, kraftstrotzender Mann; schon im Ersten Weltkrieg hatte man ihn wegen einer Lungenerkrankung vom Militär nach Hause geschickt. Und die Anstrengungen der Amerika-Reise in den Zwanziger Jahren zwangen ihn erneut aufs Krankenlager. Als seine Frau in Oberammergau davon erfährt, reist sie sogleich übers große Wasser zu ihm. Am 27.2.1924 schreibt er in Pittsburgh in sein kleines Büchlein: »Vor Freude, daß Mathilde kommt, von vier Uhr an nicht mehr geschlafen.«

Dann ist sie endlich da und muß im Kreis der Ammergauer viel von daheim und Deutschland erzählen. Anton Lang vergißt nicht, von da ab immer zu notieren, wann und wo er »mit seinem lieben Weibe« zu Abend gegessen hat. Mutter half ihm während der nächsten Monate in Amerika und nahm ihm die zu groß gewordenen Belastungen ab – aber er hat sich nie mehr so richtig von dieser Strapaze erholt.

Das zeigte sich, als er sich im Mai 1938 einer schweren Magenoperation unterziehen mußte, deren tödlichen Ausgang er wohl besser ahnte, als er wissen lassen wollte. Aber auch hier hat die heitere Ruhe seines Wesens nicht versagt, die er sich leisten konnte, um die Seinen zu beruhigen. An die Schwester richtete er noch zwischen vielen Injektionen kleine Scherzworte: »Schwester, Sie sind wohl bei der Feuerwehr, weil Sie so oft mit der Spritze kommen.«

Anton Lang wußte, daß er sich zum Sterben niedergelegt hatte in dem kleinen Krankenzimmer. Und nun deutet er den Sinn seines Lebenswerkes nochmal seiner Weggefährtin an. Seine Worte an der Schwelle der Ewigkeit lauteten: »Ich wollte begeistern, alle!« Im letzten Einverständnis zu seiner Gattin gewandt, nickte er ihr zu: »Mutter, du weißt es, du weißt es.« Das war sein Testament für Familie und Dorf Oberammergau.

(aus: Martha Krause-Lang »Erinnerungen an Christus Anton Lang aus Oberammergau«. Eggenfelden 1980, S. 70 ff.)

Geschäft

Der Schriftsteller Maximilian Schmidt, genannt Waldschmidt, gründete 1890 den Bayerischen Fremdenverkehrsverband mit der Devise: »Bayern muss das von Fremden meist besuchte Land werden!« So verbindet sich proklamierte Liebe zur Heimat mit kommerziellen Interessen schon früh.

Ein Gipfelpunkt ungetrübten Kommerzdenkens stellt zweifelsohne der »Offizielle Führer« der Passionsspiele Oberammergau 1960 dar, der auf dem Titel noch ungebrochen das seit 1934 verwendete Motiv vom Kreuz bringt, das, vom Kofel heruntergeholt, nun von Oberammergau aus über die ganze Welt leuchtet: Auf der rückwärtigen Umschlagseite aber ist ein leeres Wegkreuz zu sehen, das statt eines geschnitzten Jesus Christus in der leeren Fläche die Schriftzüge »AIR FRANCE«, »LUFTHANSA« und »SABE-NA« enthält. Die betreffenden Unternehmen zeigen den verehrten Kunden »den Weg für Ihre Weiterreise«.

Schnell wird Oberammergau mit der Bemerkung abgetan, letztlich ginge es nur ums Geld. Tatsächlich sind die Spiele und der enorme Aufschwung des Tourismus eng miteinander verknüpft. Das Spiel und seine Bedeutung jedoch allein daraus erklären zu wollen ist nicht nur grob irreführend, es ist auch böswillig. Verkennt solche Sicht doch die Initialzündung des Spiels selbst, das »Aufregungsmittel«, das dem Spiel ebenso wie der Darstellung innewohnt. Dass viele Menschen auf der ganzen Welt davon angezogen werden, ist kein Wunder, dass dadurch touristische und damit ökonomische Tendenzen ins Spiel kommen, Realität – und dass dies schließlich wiederum Spötter, Parodisten, Kabarettisten auf den Plan ruft, Konsequenz.

Franz J. Rappmannsberger

Devrient preist die Spiele
bei den Gebildeten

»Man kann von diesem merkwürdigen Volksschauspiele nicht genug reden und schreiben, damit die Aufmerksamkeit recht allgemein darauf gerichtet und eine möglichst lebendige und vollständige Anschauung davon verbreitet werde«, meinte Eduard Devrient, nachdem er im Jahr 1850
in Oberammergau war. Er selbst hat mit seinen Berichten in der Augsburger Allgemeinen Zeitung und in der Illustrierten Leipziger Zeitung
das Oberammergauer Passionsspiel bei den Gebildeten in Deutschland
sozusagen durchgesetzt. Der Neffe des großen Schauspielers Ludwig Devrient war ein Fachmann, früher ein gefeierter Bassist, nach dem Verlust
der Stimme Schauspieler, Oberspielleiter in Dresden und auch als dramatischer Schriftsteller nicht ohne Erfolg. Daß er 1850 nach Oberammergau
kam, ist kein Zufall, war es doch mit sein Verdienst, daß Johann Sebastian Bachs »Matthäuspassion« im Jahre 1829 in Berlin nach langer Zeit
wieder aufgeführt wurde. Nur wenige außer Mendelssohn hatten diese
Wiederbelebung damals für möglich gehalten. Devrient sang selbst die
Partie des Christus, und Zeitgenossen rühmten den Vortrag als eine der
großartigsten Gesangsleistungen, die sie je gehört hatten.
Devrients Bericht waren Reisefeuilleton, Spielbeschreibung und kritische
Analyse in einem. Gerade deshalb erregten sie Aufsehen: Zum erstenmal
bekam man ein umfassendes Bild von diesem religiösen Schauspiel – von
einem Fremden, einem norddeutschen Protestanten, einem Künstler, der
aber wohlweislich die Hoftheatermaßstäbe zu Hause ließ.
Er spürte, daß es hier nicht um ästhetische Vollendung ging, sondern um
die urwüchsige Begabung, Heiliges darzustellen, aufrichtig, ohne Ziere-
rei. »Die Oberammergauer«, schrieb er, »suchen ihre Muster nicht über
den Kreis ihrer Erfahrungen hinaus. Wenn daher ihr Pilatus und ihre Priester an ihre Landrichter und Dorfpastoren erinnern, so ist das ebenso in
Ordnung, als daß sie alle, Römer und Hohepriester, und Engel und Krämer gutes Oberbayerisch reden. Wäre es anders, so würden damit auch
ganz andere Forderungen an das Spiel herantreten, vor denen es gar
nicht bestehen könnte. Das eben erhält die volle ländliche Naivität, daß
ein jeder frisch darauflos spielt, gesund und nachdrücklich, weil ein jeder

des guten Glaubens ist: in Jerusalem sey es nicht anders hergegangen als in Oberammergau. Und daß sie damit im Grunde der Dinge so vollkommen Recht haben, das eben gibt diesem Spiel die eindringliche Gewalt.« Besonderen Eindruck machte auf Devrient der Christus-Darsteller Tobias Flunger. Er rühmt seinen anspruchslosen Adel, seine Würde auch in der Erniedrigung. Bei aller Begeisterung weiß er aber genau zu differenzieren: »Des wackern Flungers Spiel erfüllte mein Ideal vom Heiland ebensowenig, als es bis jetzt irgend ein Bildwerk vollständig gethan hat; dennoch hat es mich erschüttert und erhoben wie noch nie ein Christusbild auch nur im Entferntesten. Es blieb sogar in dem Allerwichtigsten zurück, in der Kraft des Geistes, die sich im Wort, in der Sprache ankündigen muß. Ich weiß sehr wohl, mit solch' matten, monotonen Reden gibt man einem sündigen Geschlecht die Feuertaufe nicht. Aber seine Darstellung war nirgend dem Geiste der Liebe widersprechend ... Ich habe keinen Augenblick vergessen, daß ich den Holzschnitzer und Zeichenlehrer Flunger vor mir sähe und dennoch war er mir der leibhaftige Gottmensch, dessen Leiden und Glorie mir noch nie in solch intensiver Gewalt und Lebendigkeit erschienen ist.«

(aus: Franz J. Rappmannsberger »Das große Gelübde. Oberammergau. Legende und Wirklichkeit«. München 1960, S. 62 ff.)

Effi wollte nach Oberammergau

Sie hatten vor, schon Ende Juli Urlaub zu nehmen und ins bayerische Gebirge zu gehen, wo gerade in diesem Jahre wieder die Oberammergauer Spiele stattfanden. Es ließ sich aber nicht tun; Geheimrat von Wüllersdorf, den Innstetten schon von früher her kannte und der jetzt sein Spezialkollege war, erkrankte plötzlich, und Innstetten mußte bleiben und ihn vertreten. Erst Mitte August war alles wieder beglichen und damit die Reisemöglichkeit gegeben; es war aber nun zu spät geworden, um noch nach Oberammergau zu gehen, und so entschied man sich für einen Aufenthalt auf Rügen.

(aus: Theodor Fontane »Effi Briest«. In: P. Goldammer/G. Erler/A. Golz/J. Jahn (Hg.) »Romane und Erzählungen in 8 Bänden«. Berlin Weimar 1969, S. 218)

Franz J. Rappmannsberger

Passion 1880

1880: Vierzig Passionsvorstellungen mit 120.000 Besuchern. In diesem
Jahr geht die Eisenbahn bereits von München nach Murnau.

Karl Stieler hat uns in seinen »Bildern aus Bayern« geschildert, wie der
schlichte Bürger damals nach Oberammergau kam.

»Es ist der Abendzug von München nach Murnau. Draußen auf den
frischbegrünten Buchenwäldern liegt die letzte Sonne; der Starnberger
See, der hier und dort zwischen der Lichtung des Waldes hervorlugt, ist
spiegelstill; die Benediktenwand, der Heimgarten und Herzogstand, die
den Südrand säumen, glänzen im rosigen Alpenglüh'n. Nur dann und
wann ein Glockengeläut aus trautversteckten Dörflein – es ist eine wun-
dersame Stimmung, die uns da empfängt auf der offenen Terrasse des
fliegenden Wagens. Drinnen freilich geht's um so lärmender und froher
zu ... Ohne Zweifel betrachten die meisten der Landleute, die nach Ammergau pilgern, den Gang als eine Art von Wallfahrt, als einen religiösen
Akt; aber das hindert nicht den vollen Freimut ihres Wesens. Denn es ist
ja nun einmal ein Grundzug des katholischen Kultus, den man nicht oft
genug betonen kann, daß seine Gebräuche gern ein farbenfrisches, le-
bendiges Volkstum heranziehen; daß sie womöglich auch dem Menschen
etwas bieten wollen, während sie den Gläubigen erbauen.«

Die meisten Pilger bleiben in Murnau über Nacht, um am nächsten Morgen zu Fuß nach Oberammergau weiterzugehen. Andere nehmen die
Post nach Oberau und dort ein Nachtquartier. Vorspannpferde bringen
die Wagen in der Frühe über den steilen Ettaler Berg. In Oberammergau
ein Gewühl – und Regen: »An die Häuserwand gedrückt, unter dem
Schutz der vorspringenden Dächer sitzen zahllose Menschen wie die
Hühner auf der Steige, alle Fenster und Balkone sind mit Fremden besetzt, und noch immer, immerfort kommen die Extraposten und der keu-
chende Omnibus und die offenen Leiterwagen der einzelnen Dörfer.«

*(aus: Franz J. Rappmannsberger »Das große Gelübde. Oberammergau. Legende
und Wirklichkeit«. München 1960, S. 91 f.)*

Reisen mit Thomas Cook

Für den großen Fremdenstrom, der nun schon zu jedem Passion zu bewältigen war, war eine Organisation notwendig geworden und wir finden daher auch den Gründer des ersten Reisebüros, Thomas Cook, und seinen Sohn John Mason in diesem Jahr in Ammergau. Thomas Cook hatte Oberammergau in seiner Bedeutung als Anziehungspunkt erkannt und bei Seb. Zwink eine Filiale eingerichtet. Seit dieser Zeit brachte das heutige Weltunternehmen (Thos. Cook and son Ltd.) Tausende aus aller Welt ins Passionsdorf. Den kleinen Ursprung dieser Beziehungen aber dokumentiert der Eintrag von Vater und Sohn Cook 1880 im Gästebuch Seb. Zwinks. (...)

Columbus in Oberammergau

Daß Christoph Columbus, der Entdecker Amerikas, 1890 in Oberammergau gewesen sei, ist eine reizende Fabel, die aber, der dieser Irrtum unterlief, war eine alte Ammergauerin. Als nämlich 1900 ein Amerikaner bei ihr als Gast einkehrte, gewahrte er ein Bild des großen Seefahrers und meinte: »Was sehe ich, ein Bild von Columbus?« – »s' war a feiner Herr«, antwortete geschäftig die Geschichtsfälscherin, »er war im Passion anno neinzg do!«
Es lag in der Entwicklung der Dinge, daß Oberammergau auch zwischen den Passionsjahren im Rahmen des Fremdenverkehrs immer mehr ein Ziel von Reisenden wurde, die im schönen Gebirge Erholung suchten. (...)

(aus: Otto Günzler/Alfred Zwink »Oberammergau. Berühmtes Dorf – Berühmte Gäste. Drei Jahrhunderte Passionsspiel im Spiegel seiner Besucher«. München 1950, S. 91, S. 105)

Essen 1820

Wie sehr der Passion damals noch derben Volkscharakter trug, zeigt die Schlußabrechnung von Joseph Lang über die gelieferten Lebensmittel zum Abendmahl. Sie lautet: »Rechnung. Über das zum Passionsspill erforderliche Fleisch, Bier und Brod, zum Abendmahl, welche ich allemahl im Namen des Gastgebers, auf Verlangen und Ersuchung der Gemeinde besorgte, benebst auch meinen gehabten eigenen Unkösten und Mühe:

7 Pfund Fleisch selbst gekauft à 9 kr das Pfund	1 fl 3 kr
für 11 Spill Bier allemahl 2 Mass	1 fl 50 kr
für 11 Spill Brod	2 fl 40 kr
für Mühe jedesmahl à 24 kr	4 fl 24 kr
Summa	9 fl 57 kr

Es scheint damals beim Heiligen Mahl sehr ländlich-bayrisch zugegangen zu sein, und auch beim »Abschied von Bethanien« zeigten die Spieler einen guten Appetit. Eine »Rechnung über Kösten der Martha« (die Christus mit den Jüngern im Hause Simons bewirtet; d. Verf.) führt auf:
»12 Pfund Schmalz, 14 Maß Mehl, um 48 kr Eir, $^{3}/_{4}$ Pfund Zucker, 6 Maß Milch, 22 Maß Bier, 11 Pfund Semel, für Holz und Mühe an jedem Spill 1 fl 6 kr. An jedem Spill 5 Geniuss (es sind die auftretenden Chorsänger gemeint; d. Verf.) und 7 Mädchen die Haar aufbrennt.« – so ging es damals hinter den Kulissen recht menschlich zu.

(aus: Otto Günzler/Alfred Zwink »Oberammergau. Berühmtes Dorf – Berühmte Gäste. Drei Jahrhunderte Passionsspiel im Spiegel seiner Besucher«. München 1950, S. 16)

Werbung 1820

An modernem Aufwand gemessen wirkt auch die Werbung von damals rührend einfach und altväterlich. Die »Expedition des Königlich bairischen privilegierten politischen Zeitungs-Comtoirs zu München« empfängt am 6. Mai 1820 für »3maliges Einrücken einer Bekanntmachung« in der »Münchner politischen Zeitung« 2 fl und das »Kgl. Bayr. privilegierte Moysche Zeitungskomtoir« in Augsburg, erhält für ein Inserat in 3 Zeitungsnummern 3 fl 18 kr.
Die Einladungen sind nicht umsonst und am 15. Juli erhält der Buchdrucker Kirchner aus Landsberg sein Geld: »für 5000 Stück Passionsbücheln und 25.000 Billete, auf verschieden gefärbtes Papier zu 8 Vorstellungen«, und am 22. Juli muß er sogar nochmals »8200 Billete« nachliefern und schickt auch 3000 Bekanntmachungen und betont: »Für die 3000 Anzeigen habe ich nur 8 fl 12 kr angerechnet, obgleich es 13 fl seyn sollten: damit ich Billigkeit beobachte und mir die Zufriedenheit einer löblichen Gemeinde erwerbe.« (...)

Theatergarderobe 1840

Hervorzuheben ist noch, daß man bis 1840 Abrechnungen für entliehene Theatergarderobe findet; Murnau, Ettal, Schongau, Mittenwald und Kohlgrub haben damals dem Passionsdorf oft ausgeholfen. Erst ab 1840 entsteht ein fester Bühnenfundus und die Gemeinde kauft die Kostüme von Mittenwald und Kohlgrub, deren Spiele sich inzwischen aufgelöst hatten. Auch besitzt das Theater bis dahin keine Garderobe und die Spieler gingen im vollen Schmuck des Kostüms durch die Dorfstraßen zur Schaubühne. Zum Spiel auf dem Friedhof mußte jedesmal der Zaun und die Umfassungsmauer niedergelegt und der Platz durch Hinzuziehung angrenzender Grundstücke vergrößert werden; für die Requisiten des Theaters wurde das nahegelegene Haus des Jakob Haag gemietet, wo für den Christus immer ein eigenes Zimmer reserviert war.

(aus: Otto Günzler/Alfred Zwink »Oberammergau. Berühmtes Dorf – Berühmte Gäste. Drei Jahrhunderte Passionsspiel im Spiegel seiner Besucher«. München 1950, S. 16 f.)

Martha Krause-Lang

Keine großartigen Geschäfte

Und noch etwas drückt sich wieder in diesem Spieljahr 1922 aus: Die Immunität eines ganzen Dorfes gegenüber großartigen Geschäftsangeboten aus USA. Jetzt kam bereits die Verfilmung des Passionspieles in Frage. Zum zweiten Mal hat die Gemeinde dies abgelehnt, wie schon 1900. Das war nicht nur ein überlegenes Festhalten an der Tradition. Jetzt bedeutete es gleichzeitig Ausschlagen einer gewinnbringenden Chance für eine in die beginnende Geldentwertung bereits hineingezogene Gemeinde. Die Spieler ließen sich sofort Haare und Bart scheren. Nach dem letzten Passionsspiel hatte die ausländische Firma keinerlei Chance mehr, daß ihre Offerte ernsthaft erwogen würde. Das war eine deutliche Demonstration. Auch Anton Lang bekam als einzelne Person eine Reihe von Angeboten aus dem Ausland: vielerorts sollte er Vorträge über das Spiel halten. Er sollte Teile der Christus-Rolle anderswo vorführen, von »Paramount« kam eine Aufforderung zur Verfilmung »nur der Hände, die den Abendmahlskelch halten.« Er hat es abgelehnt. (...)
Die Bestellbücher für die Heimatkunst wurden gefüllt. Spenden an die Gemeinde flossen, und der von Anton Lang weitergeleitete Stiftungsbetrag für ein Altersheim in Höhe von M 60.000.– bot die Voraussetzung für den Anbau eines Westflügels an das bereits bestehende Gemeindekrankenhaus. Es gibt noch heute eine geschnitzte Gedenktafel von Johann Georg Lang im Treppenhaus des Krankenhauses zur Erinnerung an diese Stiftung. Anton Lang meinte dazu in seinen Erinnerungen: »Die Reise nach Amerika hatte ich unter mancherlei Bedenken angetreten. Sie hat mir körperlich und geistig die schwersten Anstrengungen gebracht und sie hat mir mancherlei Schmerzhaftes auferlegt. Doch möchte ich sie um keinen Preis missen. Es war mir vergönnt gewesen, durch mein Mitfahren ein bescheidenes Teil zum Erreichen unseres Hauptzieles beizutragen. Wir brachten Arbeit heim, man spürte, daß Geld ins Dorf kam. Unsere Schnitzer arbeiteten wieder.«

(aus: Martha Krause-Lang »Erinnerungen an Christus Anton Lang aus Oberammergau«. Eggenfelden 1980, S. 45, S. 52 f.)

Lion Feuchtwanger

Von übersinnlichen und materiellen Werten

Den Ammergauern selber ist's nicht zu verdenken, daß sie aus diesem Gemisch von Sensationslust, sentimentaler Hysterie und Snobismus Kapital schlagen. Wenn Sonnenthal versichert, der Hafner Lang sei ein besserer Künstler als er: warum soll's der Hafner Lang nicht glauben? Wenn die siebengescheiten Münchner Kunstpropheten die Passion ein weihevolles Spiel nennen, warum soll es den biedern Dörflern nicht recht sein? Und sie verstanden es trefflich, die günstige Konjunktur auszunutzen. Kein Nebenfaktor blieb übersehen. Der offizielle Text von 1900 schließt:

»Preis, der du am Sühnaltar
Für uns gabst dein Leben dar.
Du hast uns erkaufet dir,
Dir nur leben, sterben wir!
Halleluja!«

Und unmittelbar dahinter geht's weiter:

Carl Fuhrhans, München
Konfitüren, Kakaos, Schokoladen.

Vielleicht entschließt man sich heuer, in den Pausen auf dem Vorhang Lichtbilder-Reklame zu machen. Jedenfalls versteht man in Oberammergau recht gut, die übersinnlichen Werte der Passion in materielle zu übersetzen. Man hat allein von dem Ertrag der Eintrittskarten nicht nur jedem Mitwirkenden und sonstigem Dorfbewohner sehr ansehnliche Gratifikationen gemacht, sondern auch Gemeindeschulden bezahlt, elektrische Anlagen hergestellt und die Ammer reguliert. Man sieht, Weihe und Gemeinde-Umlagen stehen in engen Beziehungen.

(aus: Lion Feuchtwanger »Oberammergau 1910«. In: Lion Feuchtwanger »Ein Buch nur für meine Freunde«. Frankfurt am Main 1984, S. 242 f.)

Lina Goldschmidt

Show Oberammergau

In allen Reisebureaus, Hotelvestibülen und Bahnhofshallen der Welt winken dem Globetrotter von 1930 Plakate mit blauleuchtendem Kreuz die Aufforderung zu:
Passion Oberammergau – Get your ticket! Voici les billets! Karten hier!
Als vor zweihundertachtundneunzig Jahren die bäuerlichen Vorfahren der oberbayrischen Gebirgsdörfler von Oberammergau bei Erlöschen der damals wütenden Pest das vielbesprochene Gelübde taten, alle zehn Jahre die Passion aus »eignen Mitteln und eigner Kraft« darzustellen, ahnten sie nicht, daß sie damit ihren Nachfahren im Jahre des Heils 1930 die Verpflichtung auferlegten, zur Einhaltung dieses Schwurs eine Millionenschuldenlast (man spricht von zehn Millionen Mark) auf sich zu nehmen. Oder sollte das eine nicht eine absolut notwendige Auswirkung des andern sein?
Außer den vielen Stimmen, die mit Emphase den nur religiösen Charakter des frommen Spiels betonen, müssen auch solche gehört werden, die unverblümt erklären, Oberammergau sei eins der heikelsten Probleme Bayerns. »Man übergeht eigentlich zu Unrecht mit allen Mitteln die geschäftliche Seite der gewaltigen Schau. Den Charakter als inniges Spiel frommer Dörfler hat es längst verloren. Es ist ein internationales Millionenunternehmen geworden.«
Lassen wir uns bei einem Gang durch den Ort von den Ziffern belehren.
Wo der »Kofel« seine freche Nase aus der Alpenkette reckt, liegt Oberammergau als eine Ansammlung von vierhundert Häusern, auf deren Wände einst der »Lüftlmaler« Zwink seine barocken Einfälle gepinselt hat. Es ist den breit behäbigen Häusern nicht anzusehen, daß sie vierhundertjährige Patina auf dem Buckel haben. Sie prangen heute aufgestockt, verbreitert und funkelnagelneu lackiert in frisch holzduftender Texasherrlichkeit.
Die Oberammergauer sind zum Teil ehrsame Holzschnitzer, deren Handwerk in der heutigen maschinellen Zeit kaum noch goldenen Boden hat. Da ist ein solches Haus ein ganz netter Zuschuß, auch wenn man, um es festspiellockend zu machen, erst einmal Schulden darauf aufnehmen mußte. Vierhundert Häuser mit durchschnittlich je zehntausend Mark Schulden bedeuten immerhin für ein kleines Dorf die nicht zu unterschätzende Summe von vier Millionen Mark. Rechnet man hierzu die Ko-

sten des neuen großen Festspielhauses und die Ausgaben für Wegverbesserungen, Garagenbau und sonstige Neuerungen für dieses Festspieljahr, so reichen weitere drei Millionen Mark schwerlich aus, und die anfänglich genannte Summe von zehn Millionen Mark gewinnt immer mehr an Wahrscheinlichkeit.

Wie sieht die Gegenrechnung aus?

Die Spieldauer des einzelnen Passionsspiels ist auf acht bis zwölf Uhr morgens und zwei bis sechs Uhr nachmittags festgesetzt. Das bedeutet, da es morgens keine Zugverbindung von München nach Oberammergau gibt, den Übernachtungszwang für die Besucher, für welchen Zweck ja auch 5.700 Betten gerüstet stehen.

Die Besucher, gestaffelt in vier Stufen, 1a, 1, 2, 3, haben für die Reise ab München, Kost, Logis und Eintrittspreis für das Spiel die Durchschnittssumme von ungefähr 85 Mark pro Person für den einen Tag zu zahlen. Das Theater, das 5.200 Plätze faßt und eine Durchschnittseinnahme von 12,50 Mark auf den Platz rechnet, bringt bei jeder Vorstellung 65.000 Mark, was, da bis Ende September insgesamt dreiunddreißig Vorstellungen angesetzt sind, die Gesamtziffer von 2.145.000 Mark ergibt, eine Summe, die sicher auf drei Millionen Mark abgerundet werden wird, da die Vorstellungen bis Ende August bereits ausverkauft und Wiederholungen vorgesehen sind. Die tüchtigen Manager aber, Cook, Lloyds und wie sie heißen, haben das größte Interesse, die Besucherzahl ständig wachsen zu lassen. Da sie acht Mark Provision pro Kopf verdienen, bedeutet das an einem Festspieltag allein die Summe von 41.600 Mark. Das macht, mit dreiunddreißig multipliziert, 1.372.800 Mark Zwischeneinnahme. Das Ganze ist also ein großes Geschäft geworden, Passion mit Silberlingen.

Zu den Haupteinnahmen kommen recht hübsche Nebeneinnahmen, denn an allen Ecken und Enden sind Läden, Kioske und Buden aufgemacht, in denen außer den oberammergauer Schnitzereien und Reiseandenken alles zu kaufen ist, von der Grapefruit bis zu Artikeln der letzten Mode. Dafür gibt es auch sehr bemerkenswerte Zugaben zur Herzerquickung der Passionierten. Beispielsweise hat Herr Alois Lang, der diesjährige Christusdarsteller, in seinem mit 150.000 Mark Aufwand geheiligten Haus ein gekacheltes Bad mit dem symbolischen Fisch, so daß er und seine Gäste keinen Augenblick ohne Weihestimmung zu sein brauchen. Wenn die Mrs. Green und Miß Brown aus Ohio und Milwaukee zu ihm kommen und ihm zuflüstern: »It is the happiest day of my life«, dann haben sie wenigstens was für ihr Geld.

Man spreche nicht von Profanierung. Kreuz oder Dollar, das ist hier die Frage. Die Oberammergauer selbst machen kein Hehl daraus, und ich wiederhole nichts als Erzählungen ernsthafter dort ansässiger Leute. Die Passion hat das Dorf und sein Gemeindeleben zerstört. Die lebenslängliche Beschäftigung mit dem Spiel hat nicht etwa die Charaktere auf die biblisch-einfache Linie gebracht, sie hat im Gegenteil den natürlichen Dörfler kompliziert. Neid, Haß, Eifersucht, Intrigen, alle Erscheinungen städtischen Theaterbetriebes, haben ihren Einzug in das Dorf gehalten, und wenn nach der Darstellerwahl, an der die ganze Gemeinde teilnimmt, die Rollenbesetzung anders ausgefallen ist als Hoffnungsvolle erwarteten, sollen die hysterischen Ausbrüche in nichts den im weltlichen Kulissenbetrieb gewohnten nachstehen.

Die wirklich volkstümlich homogene Kunst, einst aus der Beschäftigung mit dem Schnitzhandwerk erwachsen, ist verlorengegangen. So wie es keine Lehrlinge mehr gibt, das Kunsthandwerk fortzusetzen, weil sie alle in die mechanischen Werkstätten abwandern, hat auch die Passion ihren volkstümlichen Untergrund verloren. Gewiß sind die meisten der Darsteller Dilettanten, die schlecht und recht daherreden im heimischen Dialekt, aber dazwischen gibt es auch Halb- und Ganzausgebildete, hineingestellt in stilisierte Kulissen und modernste Theatermaschinerie. Das Proszenium mit dem Bayreuth imitierenden Chor, Männer- und Frauenstimmen mit durchaus opernhafter Schulung, umspielt von haydnisch-hüpfenden Melodien, lebende Bilder, wie nach Gemälden der Pinakothek gestellt, Volksmengen mit naturalistischem Rhabarbergemurmel, dahinter der Aspekt der lebenden Berge, ein Stilkuddelmuddel, das – wie die moderne Show – alle Register spielen läßt. Gewiß, manche Einzelleistung und Erscheinung einprägsam und gut durchgeführt, aber selbst das Symbol der Auferstehung vergröbert durch den Knalleffekt modernster Theatermache.

Passionsspiele und religiöse Festspieldarstellungen gibt es überall auf der Welt. Ich sah eine prachtvolle in Guadalupe bei Mexiko-Stadt, wo alljährlich am 12. Dezember die wunderbare Erscheinung der braunen Volks-Madonna mit Tanz und Jubel begangen wird. Aber kein Cook, kein Baedeker prangert dieses Datum an, wenigstens bis jetzt noch nicht. Und doch wandern und wallen Abertausende dahin, Gläubige und Neugierige, um die nächtlichen Tänze und Spiele der flitter- und maskengeschmückten Indios zu sehen, die in der braunen Madonna die Auferstehung der fruchtbaren Mutter Erde feiern. Volksfest und Jahrmarkt, dazwischen zelebrieren Priester die Messe. Der Weg von Mexiko nach Guadalupe, sonst in einer Viertelstunde zurückgelegt, dauert an diesem Tage fünf Stunden und länger. Unkosten erstehen niemand daraus, es seien denn die üblichen eines gewöhnlichen Sonntagsausfluges.

Wir wissen es und erfahren es täglich neu, daß unsere Zeit trotz Einstein, Lindbergh und Arco weltgeschichtlich einmal das Mittelalter beschließen wird. Oberammergau ist nur einer von vielen Beweisen, ein Puppenspiel, dessen Drahtzieher im Hintergrund bleiben. Bereits wird lebhaft diskutiert, ob angesichts des Riesenapparats und Kostenaufwands der alte

Vorwand der Zehnjahrstradition noch Berechtigung hat, oder ob das Passionsspiel nicht zu einer ständigen Theatereinrichtung gemacht werden soll. Heute ist Oberammergau eine Show. Geht es wo weiter, wird bald ein »Spektakel« Oberammergau daraus werden.

(aus: Lina Goldschmidt »Show Oberammergau«. In: Die Weltbühne. Vollständiger Nachdruck der Jahrgänge 1918-1933, 26. Jahrgang 1930. Königstein im Taunus 1978, S. 786 ff.)

Alois Lang, der Christus-Darsteller der Passion 1930

Walter Mehring

Oberammergau

Mir san dö Oberammergauer schlauen Bauersleit –
Drum san mir a so weltberühmt bei Christ und Jud und Heid!
Tean insre Sprüch mir brülln,
Muaß glei an jedes fühln,
Ins hot da Himmi ausersehgen zum Thiaterspülln!
Solang die Berge stehn auf ihrem Grundä,
Solangs no Radi gibt und boarisch Bier,
Solang no gesuffa wird aus vollem Mundä,
Tean mir Thiaterspülln zum Danke hier!
Weil der Herrgott uns erlöst
Von der schlimmen, schlimmen Pest!
Hosiannah!

Mir san dö Oberammergauer schlauen Bauersleit!
Mir ham a Kintschlertolln und koanen Kropf! Ja, dös war gfeit!
Und spieln mir insre Rolln,
Na reden ma a bisserl gschwolln
Na woaß an jed's glei, daß mirn Herrgott vorstelln solln!
Solang dö Sunn aufsteigt no in der Fruah,
Solang no g'suffa wird a boarisch Bier,
Solangs no Jungfraun gibt für die Maria,
Tean mir Thiaterspülln zum Danke hier,
Weil der Herrgott uns erlöst
Von der schlimmen, schlimmen Pest!
Hosiannah!

Mir san dö Oberammergauer schlauen Bauersleit
Mir loassn Himmi für uns sorgn heint und olle Zeit!
Und wann Du aufidrahst
Und oan Billjöttn hast,
No bist zum Mittag Du a glei beim Herren Jesus Gast!
Solang er Almrausch blüaht auf insra Wiesen,
Solang no gsuffa wird a boarisch Bier,
Solang das Geld no reicht zu Schmalzlerpriesen,

Tean mir Thiaterspülln zum Danke hier,
Weil der Herrgott uns erlöst
von der schlimmen, schlimmen Pest!
Hosiannah!

Mir san dö Oberammergauer schlauen Bauersleit!
Mir san dö frömmsten Menschen von da goanzen Christenheit!
Drum schickt da Herrgott a
Die Leit von fern und nah,
Und jedes zoahlt oan Stange Geld ins für dö Maschkera!
Solang wir noch a Schnaderhüpferl singen,
Solang den Christus spielt der Anton Lang,
Solang der Cook no zahlt in Silberlingen,
Tean mir Thiaterspülln der Herrn zum Dank,
Weil der Herrgott uns erlöst
Von der schlimmen, schlimmen Pest!
Hosiannah!

Mir san dö Oberammergauer schlauen Bauersleit
Und übern Winter ziahgn ma wieder o das zimpftig Kleid!
Und gibt's a Rafferei,
Und wanns da Herrgott sei –
No renn`n ma eahm das Messer eppas in den Ranzn nei!
Solang die Wolken noch am Himmel ziahgn,
Solang im Preise steigt da Litter Bier,
Solang die Jungfraun noch an Bamsen kriagen,
Tean mir Thiaterspülln zum Danke hier,
Weil der Herrgott uns erlöst
Von der schlimmen, schlimmen Pest!
Hosiannah!

(aus: Die Weltbühne. Vollständiger Nachdruck der Jahrgänge 1918-1933, 26. Jahrgang 1930. Königstein im Taunus 1978, S. 741 f.)

Simone de Beauvoir

Wir hatten Glück,
1934 war ein Jubiläumsjahr

Wir hatten nicht viel für folkloristische Darbietungen übrig, aber die Passion war wirklich großes Theater. Man gelangte durch eine Art Tunnel in eine riesige Halle, die zwanzigtausend Zuschauer faßt. Von acht bis zwölf und von zwei bis sechs Uhr erlahmte unsere Aufmerksamkeit nicht eine Sekunde.

Die Breite und Tiefe der Bühne erlaubte ungeheure Massenszenen, und jeder Statist spielte seine Rolle mit solcher Überzeugung, daß man sich inmitten der Menge glaubte, die Christus zujubelte, die ihn auf dem Weg durch die Straßen von Jerusalem verhöhnte. »Lebende Bilder«, stumm, unbeweglich, wechselten mit bewegten Szenen. Zu einer sehr schönen Musik aus dem siebzehnten Jahrhundert kommentierte ein Frauenchor das Drama: die langen, gewellten Haare, die über die Schultern fielen, erinnerten an alte Shampoo-Reklamen. Das Spiel der Darsteller hätte mit seiner Kargheit und Wirksamkeit Dullin entzückt. Sie erzielten eine Wahrheit, die nichts mit Realismus zu tun hatte. Judas zum Beispiel zählte seine dreißig Silberlinge einzeln her; dabei folgte seine Geste einem Rhythmus, der so zufällig und zwingend zugleich war, daß er das Publikum in atemloser Spannung hielt. Die Dörfler von Oberammergau wandten die Prinzipien Brechts bereits vor Brecht an: eine einmalige Verbindung von Exaktheit und »Verfremdung« machte die Schönheit dieses Passionsspiels aus.

Trotz allem hatten wir genug von Deutschland. Die Abstimmung vom 19. August stattete Hitler mit diktatorischen Vollmachten aus, die durch nichts mehr eingeschränkt waren; Österreich wurde nationalsozialistisch. Wir waren sehr froh, wieder in Frankreich zu sein. Aber wir frohlockten zu früh. Die Bevormundung durch Doumergue war fast so tyrannisch wie eine Diktatur. Bei der Zeitungslektüre wurde uns übel. Was für ein scheinheiliges Gewäsch! Hinter der Fassade eines frömmelnden Moralismus bahnten die Rechtsextremisten sich den Weg.

Wie gewöhnlich verschloß ich mich der Politik, um ungetrübt Straßburg zu genießen, die Kathedrale, das »Klein-Paris«. Abends sahen wir einen der ersten Farbfilme, *Masques de cire*, der das Pariser Publikum zu Protesten hingerissen hatte. Die gräßlichen Schreie der armen Fay Wray, die seit *King Kong* zu Gruselfilmen verurteilt war, amüsierten uns sehr. Mir gefielen die elsässischen Dörfer, die Schlösser, Tannen, Seen, die sanften Weinhügel; wir tranken in der Sonne vor den Gasthäusern Rischweiler und Traminer. Wir aßen Gänseleber, Sauerkraut, Zwetschgenkuchen. Wir besuchten Kolmar. Sartre hatte mir oft von den Gemälden Grünewalds erzählt; er war nicht einer Jugendillusion zum Opfer gefallen. Sooft ich vor dem dornenstarrenden Christus stand, vor der todblassen, ohnmächtigen Jungfrau, die der Schmerz zu Stein erstarren ließ, war ich von neuem aufgewühlt.

(aus: Simone de Beauvoir »In den besten Jahren«. Reinbek 1961, S. 168 f.)

Jubiläumspassion 1934

236

VIP-Panoptikum

Ludwig I. (1831)

Im Jahre 1831 beherbergt Oberammergau, und zwar am 11. August, wieder einen hohen Gast. Ludwig I., seit 1825 König von Bayern. Mit ihm hatte die bekannte Reihe kunstsinniger Regenten begonnen, die bis zur Abdankung des Hauses Wittelsbach nicht mehr unterbrochen werden sollte. Fast alle sind sie, wie wir sehen werden, aufrichtige Freunde des Passionsdorfes gewesen. Der König stieg damals beim Senior des bedeutendsten Schnitzereiverlages, Eduard Lang, ab. Wie hoch sich dieser die Ehre anrechnete, zeigt eine Haustafel, die er sich zur Erinnerung an den königlichen Gast anlegte; sie ist das einzige Dokument für Ludwigs Besuch von 1831.

Eduard Devrient (1850)

Das Verdienst Devrients um Oberammergau ist ein außerordentliches. Nicht nur, daß sein Bericht, der aus so berufener Feder kam und den er noch in einer zweiten erweiterten und illustrierten Ausgabe herausbrachte, ungeheures Aufsehen erregte und Oberammergau fast schlagartig in das Blickfeld der Öffentlichkeit brachte; der große Mann gab auch den Spielern Ratschläge und Anregungen, ohne dabei ihre Grenzen zu verkennen.

In Tobias Flunger muß damals Oberammergau einen großartigen Christusdarsteller gehabt haben, über den Devrient meint: »Ohne die vortreffliche Repräsentation des Christus – ich gebe es zu – würden uns die Eindrücke nicht so rein und stark zu Theil geworden seyn. Der anspruchslose Adel seiner Haltung nahm allen Marter- und Leidensscenen das Widrige. Wenn die Wachen ihn vor sich herstießen und er, bey rückwärts gebundenen Armen, sich mühsam im Gleichgewicht haltend, vorwärts stolpern mußte, wie so garnicht unschön war das! Wie bald hatte er das Gleichmaß seines stillen, schwebenden Ganges wiedergewonnen! Als die Knechte des Hohepriesters ihn verhöhnten, gingen sie so weit, ihn vom Schemel herabzustoßen, auf dem er saß. Aber trotzdem, daß die Arme ihm noch gebunden waren, fiel er so leicht und schön, daß auch dies seiner Würde keinen Eintrag that, sondern alles Erniedrigende der Mißhandlungen nur auf seine Henker zurückfiel.«

Diesem Flunger, der am Ortsausgang nach Ettal zu ein Häuschen besaß (Ettaler Straße 31), das noch heute, wenn auch verändert, am selben Platze steht, stand der große Devrient mit Rat und Tat fast freundschaftlich zur Seite. Feldigl, 50 Jahre später Lehrer des Dorfes und Verfasser vieler Schriften von Oberammergau, meint: »... und vor allem weilte dort (im Flungerhaus) am meisten Devrient; dort mochte er unter der prächtigen Linde manche Stunde mit dem Christusdarsteller Flunger gesessen haben ...« Nach der alten Zeichnung können wir uns das Idyll gut vorstellen. Devrient selbst hat bei seinem Aufenthalt bei Georg Zwink im sogenannten »Baderhaus« (heute Verlegergasse 1) gewohnt. Sein Verdienst um Oberammergau hält eine nach ihm benannte Straße, die zum Passionsspielhaus führt, noch heute fest.

Ludwig Thoma

Die Geburt Ludwig Thoma 1867 in Oberammergau haben wir schon erwähnt. Sie gelte uns hier als Anlaß, eine Milieu-Schilderung des damaligen Dorfes aus seinem Munde zu hören; er schreibt: »Es saßen weitgereiste Leute dort, denn ein reger Handel mit Schnitzereien, nicht nur mit den reizvollen Spielwaren, ging durch ganz Europa und auch über See. Mancher hatte sich tüchtig in der Welt umgetan und den Wert gediegener Bildung schätzen gelernt, aber jeder fühlte sich erst wieder glücklich, wenn er heimgekehrt war und behaglich im Ammergrunde zu Füßen des Kofels saß.«

»... Jene älteren Generationen von Aposteln und Jüngern des Herrn richteten ihr Leben ein wenig nach dem Stil ihres Heiligen Spieles ein und zeichneten sich durch Wohlanständigkeit aus. Sie handelten und redeten mit einiger Getragenheit und ließen sich von dem Bewußtsein leiten, daß sie auf einem Podium stünden und von vielen beachtet würden. – Im Glauben an den besonderen Beruf des Ammergauers, der das Gefühl einer engen Zusammengehörigkeit stärkte, war man glücklich und zufrieden«.

Wilhelmine von Hillern (1880)

Unter den Schriftstellern soll hier auch Wilhelmine von Hillern genannt werden, deren Bedeutung als solche freilich keine hervorragende ist. Sie betritt 1880 zum ersten Male das Dorf und ist hier fortan Gast und Bürgerin. Die Frau, die uns als vollkommene Weltdame geschildert wird, kam mit dem Prinzen Max von Baden nach Ammergau, das sie dann nicht mehr verließ, so daß der Prinz allein die Rückreise antreten mußte. Die phantasievolle und ungewöhnlich begeisterungsfähige Frau war durch Joseph Mayrs Christus zutiefst beeindruckt. An ihr bewies sich wieder einmal, daß übersteigerte Zuneigung oft das Gegenteil zu erzeugen pflegt. Die Ereignisse von 1888 werden uns das noch zeigen. Eines sei hier aber vorweggenommen, das auch dazu beitrug, daß Frau von Hillern für ihre Schwärmerei wenig Freundlichkeit erntete. Aus den Erlebnissen und Eindrücken des Passion 1880 heraus, schrieb sie den Roman »Am Kreuz«, der in Oberammergau wenig Freunde und ein schlechtes Echo fand.

Ludwig II. (1871)

Die tragischen Ereignisse (um den mysteriösen Tod Ludwigs II. am 13. Juni 1886) haben nicht nur Beziehung zu Oberammergau, weil Ludwig diesem und seinem Spiel ein hochherziger Gönner gewesen ist, sondern auch, weil es ein Oberammergauer war, der vom 6. Februar bis zum 11. Juni 1886, dem Tage der Verhaftung, sein letzter Leibdiener war. Dieser Mann, der Altbürgermeister Wilhelm Rutz, in vielen Schilderungen unser Gewährsmann, ist heute einer der ältesten Veteranen des Spieles und seines Heimatdorfes. Er hat über seine Erlebnisse beim König eine Schrift verfaßt, die viel Wissenswertes über den seltsamen Regenten enthält.

In Oberammergau selbst muß auf die Nachricht der Festnahme des Königs hin eine furchtbare Erregung ausgebrochen sein, denn Jakob Rutz hat 1890 dem Schriftsteller Wyl erzählt (er ist der Vater des langjährigen Kaiphas- und des Petrus-Darstellers von 1950, Hugo Rutz, und war selbst mehrmals ein ausgezeichneter Chorführer): »Wir haben zwei Empörungen in Oberammergau gehabt, die erste war, als die Nachricht vom Tode König Ludwigs II. kam. Damals wollte alles sofort nach Linderhof marschieren, die Leute waren furchtbar aufgeregt. Aber der Verstand behielt die Oberhand. Man sagte sich, daß man der Regierung in allem untertan sein müsse und daß man es nicht mit ihr verderben dürfe.«

(Wyl hat jedoch offensichtlich hier falsch überliefert. Die Empörung muß schon bei der Festnahme des Königs und nicht erst bei seinem Tode ausgebrochen sein; da wäre sie ja sinnlos gewesen. So wird es auch heute noch in Oberammergau erzählt. Vielfach wird gesagt, man habe damals nach Neuschwanstein marschieren wollen; es wäre jedoch auch Linderhof möglich, da der König zunächst nach Linderhof an Stelle von Schloß Berg gebracht werden sollte.) Und es gibt heute einige Oberammergauer, die meinen, diese befürchtete Verstimmung der Obrigkeit sei wirklich eingetreten, denn nie hat Ludwigs Nachfolger, der Prinzregent Luitpold, das Spiel selbst besucht und auch Rupprecht, der heute hochbetagte Kronprinz, habe das Dorf mehr als nötig gemieden, weil es so einhellig für den unglücklichen König Partei ergriffen habe. Wie dem auch sei, Oberammergau hat seinen Märchenkönig nie vergessen und noch heute lodert alljährlich an seinem Geburtstage ein Feuer in Kreuzesform auf halber Höhe des Kofels in die Nacht, dem hohen Gaste zu Ehren.

General Ludendorff (1922)

Eine zwielichte Figur in der damaligen Politik erscheint ebenfalls als Gast: General Ludendorff. Als Soldat und Feldherr war er ein Genie, und die Schlacht von Tannenberg und die großen Westoffensiven des ersten Weltkrieges waren zum Großteil seine strategischen Meisterwerke. Daneben besaß er eine unpersönliche Schärfe und vertrat, als es mit den Kräften zu Ende ging, die Sache des Krieges bis zum Letzten. (...)

Der Bürgermeister empfängt ihn; herrisch befiehlt er ins Theater gelotst zu werden und will sich nur den Vormittagsteil ansehen. Zu Mittag ißt er in der Pension Wolf (heute Dorfstraße 1) und als ihm der Bürgermeister dort nochmals eine Aufwartung macht, erklärt der General: »Es hat mir so gut gefallen, daß ich auch nachmittags zusehen werde!« Nach dem Schluß der Vorstellung gibt es dann noch einen Zusammenstoß mit einem Kriminalbeamten, der Ludendorff zu beschatten hat. »So verschwinden Sie doch endlich, ich will nicht bewacht sein!« begehrt er ungehalten auf.

Oskar von Miller (1930)

Oskar von Miller mag zu den Vertretern des Kulturlebens überleiten, denn er ist als Fürst von Wissenschaft und Technik gleichermaßen geachtet. Sein Vater Ferdinand von Miller, schuf in seiner Erzgießerei die Statue der Bavaria auf der Theresienwiese in München; er selbst ist der Schöpfer des Deutschen Museums zu München und hat für die Elektrifizierung Bayerns Großes geleistet. Am 18. Mai hat er das Passionsspiel gesehen und im Hotel »Alte Post« (heute Dorfstraße 19) gewohnt. Mit ihm war Adolf von Harnack, der Gründer und 1. Präsident der Kaiser-Wilhelm-Gesellschaft für Wissenschaft, gekommen.

Max Planck (1930)

Dasselbe Haus hat anläßlich der Pressevorstellung 1930 (8. Mai) den Geheimrat Max Planck bewirtet. Er stand in der ersten Reihe der großen Gelehrten der Neuzeit, seine Quanten-Theorie hat der Atomforschung erst den Weg gewiesen. Max Planck ist vom Spiel tief beeindruckt und äußert sich über den Wert der Erbauung für den Wissenschaftler. Dieses Urteil ist umso höher zu schätzen, weil es, wie er selbst sagt, bei ihm nicht aus dem Empfinden, sondern aus reinem Intellekt geschöpft wird. Er unterhält sich mit dem Bräutigam der Magdalena-Darstellerin und sagt dabei: »Sie sind Protestant wie ich, aber über einen Begriff komme ich nicht hinweg, über den der Gnade.« Und zur Magdalena meint er lächelnd: »Heute sind Sie berühmter als ich.« Der große Gelehrte überlebt noch den zweiten Weltkrieg, in dem die Atombombe zur furchtbarsten Waffe wird.

Rabindranath Tagore (1930)

Als eine ehrwürdige Erscheinung, wie ein Weiser aus dem Morgenlande, erschien der indische Dichterfürst Rabindranath Tagore. Der Brahmane, der »Sonnenfürst«, der seinem Volke ein wertvoller Erzieher geworden war, hatte schon 1913 den Nobelpreis bekommen. Mit tiefer Weisheit lehrte er sein Volk: »Ich träumte, das Leben sei Freude, ich erwachte und sah, das Leben ist Pflicht. Ich arbeitete und siehe, die Pflicht ward Freude.« Am 20. Juli ist er unter den Zuschauern des Spieles; ins Album der Darstellerin Marias (Annie Rutz) schreibt er seinen Namenszug in exotischer Schrift, fast ebenso phantastisch, wie die Gestalt des weitgereisten Weisen selbst. Gewohnt hat er in Ettal (Hotel »Ludwig der Bayer«); wo er sich sehen ließ, hat seine ehrwürdige Greisengestalt viel Staunen erregt.

Adolf Hitler (1930)

In einer Vorstellung des August saß im Passionstheater ein Mann mit bleichem Gesicht, braunrötlichem Haar und einem kleinen Schnurrbart auf der Furche der Oberlippe. Er trug einen Trenchcoat und war von einigen Männern begleitet. Nach dem Spiel brachte ihn seine Freundin Helene Bechstein ins Verlagshaus Lang, wo er vorgestellt wurde und man ihn zum Tee einlud. Er benahm sich sehr artig, machte aber einen völlig nichtssagenden Eindruck. Im deutschen Parlament führte er eine kleine, noch wenig beachtete Partei. Zehn Jahre später aber steckte er als ein neuer Herostrat die Welt in Brand. Der Mann hieß Adolf Hitler.

Häuptling der Schwarzkopf-Indianer (1934)

Großes Aufsehen hat beim Jubiläumsspiel 1934 schließlich ein Indianerhäuptling erregt, der in vollem Schmuck der Schwarzkopf-Indianer nach Oberammergau kam, aber ohne Kriegsbeil und Tomahawk, sondern, um dem Christus Alois Lang eine echte Friedenspfeife zu überreichen. Er trug nur noch die malerische Tracht seiner wilden Roten Brüder von einst und war in den Opernhäusern der Bleichgesichter Amerikas ein beliebter Tenor.

Richard Strauß (1934)

Der letzte große Gast des Passionsdorfes vor 1950 war Richard Strauß. Als in einer sinnlosen Selbstzerfleischung das deutsche Volk nach dem Zusammenbruch des Dritten Reiches viele seiner geistigen Titanen stürzt, wird auch der Komponist, ob der vielen ungewollten Ehren, die ihm Hitler erwies, angegriffen und geschmäht. Er geht in die Schweiz. In den letzten Lebenswochen kommt er in sein Haus nach Garmisch zurück, wo er noch die Ehrungen zu seinem 85. Geburtstag empfängt. Dann naht das Ende heran. Noch auf dem Totenbett diktiert er einen Brief an seinen Freund François-Poncet, den französischen Hohen Kommissar in Deutschland, und legt ihm das Schicksal seines Volkes flehentlich ans Herz. Immer wieder sind ihm die Worte nicht eindrucksvoll genug und er läßt zwei Briefe zerreißen, um noch inständiger zu bitten, so daß das letzte Schreiben unvollendet bleibt. Sechs Ammergauer dürfen ihm das letzte Geleit aus seinem Hause geben. Bei dem Staatsakt, der zu Ehren des Toten in München stattfindet, klingt des Meisters »Tod und Verklärung« auf und der Freund aus der Ammergauer Runde ist es, der den Stab führt.

(aus: Otto Günzler/Alfred Zwink »Oberammergau. Berühmtes Dorf – Berühmte Gäste. Drei Jahrhunderte. Passionsspiel im Spiegel seiner Besucher«. München 1950, S. 25, S. 36 ff., S. 50 f., S. 86, S. 92, S. 146 f., S. 164 ff., S. 171, S. 178)

Bundespräsident Theodor Heuss und Bundeskanzler Konrad Adenauer bei der Eröffnung der Passionsspiele 1950

Pʀ-Panoptikum

Oberammergau 1950

16 Jahre sind seit dem letzten Spiel vergangen. Es ist verständlich, daß viele Rollen dieses Jahr mit Nachwuchsschauspielern besetzt werden mußten. Das Wahlkomitee hatte indessen bei Übungsspielen im vergangenen Sommer lange Gelegenheit, den Nachwuchs in aller Ruhe beim Spiel zu betrachten und brauchte deshalb nicht unvermittelt wählen. Zum Glück waren auch junge Nachwuchsspieler im letzten Jahr aus Kriegsgefangenschaft heimgekehrt und auch ihre Namen standen zusammen mit denen der alten Spieler aus den vergangenen Jahrzehnten zur Wahl.

(aus: »Oberammergau 1950«. Textbuch. München 1950, S. 26 f.)

Die Gepäckträger am Bahnhof von Oberammergau, 1950

Oberammergau 1960

Ehe Sie sich, verehrter Leser, auf den Weg ins Ammertal machten, um die Passion 1960 mitzuerleben, waren Ihnen sicher schon die Gesichtszüge einiger Darsteller bekannt: die gütigen und verstehenden von Anton Preisinger zum Beispiel, der wie 1950 auch heuer den Mittler zwischen Gott und den Menschen verkörpert, oder die leicht spöttischen von Hans Schwaighofer, der wie 1950 auch 1960 den Judas spielt. Selbstverständlich, denn Sie lesen ja Zeitungen und Illustrierte, sehen fern oder gehen in ein Kino!

Für das traditionsgebundene Schnitzerdorf ist dies jedoch nicht so selbstverständlich. Die Oberammergauer sind zwar den Medien der modernen Zeit: Presse, Funk, Film und Fernsehen als Leser, Hörer oder Zuschauer äußerst aufgeschlossen, als Objekt machen sie aber wenig Zugeständnisse, stecken sich selbst enge Grenzen und wollen sich keinesfalls von einer Publicitymaschinerie überrollen lassen. Bürgermeister Raimund Lang: »Uns bewegt nichts anderes als das Erreichte zu halten; nicht Künstler wollen die Oberammergauer sein, sondern in schlichter, gläubiger Hingabe das Erbe ihrer Väter erfüllen.«

(aus: »Passionsspiele 1960 Oberammergau«. Offizieller Führer. München 1960, S. 58)

Geistes- und Gewissensfreiheit auch für uns. Eine Abrechnung.

Die Pest der Glaubenslosigkeit hat einen Teil unserer Jugend befallen. Glaubenslose sind anfällig für politische Ersatzreligionen und leicht umzufunktionieren in Feinde der Demokratie, die das öffentliche Leben und die Kirche als Experimentierfeld für ihre »Modelle« mißbrauchen und Revolution spielen ohne Risiko und persönlichen Einsatz, weil Papa-Mama oder Vater Staat sie aushalten. Von der überwältigenden Mehrheit der Bevölkerung abgelehnt wegen ihrer Brutalität und Rechthaberei, verhöhnen sie als Salonpartisanen in Kunst, Musik, Literatur, Theater, auf Schulen und Universitäten laut und vulgär die Zehn Gebote und alle Formen des menschlichen Zusammenlebens, machen Familie, Religion, Kirche verächtlich und terrorisieren mit Bomben, Pistolen, Brandstiftung und Zusammenrottungen die Öffentlichkeit. (...)

In Oberammergau ist die Idee des Christlich-Menschlichen Wirklichkeit geworden, von hier aus wirkt Versöhnung im Zeichen des Kreuzes. Alle Friedliebenden sollen sich jene gut anschauen und stellen, die aus innerer Leere und politischer Verderbtheit das Werk einer evangelischen Gläubigkeit offen und heimlich verleumden. Das Kreuz über Oberammergau ist das Sinnbild unserer Freiheit, das Zeichen der Kraft, die unser aller Existenz von innen her zusammenhält. Noch nie hatte Oberammergau einen so entscheidenden Auftrag wie heute: für die Würde des Menschen und seine Gottesbestimmung Zeugnis zu geben.

(aus: Anton Preisinger »Geistes- und Gewissensfreiheit auch für uns. Eine Abrechnung«. In: »Report Oberammergau '70/80«. Völker hörten die Signale. Berichte, Dokumente, Zahlen. Eine Weltdiskussion. Oberammergau 1980, S. 11f.)

Passion 1980

Die Gemeinschaft der »Oberammergauer« hat unbestreitbar als moralische Persönlichkeit aus freiem Entschluß ein feierliches Gelöbnis abgelegt, ein bleibendes Gelübde gegeben, ein Gott gemachtes Versprechen beschworen. Daraus leitet sich die unübertragbare Verantwortung der jeweiligen Vertreter der Gemeinschaft ab, die entsprechenden, förderlichen, notwendigen Anordnungen und Maßnahmen durchzuführen. Noch nie haben sich das Passionskomitee und der Gemeinderat ihre Abstimmung, ihre Beschlüsse, ihre Entscheidungen zur Passion Oberammergau leichtgemacht. Die vitale Wurzel, der Vorstoß zum Elementaren, die letzte auslotbare Tiefe der Passion Oberammergau ist die christliche Religion. Die Umsetzung in Wort und Musik, in Spielregie und Darstellung, in Dramaturgie und Szenenablauf verpflichtet uneingeschränkt zur Verkündigung der Heilsbotschaft der Evangelien.

Pater Othmar Weis und Lehrer Rochus Dedler haben die »Missio« in ihrer Weite, in ihrer Bedeutung, in ihren Grenzen begriffen. Ihr gemeinsames religiöses Erbauungsdrama kann und will demnach kein erhabenes literarisch-musikalisches Gesamtkunstwerk sein, das vollendete Schauspielkunst bemüht oder perfektioniertes Laienspiel erwartet; es ist ein einzigartig-anschaulicher Sendungsbeitrag.

Die Passion Oberammergau war von Anfang an religionsbezogene Spielhandlung, eine besonders eindringliche Form der Verkündigung, ein frommer Akt zur Ehre Gottes: für die Dorfgemeinschaft, für die Darsteller, Musiker und Sänger, für die Zuschauer gleich welcher Sprache.

Diesem unerhört hohen Anspruch versuchte die Passion Oberammergau in ihrer langen Geschichte stets gerecht zu werden; niemals wurde sie zur bloßen Unterhaltung, zur geschmacklosen Darbietung, zur reißerischen Schaustellung herabgewürdigt.

Alle verführerischen Filmangebote, alle verlockenden Tourneen, alle geforderten Wiederholungen haben die Oberammergauer stets konsequent abgelehnt. Verständlich, die Passion Oberammergau bleibt ureigenste Sache der Oberammergauer, die sie zu verteidigen wissen. Ihr Leben bewegt sich von Passion zu Passion, in die sie bereits als Kinder hineinwachsen.

»Missio« bedeutet: »Gehet hinaus und lehret alle Völker«, im besonderen für die Passion Oberammergau: Verkündet allen Völkern Frieden im Namen Christi! So ist die Passion Oberammergau: ein einzigartig-ehrwürdiges Denkmal christlichen Glaubens.

(aus: »Passion Oberammergau«. Offizielles Begleitbuch. Oberammergau 1980, Vorwort)

Passion 1990

Das Passionsspiel ist ja nicht eine Ikone oder ein Museumsstück, das als solches ohne Bezug auf die Gegenwart weitergegeben werden könnte, vielmehr muß es immer wieder neu entstehen. Die Melodie, die hier zu spielen ist, kann nur auf den Saiten des eigenen Lebens zum Klingen gebracht werden – die Passion lebt nur, wenn die Mitwirkenden sie durch die eigene Person hindurch zum Leben erwecken.

Dazu gehört ganz praktisch schon die jeweilige Bereitschaft der Oberammergauer, sich an dem Spiel zu beteiligen. (...)

Dadurch, daß bei der gemeinsamen Aufgabe alle zusammenwirken, fördert das Passionsspiel auch das soziale Leben des Dorfes. Und es bringt – trotz aller Belastungen – für die Mitwirkenden noch mehr Erfreuliches mit sich: das Bewußtsein, bei einer großen Aufgabe dabeizusein, für manche auch eine Weitung des Lebens im Vergleich zum oft begrenzten Berufsalltag, das Erlebnis eines großen christlichen Festes, und nicht zuletzt vielfältige Kontakte mit den Besuchern. (...)

Das Passionsspiel als Gedächtnis von Heilserfahrung – damit sind wir im geistigen Zentrum, am Lebensnerv des Spiels. Das Oberammergauer und auch die anderen Passionsspiele, wie sie sich seit dem 13. Jahrhundert entwickelten, im Mittelalter in ganz Europa verbreiteten und im 17./18. Jahrhundert noch einmal eine Blüte im bayerisch-österreichischen Raum erlebten – sie alle wollten und wollen nicht das grausame Scheitern eines Menschen im Tod erzählen, sondern das durch Tod und Auferstehung Jesu der Menschheit sich erschließende Leben. Ihre Bezeichnung ist eigentlich irreführend, denn es sind keine »Passions-«, sondern »Erlösungs-Spiele«.

(aus: »Passion Oberammergau 1990«. Offizieller Bildband. Oberammergau 1990, S. 5 ff.)

Unterm Strich

Passionsspiele 1990

Einnahmen	rd. DM 45.000.000	

Ausgaben		
Spielvorbereitung	rd. DM 7.000.000	
Honorare	rd. DM 24.000.000	
Spenden	rd. DM 1.000.000	

Überschuß	rd. DM 13.000.000	vor Steuern

Passionsspiele 2000

Einnahmen	rd. DM 70.000.000	

Ausgaben		
Spielvorbereitung	rd. DM 7.000.000	
Honorare	rd. DM 31.000.000	
Sanierung Passionstheater	rd. DM 15.000.000	
Spenden	rd. DM 1.500.000	

Überschuß	rd. DM 15.500.000	vor Steuern

Die Rechnung für 2000 ist so geplant. Voraussetzung ist, daß das Passionsspiel zu 100 Prozent besucht wird. Wenn dies nicht der Fall sein sollte, aus welchen Gründen auch immer, sind die Einnahmen entsprechend niedriger. Ein Überschuß geht in die Rücklagen der Gemeinde und wird in der Regel zur Finanzierung von Folgelasten von Investitionen im Tourismusbereich bzw. für Investitionen in die Infrastruktur verwendet.

(Quelle: Gemeinde Oberammergau)

ERGEBNISS
DER PASSIONSDARS
CHRISTUS PREISINGER
PROLOG LANG
CHORFÜHRER
KAIPHAS
MAGDALENA

Politik

Was um die Jahrtausendwende in positiver Weise als »Streitkultur« bezeichnet wird, hat in Oberammergau eine lange Tradition. Schon Ende des 19. Jahrhunderts war eine für das Bayern dieser Zeit unübliche Form politischer Willensäußerung geplant: eine Demonstration nach Linderhof. Ursache war eine drohende Textrevision durch Wilhelmine von Hillern. Auch ohne diese Deklamation wurde dann dieser Eingriff abgewendet, doch erstritten musste er erst einmal sein.

Was von außen gelegentlich genüsslich als bayerische Lust am Raufen kommentiert wird, im Innern gewiss auch lästig sein kann, erweist sich als zwingend notwendig in der besonderen Situation, in der diese Gemeinde steht. Gespielt muss werden, darüber gibt es überhaupt keine Debatte, es fragt sich eben nur, wie. Daraus ergibt sich einerseits eine engere Bindung der Einwohner aneinander als in anderen menschlichen Sozietäten, andererseits prallen unterschiedliche Weltanschauungen, Lebensstile, individuelle Temperamente unausweichlich aufeinander.

Und wo das Wirtshaus als Ort des Diskurses nicht mehr ausreicht, wird die Auseinandersetzung eben auch über Flugblätter, Unterschriftenlisten und Bürgerbegehren ausgetragen. Inzwischen sind die Oberammergauer führend in der Anzahl kommunaler Volksbegehren in Bayern und nähern sich in gewisser Hinsicht einer basisdemokratischen Gemeinschaft. Die Entwicklung bis zu diesem Punkt ist freilich eine lange.

1950 musste man sich noch mit der nationalsozialistischen Vergangenheit auseinandersetzen, was natürlich Konsequenzen für die Spielerwahl hatte. Allerdings wurde bis in die achtziger Jahre die damit verbundene ideologische Bewältigung teils nur recht halbherzig betrieben. Ernst Maria Lang weist freilich darauf hin, dass 1950 und auch schon früher sein Vater, der von 1922 bis 1960 tätige Spielleiter Johann Georg Lang, auf die Reform der Passion gedrängt hatte.

Ein Markstein in der politischen Auseinandersetzung des Dorfes war der Versuch, statt des Textes von Daisenberger das ganz anders geartete Spiel auf der Grundlage von Ferdinand Rosner durchzusetzen. Die bereits 1960 einsetzende Debatte kulminierte 1977 in einem Probelauf, mit dem Hans Schwaighofer seine Konzeption vorstellen konnte. Erfolgreicher in der Durchsetzung ihrer Forderungen sind 1990 die Frauen des Dorfes – in der Folgezeit setzt sich Stück um Stück über diverse Abstimmungen eine reformerische Linie durch. Das kulturgeschichtlich wie politisch bedeutsame Stichjahr 1968 findet in Oberammergau eigentlich erst 1990 statt. Einzelne Stationen dieser Geschichte dokumentiert der folgende Abschnitt.

Zuletzt einigt die Oberammergauer doch wieder eines: das Spiel vom Leiden und Sterben des Jesus Christus. Einträchtig sitzen die zwölf Apostel stellvertretend für die ganze Gemeinde am Tisch des Letzten Abendmahls, eine menschliche Urgemeinschaft symbolisierend.

Franz J. Rappmannsberger

Spielerwahl 1960

Die Wahl erregt nicht nur das Dorf. Auf der ganzen Welt gibt es Leute, die sich für die Träger der zwanzig wichtigsten Rollen interessieren, die im Lauf der nächsten Stunden bekanntgegeben werden: Den Prolog spricht der Bildhauer Franz Zwink, den Chor führt der Malermeister Max Schmidt. Judas ist wieder der 39jährige Bildhauer Hans Schwaighofer – ein Schüler von Professor Henselmann –, der zugleich zum stellvertretenden Spielleiter gewählt wurde; den Petrus spielt der 63jährige Holzschnitzer und Landwirt Johann Maier; den Johannes Werner Bierling, Bildhauer, 28 Jahre alt (er ließ sich nach der Wahl sogleich den Bart abnehmen); den Herodes gibt der Bildhauer Arthur Haser, Preisingers Rivale um die Christusrolle im Jahr 1950.

Wie 1950 ist der Hohepriester Annas mit Jakob Klucker, einem Bildhauer, besetzt. Die Kaiphas-Rolle ist eine der größten und schwersten und hat in den Oberammergauer Annalen berühmte Vorbilder. Benedikt Stückl jun., Wirt des Gasthofs »Rose«, der als Kaiphas zum zweitenmal gewählt wurde, ist noch jung – 36 Jahre alt. Ob er aber die Rolle diesmal gleich von Anfang an wird spielen können, ist zweifelhaft, nachdem er sich beim Wintersport Ende Februar 1960 einen Oberschenkel gebrochen hat. Nun wird wohl der Ersatz-Kaiphas, Arthur Haser, öfter diese Rolle spielen dürfen, als ohnehin schon vorgesehen war. Denn das ist das Neue beim Passionsspiel 1960: Einige Ersatzleute der Hauptrollen stehen dieses Jahr nicht Gewehr bei Fuß in Reserve, sondern übernehmen in wenigstens vierzehn von 83 Spielen die Rolle des Christus, Kaiphas und Judas – mit anderen Worten: Helmuth Fischer, der 29jährige Justizreferendar, als Apostel Thomas gewählt und zum Ersatz-Christus bestellt, wird etwa vierzehnmal statt Anton Preisinger auf dem Esel in Jerusalem einreiten, das Brot brechen und gekreuzigt werden.

Das hat es in Oberammergau bisher noch nie gegeben. Eine Art Fronde zorniger junger Männer gegen das Herkommen, vielleicht auch gegen die Herrschaft Älterer hat diese Zugeständnisse, die für Oberammergau revolutionär sind, erwirkt oder erzwungen. Ebenso oft wie die Christusrolle soll die Kaiphasrolle mit Arthur Haser und die Judasrolle mit Toni Maderspacher umbesetzt werden. Das gibt die Möglichkeit zum Vergleichen, zum Messen der Talente, der »Auffassungen«. Vielleicht bremst es aber auch den Zug zum Starkult, den gerade Oberammergau nicht verträgt und nicht wuchern lassen kann, ohne die Botschaft des Spiels zu verraten.

Den römischen Landpfleger Pontius Pilatus spielt der 60jährige Sägewerksbesitzer Melchior Breitsamter heuer bereits zum viertenmal. Ein Typ der sich gehalten hat. 1930 entsprach er ebenso den Vorstellungen eines Oberammergauer Römers wie heute. Breitsamter hat sich nach dem Krieg um die Gemeinde verdient gemacht. Zusammen mit Alfred Bierling, der ebenfalls nicht in der NSDAP war, ging er am 29. April 1945 den anrückenden Amerikanern entgegen und übergab ihnen das Dorf. Er wurde dann 1947, nachdem sich herausgestellt hatte, daß alle Pläne, das Passionsspiel schon früher aufzuführen, nicht realisierbar waren, zum Lizenzträger für die Spiele 1950 bestimmt. Eine Lizenz war damals auch für die Passionsspiele nötig.

Als die Trägerinnen der Frauenrollen bekanntgegeben wurden, gab es Tränen. Nicht Gabriele Gropper, die Magdalena von 1950, sondern die 21jährige Kontoristin Irmgard Dengg wurde als Mutter Maria ausgewählt. Anneliese Mayr, von gleichem Alter und Beruf, spielt die neue Magdalena. Nach den Spielbestimmungen muß die »Mutter Gottes« unverheiratet sein, ferner soll sie das 35. Lebensjahr nicht überschritten haben. Diese Bestimmung stützt sich auf eine alte Übung, die praktische Gründe hat: Die verheirateten Frauen hatten früher alle Hände voll zu tun mit der Sorge um Familie, Spieler und Gäste. Außerdem klammert man sich an den Begriff Jungfrau und an das bessere Aussehen einer jugendlichen Darstellerin, zumal wenn sie noch Spieltalent hat.

(aus: Franz J. Rappmannsberger »Das große Gelübde. Oberammergau. Legende und Wirklichkeit«. München 1960, S. 20 ff.)

Der Gemeinderat

Liebe Bürger von Oberammergau!

Sie kennen die Vorgeschichte der Rosnerproben, die in ihren Diskussions-
sätzen bereits auf die Zeit nach dem Passionsspiel von 1960 zurückgeht.
Sie wissen auch um die Kontroversen über die Aufführung des Daisen-
berger-Spiels und kennen das schwierige und leidenschaftliche Ringen
aller Beteiligten, Interessierten und Verantwortlichen in unserem Dorf
um die beste Lösung für eine unserer Zeit gemäße Erneuerung des Passi-
onspiels aus seiner eigenen Tradition heraus.
Dazu erschien es jedoch notwendig, eine klarere Vorstellung davon zu
bekommen, ob die Spielfassung nach Rosner eine realisierbare Alternative zum bisherigen Spiel darstellt. Darum hat der Gemeinderat 1975 einstimmig beschlossen, eine Reformprobe nach Pater Ferdinand Rosner in
einer Bearbeitung von Alois Fink und einer Inszenierung von Spielleiter
Hans Schwaighofer im Sommer 1977 zur Aufführung zu bringen.
Die Gemeinde Oberammergau hat für diesen Versuch keine Opfer ge-
scheut. Jeder Bürger unseres Dorfes kann sich auch ein Bild davon machen, welche Fülle von Arbeit und wieviel persönliche Leistung alle aktiv
Beteiligten in diese Sache investiert haben. Dafür sei allen herzlicher
Dank gesagt. Aber die Arbeit ist noch nicht getan, die Entscheidung über
das Spiel von 1980 – bearbeiteter Daisenberger oder bearbeiteter Rosner
– steht noch aus. Der Gemeinderat kann sich der Verantwortung dafür
nicht entziehen, aber er will sich diese schicksalhafte Entscheidung auch
nicht leicht machen. Obwohl jeder einzelne von uns persönlich mit zahllosen Meinungsäußerungen aus der Bevölkerung konfrontiert wurde, soll
die Meinung der Bürger als Entscheidungshilfe für den Gemeinderat in
einer offiziellen Befragung erforscht werden.
Für die Meinungsbildung der Oberammergauer Bürger ist aber nicht nur
das eigene Urteil nach dem Besuch einer der öffentlichen Probe-Auf-
führungen von Bedeutung, sondern auch das Echo von außerhalb des
Dorfes. Darum haben wir Auszüge aus Presse- und Rundfunkkritiken,
kirchliche Stellungnahmen und Zuschriften von Besuchern zusammen-
stellen lassen, um sie – ergänzt durch einen kurzen Aufriß der Finanzierung und durch den offiziellen Bericht des Spielleiters – allen Haushalten
unserer Gemeinde in gedruckter Form als Information zukommen zu
lassen.

Sicherlich ist das Passionsspiel in erster Linie Sache von uns Oberammergauern selbst. Aber die Reaktionen einer breiten Öffentlichkeit – von den Medien über die Religionsgemeinschaften bis zu Reiseveranstaltern und anderen Multiplikatoren – entscheiden mit darüber, welche Aufnahme unser Passionsspiel 1980 finden wird, ferner ob die Voraussetzungen für eine wirkungsvolle Werbung und einen guten Besuch der Aufführungen gegeben sind. Vom Echo in der Öffentlichkeit hängt es darüber hinaus auch ab, ob das Passionsspiel Oberammergau durch ein würdiges und anerkanntes Spiel seinen weltweiten Ruf erhalten kann, den es als Fremdenverkehrsgemeinde auch in den spielfreien Jahren braucht.

Nicht zuletzt möchten wir den Anlaß dieser Informationsschrift auch dazu benutzen, all denen herzlich zu danken, die uns bei dem Versuch, neue Wege zu erkunden, von außen her unterstützt haben: voran der Bayerischen Landesstiftung und dem Bayerischen Rundfunk für ihre materielle Hilfe. Unser Dank gilt aber auch allen, die sich mit so großer Aufgeschlossenheit und soviel Ernst der Mühe einer kritischen Würdigung unserer Rosner-Probe unterzogen haben.

Oberammergau, Dezember 1977

(aus: »Das Echo auf die Rosner-Probe 1977. Dokumentation der Gemeinde Oberammergau«. Bearbeitet von Hannes Burger. Oberammergau 1978, Vorwort S. 5 f.)

Kindische Show

Das ist keine Passion mehr, das ist Show im wahrsten Sinne des Wortes. Die Versform macht die Show kindisch, selbst nach Überarbeitung derselben. Der Zuschauer vermißt die Worte des Evangeliums. Verse nehmen die Feierlichkeit. Man verläßt die Vorstellung in der Meinung, eine sehr gute Show gesehen zu haben. Man ist nicht ergriffen. Die Passion Christi wurde modernen Ansichten geopfert.
R. Hemi, Arnstorf

Enttäuscht vom Höllenspektakel

Bisher war es ein Passionsspiel, oder wenn man will, ein Schauspiel. Jetzt wird es aber reines Theater oder Spektakel. Auch Bekannte, die wir extra aus Bonn eingeladen hatten und denen man wirklich gesunde christliche Ansichten nachsagen kann, waren enttäuscht und von dem übertriebenen Höllenspektakel sogar entsetzt.
Karl-Heinz Loos, Friedberg-West

Die alte Fassung ist würdiger

Ich habe die Spiele 1970 und jetzt gesehen und habe das Empfinden, daß die alte Fassung würdiger ist und dem Geschehen um die Kreuzigung gerechter wird. Am meisten hat mich bei der neuen Fassung das Treiben der Geister, d. h. der inneren Stimmen gestört.
Herta Kaufmann, Bonn

Vorzüge und Schwächen

Das gezeigte Reformspiel kann man in seiner jetzigen Form weder hundertprozentig bejahen, noch kann man es in seiner Form ablehnen. Es hat seine Vorzüge, aber auch seine Schwächen. Auf alle Fälle müßten Änderungen vorgenommen werden.
Die Szenen von der Vertreibung aus dem Tempel sowie der Einzug in Jerusalem müssen vergrößert und eindrucksvoller gestaltet werden. Gegenüber 1960 waren diese Teile des Spiels sehr enttäuschend.
Daß der zweite Teil des Spieles auf die Nacht verlegt wurde ist schon ganz gut. Aus dem religiösen Spiel ist noch dazu eine grandiose Show geworden und hat seine Wirkung nicht verfehlt.
Fritz Kohlmann, Markt Eckental

(aus: »Das Echo auf die Rosner-Probe 1977. Dokumentation der Gemeinde Oberammergau«. Bearbeitet von Hannes Burger. Oberammergau 1978, S. 97)

Neue Wege suchen

Interview mit dem Architekten Ernst Maria Lang, dem Sohn des früheren Spielleiters Johann Georg Lang (Münchner Abendzeitung).

E. M. Lang (1922 und 1930 beim Volk aktiv, 1934 ein Legionär): »Wenn man die alten Bilder durchsieht: süßlich zum Verrecken, da sieht man erst, wie lätschert das ist. Mein Vater wußte, das Spiel mußte einer Kur unterzogen, mußte ausgemagert werden. Er hat versucht, eine zeitlose Form zu gewinnen. Deshalb die karge Form der Bühne, er hat sie total abgerissen und neu gebaut, so wie sie heute noch steht. Schon 1922 hat er versucht, den Text einzustreichen, hat Sentenzen geändert, hat mit jungen Spielern arbeiten wollen. Aber da kam das Problem heraus: Die alten Spieler beherrschten seit Jahrzehnten den alten Text und sie sahen keine Motivation, ihr Angebot zu verändern.«

Es gab also vor dem nochmals so berühmten Spiel von 1930 regelrecht offene Fronten?

E. M. Lang: »Nicht so hart wie heute, aber trotzdem wurden Drohungen ausgestoßen, es gab gegnerische Gruppierungen. Mein Vater war ein monolithischer Mann, er hat eben gekämpft, er mußte durch seine Überzeugungskraft die Spieler gewinnen. Keiner hat sich vorstellen können, wie das neue Spiel laufen soll. Die einzige Brücke war der alte Text. Die Leute waren auch dagegen aus Angst, daß der Erfolg, auch der wirtschaftliche Erfolg, gefährdet war. (...) Für mich ist sehr entscheidend, daß mein Vater der erste war, der 1950 erklärt hat, man müsse jetzt neue Wege suchen. Er sprach mit unzähligen Schriftstellern, und er hat als erster den Kontakt zu Orff gesucht. Er war bereit, die von ihm erfundene Form aufzugeben. Das ist es, was eigentlich alle Anwälte, die vorgeben, sein Spiel zu verteidigen, tief beschämen müßte.«

(aus: »Das Echo auf die Rosner-Probe 1977. Dokumentation der Gemeinde Oberammergau«. Bearbeitet von Hannes Burger. Oberammergau 1978, S. 87)

Fritz Janda

Die Passionsfrauen jubeln

Sekt für alle: »Hurra, g'wunna hamma!« Nur Monika Lang muß sich setzen: »Mir schlottern ja so die Knie. Schon einmal bin i heimg'fahrn nach
Oberammergau. Damals, als wir Frauen vor Gericht verloren haben. Da
ham's mich schon am Bahnhof mit Spott empfangen. Jetzt kommen mir
anders heim. Jetzt ham mir's!« Was die Frauen von Oberammergau jetzt
haben, hatte ihnen Johannes Wittmann, Vorsitzender Richter am 4. Senat des Bayerischen Verwaltungsgerichtshofs in München, gestern früh
in seinem knappen Schlußurteil bestätigt: »Der Ausschluß der Klägerinnen von der Wahl des Passionsspielkomitees für die Spiele 1990 war
rechtswidrig. Die Gemeinde wird verurteilt, ihnen das Recht einzuräu-
men, an der Passion mitzuwirken.« Das mit drei Männern besetzte Gericht hat die Frauenemanzipation endlich auch in Oberammergau in letzter Instanz durchgesetzt. Der Oberammergauer »Weiberkrieg« ist zu Ende. Oder geht er jetzt erst richtig los?
Bürgermeister Klement Fend (34) gibt sich zuversichtlich: »Schwierigkeiten hat es mit der Passion schon immer gegeben, die Gemeinde wird's
auch diesmal schaffen.« Im Gerichtssaal hatte er sich zu einer mannhaf-
ten Pose durchgerungen und den drei Klägerinnen, Monika Lang (42),
Anneliese Zunterer (51) und Hella Wolf-Lang (69), die seit fast zwei Jahren gegen die Gemeinde prozessierten, als erster gratuliert. Sie haben das
alte Männerprivileg gekippt, wonach verheiratete Frauen und solche über
35 Jahren von der Mitwirkung an der Passion ausgeschlossen blieben.
Wie schluckt der Bürgermeister die Niederlage? »Die Gemeinde hat verloren, und ich vertrete hier die Gemeinde. Aber ich halte das Urteil für gerecht.« Noch am Montag hatte er eine Sondersitzung des Gemeinderats
einberufen, um in letzter Minute einen Versöhnungsbeschluß zu erreichen und die Gemeinde vor der abzusehenden Blamage einer Niederlage
zu bewahren. Ohne Erfolg. Mit 9:7 Stimmen schmetterte die Betonriege
im Rat sein Ansinnen ab. »Ja mei, unser Oberammergau«, seufzt da Anneliese Zunterer, »ein Hort der Sturheit eben.«
Dabei war Bürgermeister Fend in einem offenen Brief an alle Mitbürger
sogar so weit gegangen, daß er sich quasi offiziell auch für den Anwalt
seiner Gemeinde, Helmut Roithmaier, entschuldigte. Der nämlich hatte
sich bei Gericht bis zuletzt unter Einsatz zahlreicher Bibelzitate (Jesus zu

Maria: »Weib, was habe ich mit dir zu schaffen«), lateinischer Weisheiten (»Mulier taceat in ecclesia« – Die Frau schweige in der Kirche) und Bezügen auf die »Virgo (Jungfrau) Maria« ebenso vehement wie eloquent gegen die Frauengleichberechtigung bei der Passion gestemmt.

Als er die Beschränkungsklauseln dann aber auch noch als geradezu edle Fürsorgepflicht der Gemeindeväter für die »durch Kinder und Beruf ohnehin überbelasteten Frauen« darstellte, provozierte er nicht nur höhnisches Gelächter im Saal, sondern auch sichtliche Heiterkeit beim Senat. Und vom »Vertreter des öffentlichen Interesses« in der Sitzung, dem Oberlandesanwalt Martin Bauer, bekam er die »Fragwürdigkeit« solch männlicher Fürsorge vorgehalten: »Wir leben doch nicht mehr im 17. Jahrhundert. Lassen wir doch die Frauen selbst entscheiden.« Und überhaupt: Was ist mit den berufstätigen Männern? Bauer: »Sollte man die nicht auch mal entlasten?«

Jetzt rückt Bürgermeister Fend deutlich vom Gemeindeanwalt Roithmaier ab: »Er hat ohne vorherige Absprache Gründe angeführt, die ich nicht vertreten kann. Diese Gründe entsprechen nicht meiner Einstellung und sie werden auch nicht der Rolle der Frau in der heutigen Gesellschaft gerecht.«

Doch 1990 ist in Oberammergau ja nicht nur Passionsjahr, sondern auch Wahljahr. Und wenn beides zusammenfällt tobt der Kampf um die (neuerdings 20) Sitze im Gemeinderat traditionell besonders heftig im »heiligen Dorf«. Zwölf Listen, 215 Kandidaten kämpfen um die Macht im Rathaus der 5.000-Seelen-Gemeinde. Mit harten Bandagen – schon im Vorfeld. Als vor einem Jahr der junge, reformfreudige Passionsspielleiter Christian Stückl gegen hinhaltenden Widerstand der eingefleischten Traditionalisten durchgesetzt werden konnte und dieser Stückl dann auch noch »seine Leut« (darunter mit Ausnahmeerlaß sogar eine verheiratete und über 35jährige »Maria«) rein- und etliche Altstars rausboxte, – da brannten im Dorf Stadel ab, da wurden Wände beschmiert, da steckten morgens anonyme Schmähschriften in den Hausbriefkästen. Das lockte die Presse ins Dorf. Was Martin Norz, den 24jährigen 1990er-Christus noch heute in Rage bringt. Bei der Probe auf der Passionsbühne redet er sich in einen geradezu jesusmäßigen heiligen Zorn: »Was ihr damals für einen Schmarrn g'schrieben habt's. Als ob mir Jungen Brandstifter wär'n. A Sauerei. Des war vielleicht reiner Zufall. Grad is ja wieder a Stadl ab'brennt. Aber da hat keiner mehr was g'schriebn.«

Das Thema ist noch immer heiß in Oberammergau. Kocht es nach dem Frauen-Urteil noch einmal auf? Wieder sind Pressefotografen, Reporter, Fernsehteams allgegenwärtig im Dorf. Und Bürgermeister Fend wiegelt vorsorglich schon einmal ab: Neue Tumulte unter seinen Gemeindeschäflein? »Aber gehen's, wir leben doch nicht im Wilden Westen!«

Doch der tiefe Süden ist auch nicht ohne. Und Anneliese Zunterer schwant bereits nichts Gutes: »Bei uns ist doch nicht nur die Passion total politisiert, sondern auch in der Politik spielt die Passion schon immer eine wichtige Rolle.«

Hella Wolf-Lang stimmt zu: »Im Dorf denkt man doch nur zehnjahresweise – in Passions-Intervallen. Die Passion hat sicher die Emanzipation der Frauen behindert. Und die Politik war immer Männersache. Solang ich denken kann, hat es nie eine Frau im Gemeinderat gegeben. Das mußte ja den Größenwahn der Männer fördern.« Und Monika Lang ist überzeugt: »Nach diesem Urteil werden zwar einige vor Freude Luftsprünge machen, aber andere werden auch entsetzt sein. Und die, die es ewig nicht wahrhaben wollten, werden jetzt erst recht grollen.«

Damit das anders wird, treten sie jetzt mit einer eigenen »Frauenliste« zur Wahl an – mit Monika Lang und Anneliese Zunterer als Spitzenkandidatinnen. Vom Urteil erhoffen sie sich auch Wahlkampf-Aufwind. Und nicht nur von überzeugten Emanzen. Es gibt ja auch noch andere Konsequenzen. Allein eine Rolle als schlichtes »Volk« brachte in der Passion immerhin 12.000 Mark Honorar im Jahr. Ab 35 oder mit Ehemann war's damit bisher »aus« für Frau in Oberammergau. Jetzt, nach dem Urteil, aber haben angeblich schon einige Spät-Twens freudig gejubelt: »Jetzt kann i endlich heirat'n!«

Zusammenhalt ist für die »Frauenliste«-Frauen das Gebot der Stunde. Denn schon wird an den Stammtischen auch von finsteren Plänen gemunkelt, die laut Gericht »öffentlich-rechtliche Gemeindesache« Passion einfach unter Vereinsrecht zu stellen: »Da hätt' ma die Weiber glei wieder draußen.«

Doch die »Frauen«-Kandidatinnen sind sich einig: »Solche Hintergedanken gibt es sicher bei einigen. Aber das werden wir Frauen im Gemeinderat schon verhindern.« Denn daß sie mit mindestens zwei Vertreterinnen ins Rathaus einziehen werden, glauben sie fest. Und das örtliche Wahllotto beim Friseur bestätigt bereits den Trend.

Wahlkampf in Oberammergau: Für den Außenstehenden eine schwer durchschaubare Sache. Denn da gibt es ja nicht nur so eindeutige Listen wie die der Reps, wo Männer draufstehen, wie der im Dorf nur unter seinem »Hausnamen« als »der Tag-und-Nacht-Rausch« bekannte wackere Zecher, oder die Liste »Für unser Dorf«, wo hauptsächlich alte Passions-Haudegen kandidieren, denen die Reformer heuer »die Schuah nausg'stellt hab'n«. Nein, da gehen auch familiäre Verbindungen kreuz und quer. Da hat der Bürgermeister Fend, einst Spitzenkandidat der Liste »Schwindelfrei« jetzt plötzlich in seine »geistige Heimat«, die CSU, zurückgefunden. Und da schimpft nun sein Ex-Spezi Heino Buchwieser, Bürgermeisterkandidat der Liste »Dorfpolitik neu überdacht« über Fend, mit dem er einst zusammen angetreten war, um Passion und Politik zu reformieren: »Der fährt einen ganz opportunistischen Zickzackkurs. Ein Rückgrat wie ein Duschschlauch.«

Freilich, auch über Buchwieser wird beim Bier gelästert: »Der Heino wär ja scho a ganz a patenter Kerl. Aber wann er Burgamoaster wird, dann woaßt eh, wer wirkli regiert – sei Muatta.« Denn Mutter Anneliese Buchwieser ist auch politisch engagiert. Die Kauffrau kandidiert auf der »Frauenliste«.

Und über die gibt es im frommen Dorf auch schon wieder ganz unfromme Männer-Sprüchl: »Die Weiber nehman überhand / mir müassn's hoamli wag'n / mir müassn jetzt an Prügl nehma / die Bes'n all' daschlag'n.«

(aus: Fritz Janda »Die Passionsfrauen jubeln: Endlich dürfen sie heiraten«. In: Münchner Abendzeitung, 23. Februar 1990)

Maria Magdalena (Helga Stuckenberger) salbt Jesus (Martin Norz), Passionsspiele Oberammergau 1990

Offener Brief des Landrats
zur Spielleiterwahl für das Jahr 2000

Sehr geehrter Herr Dr. Zwink,

in Ihrem Rundschreiben und dem »Konzept für die Spielleitung des Oberammergauer Passionsspiels im Jahr 2000« machen Sie Ausführungen, die nicht unwidersprochen bleiben können.

Einerseits versuchen Sie den Eindruck zu erwecken, daß Sie das Passionsspiel 2000 unverändert beibehalten wollen, andererseits unterbreiten Sie zum Teil sehr weitgehende Vorschläge zur Neugestaltung.

Was gilt nun?

Am 14. September 1996 schreiben Sie, »daß es mein größtes Anliegen ist, daß unser Passionsspiel in der Form erhalten bleibt, wie wir es kennen und lieben gelernt haben« und stellen weiter fest, daß die Erhaltung der bewährten Form nur mit ihnen als Spielleiter gewährleistet sei.

Ihr »Konzept« enthält davon abweichende Aussagen für zum Teil wesentliche Veränderungen: Sie wollen einen »ausschließlich sprachlich überarbeiteten Daisenberger-Text mit einer kräftigen, der heutigen Zeit angepaßteren Sprache«. Sie wollen einen Text, in den der Autor (welcher?) »wieder mehr Dramatik hineinbringt«. Etwas später führen Sie aus, daß der Text von »reinen Fülltexten befreit, ein ausgezeichnet spielbarer Text« wird.

Um mehr Dramatik zu erreichen, genügt es also, die Fülltexte zu entfernen? Was sind eigentlich Fülltexte im Passionsspieltext? Bleibt nach einer solchen Bearbeitung von Daisenberger überhaupt noch etwas übrig? Alles ganz einfach?!

Auch die Bühnenbilder wollen Sie grundlegend ändern. Sie wollen ein Bühnenbild schaffen (wer soll das machen?) »nach dem Vorbild großer klassischer Operninszenierungen, wie sie jetzt in neuerer Zeit ... langsam wieder Fuß fassen«.

Die alten Bühnenbilder werden also alle verschwinden. Sind das keine einschneidenden Veränderungen?!

Die Oberammergauer werden ihr Spiel nicht wiedererkennen, das sie so sehr lieben. Sie haben aber versprochen, es zu erhalten, »wie wir es kennen und lieben gelernt haben«.

Sie stellen fest: »Keine Bearbeitung unserer Passionsmusik« und: »für jegliche Bearbeitung, sei es bei der Musik, bei den Bühnenbildern etc. müssen die Urheberrechte für immer an die Gemeinde abgetreten werden«.
Was gilt nun, wollen Sie eine Bearbeitung der Musik oder nicht?
Zur Frage des Inszenierung machen Sie Aussagen, die aufhorchen lassen: »Neugestaltung« und »Neubelebung«!
»Auch ich möchte notwendige Veränderungen und nicht ein Passionsspiel, wie's immer war!«, sagen Sie.
Sie wollen »ein gut gemachtes Laienspiel und nicht ein mäßig gemachtes Profitheater auf die Bühne bringen«, womit Sie Christian Stückls Fähigkeiten als Spielleiter in Zweifel ziehen.
Nennen Sie doch einen Grund, warum ein mit den Oberammergauer Spielern vertrauter Profi wie Christian Stückl, kein gutes Laienspiel inszenieren kann. Er hat 1990 den Beweis geliefert, daß er es kann. Sie sind den Beweis schuldig geblieben mit Ihrer »Der Bayerische Jedermann«-Inszenierung, von der Sie selbst sagen, daß sie in bezug auf die Akustik eine Katastrophe war und daß »so etwas nicht noch einmal passieren darf« (Garmisch-Partenkirchner Tagblatt vom 6. Juli 1995).
Ihre Spieler, die sich alle Mühe gaben, wurden erst verstanden, nachdem Sie eine Mikrophonanlage einsetzten. Wollen Sie das auch beim Passionsspiel 2000 machen?
Geradezu revolutionär ist Ihre Feststellung, es sei notwendig, daß »der Spieler in dem Moment seines ›Text-Sprechens‹ überlegt, was rede ich augenblicklich«. Meinen Sie das wirklich ernst? Ist das alles, was Ihnen zur Spielerführung einfällt?
Umwerfend ist auch Ihre Einsicht, daß ein Spielleiter, der das Daisenberger-Dedler-Spiel nicht liebt, es auch nicht gut inszenieren könne.
Die Fähigkeit, es gut zu inszenieren, hängt also nach Ihrer Auffassung in erster Linie von einer irgendwie gearteten emotionalen Bindung ab. Gehören nicht auch Gespür im Umgang mit Laienspielern, grundlegendes Theaterverständnis sowie Erfahrung in der Spielerführung und Regiearbeit dazu?
Viele Mitbürger werfen Ihnen Überheblichkeit und Selbstüberschätzung wegen Ihres am Schluß des »Konzepts« vorgetragenen Anliegens vor, durch Ihre Inszenierung wieder eine Profilierung der Hauptdarsteller erreichen zu wollen. Sie führen sogar näher aus, was Sie darunter verstehen: »Profil geben heißt: Ich möchte die Hauptdarsteller durch mein Vorsprechen und mein Vorspielen und gedankliches Einstellen so formen, daß sie Profil zeigen.«
Waren die früheren Hauptdarsteller profillos, blasse Gestalten, Nichtskönner? Waren die früheren Spielleiter nicht fähig, den Hauptdarstellern Profil zu verleihen?

Was bilden Sie sich eigentlich ein?! Wofür halten Sie sich?!
Zum Schluß möchte ich Ihnen noch Folgendes sagen:
Warum betonen Sie wiederholt, daß Sie die Urheber- und Nutzungsrech-
te an die Gemeinde Oberammergau abtreten? Das ist doch nichts Besonderes. Auch Christian Stückl hat die von der Gemeinde geforderte Erklärung unterzeichnet, übrigens auch schon im Jahr 1990.
Obwohl der Gemeinderat am 18. September 1996 einstimmig den Er-
klärungen der beiden Bewerber für die Spielleitung zugestimmt hat, wollen Sie den Bürgern immer noch weismachen, daß Christian Stückl sich
nicht an die getroffenen Vereinbarungen hält. Das ist ein unfairer Stil,
der mit Ihrer Ankündigung, das Passionsspiel 2000 müsse ein Spiel der
Versöhnung werden, schlecht zu vereinbaren ist.
Sie sagen mit Recht, daß es für unser Dorf von größter Wichtigkeit ist,
wer im Jahr 2000 Spielleiter wird.
Ich habe erhebliche Bedenken, daß Sie die Voraussetzungen mitbringen,
die an einen Spielleiter gestellt werden.
Ich habe nur einige Beispiele angeführt, die belegen sollen, warum viele
Mitbürger und ich Angst haben, wenn Sie Spielleiter werden.
Mit freundlichen Grüßen

Dr. Helmut Fischer

(Postwurfsendung zum Bürgerentscheid am 29. September 1996)

Der Bürgermeister zur Wahl des Spielleiters für die Passionsspiele 2000

Sehr geehrte Mitbürgerinnen und Mitbürger,
liebe Oberammergauerinnen und Oberammergauer,
morgen, am 29. September 1996, entscheiden Sie, wer die Spielleitung für das Passionsspiel im Jahr 2000 übernimmt.
In den letzten Tagen wurde ich vermehrt und von verschiedenen Seiten gefragt, welche Stellung ich als Bürgermeister unserer Gemeinde hierzu einnehme. Ich will Ihnen mit dieser Information meine Gedanken und Überlegungen mitteilen.

Zunächst zum Bürgerentscheid

Ich wollte für die Bestimmung des Spielleiters keinen Bürgerentscheid. Ich bin nach wie vor der Meinung, daß es sich hier um eine Personalentscheidung handelt, die der Gemeinderat zu treffen hätte. Ich akzeptiere aber die Entscheidung des Landratsamtes, die von der Regierung von Oberbayern gestützt wird.
Vor der Personalentscheidung wollte ich ausführliche Konzepte der verschiedenen Kandidaten (Textproben, evtl. Musikbearbeitung, Bühnenbild- und Kostümentwürfe) der Öffentlichkeit vorstellen und dann eine Entscheidung über den Spielleiter und sein Konzept herbeiführen. Damit wären auch alle Fragen, die z. B. Dr. Fischer in seinem offenen Brief an Dr. Rudi Zwink gestellt hat, beantwortet worden. Bei den Kandidaten hätte ich sehr gerne auch Herrn Otto Huber gesehen, der seine Vorstellungen mit eigenständigen Überlegungen bereits zugesagt hatte.
Ungeachtet dessen werde ich das Ergebnis des Bürgerentscheides, als Willen der Bürgerinnen und Bürger, annehmen. Ich sichere bereits jetzt dem gewählten Spielleiter eine gute Zusammenarbeit zu, um den Passionsspielen im Jahr 2000 zu einem bestmöglichen Erfolg zu verhelfen.

Nun zu den Kandidaten

Christian Stückl ist ein begaber »Theatermensch«. Zeugnis hierfür ist seine, für einen Amateur ungewöhnliche, Berufung ins Profilager, wenngleich seine Karriere nicht immer so makellos verlief, wie sie von seinen

264

Anhängern oft hingestellt wird. Christian Stückl hat mit seiner Arbeit in Oberammergau, besonders durch die Inszenierung der Passionsspiele 1990, viel geleistet. Er konnte sich mit Unterstützung der Gemeinde als »Theaterer« entfalten, ohne daß je auf die Auswahl oder die Inszenierung der Stücke Einfluß genommen worden wäre. Hier gilt für mich der Grundsatz der »künstlerischen Freiheit«.

Spielleiter und Spieler werden aber auch an ihren Theaterstücken gemessen und danach beurteilt. Dabei geht es nicht nur um die Darstellungskunst, sondern auch um die »Machart« und die Botschaft der Stücke. Genau hier aber kann man fragen, ob Christian Stückl bei einigen seiner Inszenierungen nach 1990, die natürlich nicht mit dem Passionsspiel verglichen werden können, nicht gern die Grenzen des guten Geschmacks verläßt. Das Theaterleben im Ort, das letztlich immer auf die Passionsspiele ausgerichtet ist, verträgt sich schwerlich mit provokativ ausgespielten Obszönitäten und auch nicht mit dem leichtfertigen Herziehen über Dinge, die das Empfinden kirchlich-religiös gesonnener Menschen verletzen muß – und, wie viele Klagen gezeigt haben, auch verletzt hat. Hiermit habe auch ich meine persönlichen Schwierigkeiten.

Als Beispiel diene das letzte Theaterstück »Romeo und Julia« im Kleinen Theater. Franziskanerpater urinieren an die Wand (oder tun so) und werden als geil, freß- und sauflustig dargestellt und damit lächerlich gemacht. Auch in Kenntnis der Neigung von Shakespeare und seiner Lust an den obszönen Ornamenten der Alltagssprache seiner Zeit finde ich solche Darstellungen weit übertrieben.

Bei Hamlet III, 2 läßt Shakespeare sagen: »... paßt das Spiel dem Wort an, das Wort dem Spiel, und habt besonders im Auge, daß ihr nicht die Mäßigung der Natur überschreitet. Denn alles was so übertrieben wird, widerspricht dem Zweck des Schauspiels ...«

Dr. Rudi Zwink ist ebenfalls Kandidat für die Wahl des Spielleiters.

Auch Rudi Zwink hat sich um das Theaterspiel in Oberammergau angenommen, sei es als Vorstand der Spielergemeinschaft, als Spielleiter und auch als Spieler. Er hat den Versuch gewagt, den »Bayerischen Jedermann« im Passionstheater zur Aufführung zu bringen: ein Unternehmen, das gleichzeitig Zuspruch und Ablehnung erfahren hat. Darüber hinaus hat er verschiedene Theater inszeniert. Erfolg hatte er mit dem »Brandnerkaspar« im Ammergauer Haus. Andere Stücke sind ihm nicht immer so gelungen. Er hat als Spielleiter zwar nicht den »Pfiff« noch arbeitet er als Profi am Theater. Aber er ist ein talentierter Spieler wie seine Christus-Rolle in den Spielen 1980 und 1984 bewies. Er ist solide und verläßlich. Wahr ist auch, daß Rudi Zwink von den zur Wahl stehenden Spielleitern der einzige ist, der sich immer und überall mit Nachdruck für das Passionsspiel von Weis/Daisenberger und der Musik von Dedler eingesetzt hat. Er hat das Passionsspiel von Anfang an vor allem als religiöses Volksschauspiel verstanden, das nach Ursprung und Geschichte einen religiösen Charakter hat.

Auch Rudi Zwink ist offensichtlich zu Veränderungen beim Passionsspiel bereit (siehe sein Konzept über die Spielleitung des Oberammergauer Passionsspiels im Jahr 2000, auch wenn dort Widersprüche entdeckt werden können).

Natürlich kann auch Rudi Zwink nicht allein die Passionsspiele vorbereiten und leiten. Ich gehe davon aus, daß im Falle seiner Wahl auch Otto Huber und Markus Zwink sich im Rahmen der Gelübdeerfüllung als Oberammergauer nicht ihrer Berufung entziehen.

Klement Fend

(Postwurfsendung an alle Haushaltungen vom 28. September 1996)

Bürgerentscheid zu Text und Musik am 21. April 1996

Fragestellung: »Sollen die Passionsspiele im Jahre 2000 auf der Grundlage der Texte von Pater Othmar Weis/Pfarrer Joseph Alois Daisenberger und der Musik von Rochus Dedler aufgeführt werden?«

Stimmberechtigte: 4.149

Zahl der Abstimmenden:	2.073	(50 %)
Gültige Ja-Stimmen:	1.540	(74 %)
Gültige Nein-Stimmen:	520	(25 %)
Ungültige Stimmen:	13	

Die Bürgerinnen und Bürger Oberammergaus stimmten mit 74 Prozent für Weis, Daisenberger und Dedler als Basis der Passion 2000.

Bürgerentscheid zur Spielleitung am 29. September 1996
(Verbundener Volksentscheid)

Fragestellung Bürgerentscheid 1: Spielleitung Dr. Rudolf Zwink
»Soll für die Passionsspiele 2000, auf der Grundlage von ›Weis/Daisenberger/Dedler‹, Herr Dr. Rudolf Zwink mit der Spielleitung beauftragt werden?« Ja/Nein

Fragestellung Bürgerentscheid 2: Spielleitung Christian Stückl
»Soll für die Passionsspiele 2000, auf der Grundlage von ›Weis/Daisenberger/Dedler‹, Herr Christian Stückl mit der Spielleitung beauftragt werden?« Ja/Nein

Stimmberechtigte: 4.085

Zahl der Abstimmenden   2.683   (65,7 %)

	Bürgerentscheid 1	Bürgerentscheid 2
Gültige Ja-Stimmen:	1.170 (43 %)	1.482 (55 %)
Gültige Nein-Stimmen:	1.379	1.051
Ungültige Stimmen:	134	150

Stichfrage: Falls die beiden Bürgerentscheide 1 und 2 jeweils mehr »Ja«- als »Nein«-Stimmen erhalten: Welcher Bürgerentscheid soll dann gelten?

	Bürgerentscheid 1	Bürgerentscheid 2
Zustimmungen:	1.150 (42 %)	1.449 (54 %)
Ungültige Stimmen:	84	

Die Bürger stimmten mit 55 % Ja-Stimmen für den Entscheid 2 (Spielleitung Christian Stückl)

Bürgerentscheid zur Erneuerung der Fassade des Passionstheaters am 21. September 1997

Fragestellung: »Soll die Erneuerung der Passionstheater-Fassade nach dem Modell der Oberammergauer Architekten Krösbacher/Späth (Putzfassade mit Rundbögen) erfolgen?«

Stimmberechtigte:	4.071	
Zahl der Abstimmenden:	1.593	(39,1 %)
Gültige Ja-Stimmen:	1.093	(68,0 %)
Gültige Nein-Stimmen:	475	(30,0 %)
Ungültige Stimmen:	25	

Der Bürgerentscheid wurde gemäß der Fragestellung mit 68 Prozent Ja-Stimmen angenommen.

(Quelle: Gemeinde Oberammergau)

Gerd Holzheimer

Wahlfreiheit

Bis zur Passion 2000 ist der Spielleiter vom Gemeinderat und dem Pas-
sions-Komitee gewählt worden, wozu man wiederum wissen muss, wie in
Oberammergau der Gemeinderat zusammengesetzt ist; seit der Wahl im
April 1996 so: Die »Gelben« – so geheißen, weil sie all ihre Verlautbarun-
gen und Flugblätter auf gelbes Papier drucken – haben die meisten
Mandate, stellen 8 Gemeinderäte, haben aber damit nicht die Mehrheit.
Die CSU auch nicht, die CSU hat 6 Sitze und ist von den Gelben aus gesehen die Mitte, aber das ist schwer zu sagen in Oberammergau; mit ver-
trauten Richtungsangaben kommt man hier nicht weiter in der Politik,
denn da gibt es auch noch die Gruppe mit dem Namen »Mit Profil«, im
Dorf auch »Die Siebengescheiten« genannt, weil sie 7 Sitze haben, sich
aber aus der »Frauenliste«, Gruppierungen wie »Dorfpolitik neu durch-
dacht« und »Augenmaß« zusammensetzen. Die SPD hat auch noch einen
Sitz: interessanterweise hat den ein Bruder des Rudi Zwink inne, der selber auch Gemeinderat ist, bei den Gelben. Und dass die Gelben ihrerseits
sich wiederum aus verschiedenen Verbindungen zusammensetzen, führt
zu weit, aber zu erwähnen bleibt noch, daß auch Christian Stückl Gemeinderat ist.
Als wäre das nun nicht alles schon kompliziert genug gewesen – und
von weiß Gott unbekanntem Ausgang, denn in der CSU war und ist man
gespalten, welchem Kandidaten der Vorzug zu geben wäre – kommt nun
also der Antrag auf einen Bürgerentscheid hinzu. Den wiederum musste
zunächst der Gemeinderat auf seine Zulässigkeit hin überprüfen: mit 15
zu 6 Stimmen wäre alles klar gewesen, doch setzt der Bürgermeister die
Entscheidung aus.
Nun geht es durch die Instanzen des Landratsamts und des Bayerischen
Gemeindetages und dabei um die Frage, ob es sich bei dem Bürgerentscheid um eine Personalentscheidung handle und als solche unzulässig
wäre. Letztendlich findet sie statt.
Das hätten sich die Initiatoren dieser inzwischen fast einhundertmal in
Bayern praktizierten plebiszitären Form bürgerlicher Mitbestimmung ge-
wiss nicht träumen lassen, dass damit auch noch die Wahl, wer denn den
Jesus bei der Passion von Oberammergau spielen dürfe, beeinflusst werden könnte.

Christian Stückl bleibt Spielleiter

In den 18.45 Uhr-Nachrichten des Bayerischen Fernsehens vom Sonntag, dem 29. September 1996, wird der Bericht über die Spielleiter-Wahl der Passionsspiele von Oberammergau im Jahre 2000 gleich hinter dem Nah-Ost-Krisengipfel angekündigt, zu dem Präsident Clinton eingeladen hatte. Den einen eine Posse, zeigt es anderen das Gewicht einer Entscheidung an, die sonst in keinem Ort in und außerhalb Bayerns vorstellbar wäre, weil nirgendwo anders Politik, Kirche und religiöse Einstellung, Kultur, Spiel und persönliche Teilnahme des Einzelnen eine so hoch verdichtete Verflechtung eingehen.

Hinzu kam diesmal, dass die Wahl eines Spielleiters zum ersten Mal über den neu geschaffenen kommunalen Bürgerentscheid zuwege gebracht werden sollte.

Unterschriften hat man freilich immer schon gesammelt in Oberammergau. Christian Stückl erinnert sich, wie er selber losgezogen ist, als Bub, gegen den Rosner-Text aus dem Barock, für den er heute gern Unterschriften sammeln ließe. Am Ortsrand hat er angefangen, um sich langsam zur Mitte vorzuarbeiten, aber schon im dritten Haus, welches die dritte Unterschrift hätte geben sollen, wird er hineingezogen und gefragt, ob er, »der Hundsbua«, denn überhaupts eine Ahnung hätt von der Passion? Hat er keine, der Hundsbua, und weil er keine hat und auch keine Unterschriften mehr sammeln möcht, geht er wieder heim. Sagt zum Vater, dass er selber gehen soll, Unterschriften zu sammeln, aber er hat keine Lust mehr. Der Vater auch nicht. Später spielt der Vater den Judas, sein Sohn wird Spielleiter – und zur Sprache kommt der Text von Joseph Alois Daisenberger.

Wohl gab und gibt es immer wieder Stimmen, auch im Dorf, die den barocken Text favorisieren, der viel mehr den Kampf der Hölle gegen das göttliche Heilswollen in den Mittelpunkt rückt als der Daisenberger-Text, aber durchzusetzen ist er bislang nicht. Selbst die überzeugende Inszenierungsarbeit von Hans Schwaighofer in der Zeit zwischen den Spielen hat keine Mehrheit davon überzeugen können; ein erster Bürgerentscheid im Frühjahr 1978 ergab ein Votum von 75 Prozent der Stimmen für Daisenberger.

Ein ganzes Volk setzt sich auseinander, stimmt ab über einen Text, Traum aller Germanisten und Autoren: in Oberammergau wird er wahr. Rosner hie, Daisenberger da, 18. Jahrhundert versus 19. Jahrhundert, barockes Aufeinanderprallen von Teufel, Pest und Tod gegen mögliche Rettung durch die Passion.

Insofern ist der Ausgang der Spielleiter-Wahl mit 55 Prozent der Stimmen für Christian Stückl durchaus eine Überraschung, wenn man bedenkt, dass Stückl sich ursprünglich nicht nur für Rosner eingesetzt hatte, sondern auch in der Gemeinderatswahl nur auf etwa 700 Stimmen gekommen ist, während Dr. Zwink, Gegenkandidat von Christian Stückl auch in der Wahl des Spielleiters, mit 2.500 Stimmen den größten Erfolg überhaupt erzielen konnte.

Dr. Rudolf Zwink, alias Zwink Rudi, wie ihn alle in Oberammergau nennen, halten auch seine Gegner für einen netten Kerl und gewiss guten Zahnarzt, aber seine Konzeption der Passion 2000 fiel nicht sehr überzeugend aus. Die Berufung auf eine nicht näher definierte Tradition hielt Konkretisierungen nicht stand. Gefragt, was er denn anders machen wolle, zum Beispiel hinsichtlich der Kostümierung, antwortete Zwink: »wallend«. Und auch die dazu gehörige Gestik, welche dieses Wallen nachzuvollziehen suchte, konnte nicht erhellen, was er denn eigentlich meint und möchte – außer »dass es nicht der Stückl machen soll.« Ebenso verhielt es sich mit seinem Credo für den Daisenberger-Text, welches, bedenkt man allein die verschiedenen Fassungen, die Daisenberger selbst erstellt hat, zur Leerformel wurde – abgesehen davon, dass auch Zwink diesen Text zu bearbeiten beabsichtigte. Auf die Frage, wie und von wem dies geschehen sollte, antwortet er, dass er auf der Suche nach einem Theologen sei, der »das behutsam macht«.

Christian Stückl hingegen hat dem Gegner geradezu lustvoll Angriffsflächen angeboten – etwa wenn in seiner Aufführung von »Romeo und Julia« drei Mönche ihr Wasser an einer Mauer abschlagen. Freilich konnte Christian Stückl mit Otto Huber in seiner Mannschaft den derzeit wahrscheinlich besten Daisenberger-Kenner aufbieten, der bereits in den Repräsentationen der Kandidaten ein philologisch klar aufbereitetes Konzept zu referieren wusste. Schon in Daisenbergers Text sieht er lange Auseinandersetzungen um die Auslegung der Heiligen Schrift angelegt, vor allem, was die Passivität des Jesus Christus angeht. Zum Vergleich zieht Huber die Ausstattung der Oberammergauer Kirche heran, welche auf der rechten Seite die Passion in den Mittelpunkt der Darstellung stellt, während sich die linke auf die österliche Ebene konzentriert. Es geht ihm um die Gleichzeitigkeit, von der unsere Existenz beherrscht ist, zwischen »dem ganzen Dreck und Schmarrn, den es einem unter den Hut hineinschneit«, wie Huber sich in kräftigen Bildern ausdrückt, »und zugleich der österlichen Hoffnung«. Diesen Zwiespalt in der Einheit möchte er als Dramaturg und stellvertretender Spielleiter auch auf der Bühne des Passionsspielhauses verwirklicht sehen. Otto Huber sucht in Daisenbergers Text nach einem Jesus, der für das Leben der jetzigen Menschen ein Gewicht hat. Otto Hubers Plädoyer ist klar: »Es ist gescheiter, dass man die Tradition kennt, als dass man dauernd darüber redet.«

Bewegende Worte in die Debatte wirft auch der »Stückl-Opa«, der Generationen von Passionen miterlebt, mitgelitten und mitgespielt hat – und noch immer fröhlich mitstreitet. Vehement stellt er sich zum Beispiel gegen den Versuch kirchlicher Einflussnahme, nur Bürger mit klar erkennbarer christlicher Einstellung mitspielen lassen zu wollen. »Wo soll das entschieden werden«, ruft er unter dem Beifall der Menge aus, »im Beichtstuhl?« Er weiß nur eines, nämlich »dass der Herrgott entscheidet, wer ein guter Christ ist«.

Fast könnte man versucht sein zu vermuten, dass sich von solch kämpferischem Einsatz sein Enkel auch in seinem Christus-Bild hat beeinflussen lassen. Mit Pasolinis Film »Das erste Evangelium Matthäus« aus dem Jahre 1961 möchte er seinen Spielern zeigen, welcher Jesus den Zuschauern klar gemacht werden soll: »Einer, der es seinen Leuten sagt. Aber bei uns«, sagt Christian Stückl, »vertreibt er bloß fünf Tauben aus dem Tempel.« Christian Stückl will mehr von seinem Jesus. »Es ist eine Geschichte, die sich kein Theater erzählen traut, aber es ist Theater.«

Wahl der Hauptdarsteller

An das Komitee, das für die Spielerwahl verantwortlich ist, spricht Daisenberger Worte, die in einem esoterischen Grundbuch, das wirklich Anspruch auf Ernsthaftigkeit erheben könnte, seinen Platz haben müsste: »Ehrenwert ist Jeder, an welchem Platz er stehe, der seinen Platz gehörig ausfüllt, und mehr Ehre wird dem werden, der die geringere Rolle gut, als dem, der die bedeutendere Rolle weniger gut spielt. Nicht die Rolle kann dir, sondern du musst dieser Rolle Ehre machen.«

Passionsspielausschuss und Gemeinderat haben bei Stückls Vorschlägen zur Besetzungsliste ein gewichtiges Wort mitzureden, doch konnte diesmal der Bürgermeister der Gemeinde, Klement Fend, gar von einer »Sternstunde der Demokratie« sprechen.

Am Montagabend, 19. April 1999, war die Sitzung, am Dienstag um 14.00 Uhr schrieb der Maler Wilhelm Hässler mit Kreide die Namen der Hauptdarsteller auf die großen Tafeln vor dem Rathaus, und dann, denn erst kommt Oberammergau, dann die Welt, erfährt es die Welt – ganz offiziell noch einmal auf einer Pressekonferenz am Freitag. Aber auch die Spieler wussten bis zum Schluss selbst nicht, wer welche Rolle kriegt, »also höchstens vielleicht am Dienstag in der Früh um viere, nach dem soundsovielten Weißbier«, wie einer verrät, der aber nicht den Judas spielt in Stückls Stück.

Überraschungen gibt es immer, freilich auch weniger angenehme, wenn zum Beispiel einer der beiden Christus-Darsteller vom letzten Mal dieses Mal nur noch den Petrus spielt. Christian Stückl versucht ihm noch in der Pressekonferenz die Rolle mit der Begründung schmackhaft zu machen, dass er sich einen ganz starken Petrus wünscht: »Der muaß a Fels sein, wo da Jesus drauf steht!« Aber ganz glücklich schaut er nicht, der Stefan

Reindl. Anton Burkhart, zuletzt Nathanael, und der bewährte Martin Norz sind die beiden Christus-Darsteller, Andrea Hecht, das letzte Mal noch Maria Magdalena, und Elisabeth Petre sind die beiden neuen Marias, während die zuletzt als Maria tief beeindruckende Ursula Burkhart dieses Mal die Magdalena spielt.

Die Familie Burkhart ist noch einmal vertreten, mit Stephan Burkhart, Bruder des Anton und der Ursula: er ist der Hohepriester Kaiphas, eine der größten Rollen im Passionsspiel, welche auch von Peter Stückl betreut wird, »seines Zeichens auch mein Vater«, wie der Spielleiter ihn vorstellt. Auch der Großvater, Benedikt Stückl, ist mit von der Partie, wie beim letzten Mal als Annas: »Der Obba schbuid scho as zehnte Moi Passion«, verkündet sein Enkel stolz, von dem auch noch ein Neffe mitwirkt, so dass die Stückls mit vier Generationen vertreten sind. Auch der Bürgermeister spielt mit, als römischer Hauptmann, und der Landrat Fischer wird sich in den Pilatus verwandeln.

Die beiden Maria-Darstellerinnen der Passion 2000, Andrea Hecht (links) und Elisabeth Petre (rechts), mit dem Christus-Darsteller Anton Burkhart vor dem Pilatushaus in Oberammergau

Hermann Unterstöger

Mehr Profil für die Apostel

2000 ist natürlich kein beliebiger Routinetermin, sondern sogar ein vom Papst verordnetes Heiliges Jahr. Es versteht sich, dass Oberammergau da ebenfalls nichts Beliebiges präsentieren will, sondern eine Passion, die in jeder Hinsicht, nicht zuletzt in religiöser, aufhorchen lassen soll. Seit September hat der Ort einen neuen katholischen Pfarrer, Peter Lederer mit Namen. Der sieht, seines kurzen Wirkens ungeachtet, die Passion bereits als ein Spiel des Aufbruchs, nach dem es den Leuten mit einigem Glück so ergehen könnte, wie es im Lied heißt: »Die ganze Erde staunt und bebt.«

Auch Professor Ludwig Mödl, der theologische Berater der Gemeinde, erkennt insofern beachtliche Ansätze, als die Passion »Theater fürs Volk« bleiben und doch jenseitige Perspektiven aufreißen will: etwa auf den paradoxen Konnex zwischen menschlicher Bosheit und göttlichem Heilswillen – wie Theologen so was eben zu formulieren wissen.

Träger und Vollstrecker dieses Heilswillens ist der leidende Jesus. Ohne der Oberammergauer Tradition zu nahe treten zu wollen, sollte man doch konstatieren, dass sie einen nicht gerade hinreißenden Bühnen-Jesus hervorgebracht hat, wie denn überhaupt das ganze Spiel eher eine lang gestreckte Andacht war denn ein Drama. Der Theatermann Christian Stückl fühlt sich dadurch nicht minder herausgefordert als der gebürtige Oberammergauer und Christenmensch, und so ist er denn schon vor ein paar Jahren mit einem Konzept hervorgetreten, das nicht nur ältere Dörfler skeptisch ihre Häupter wiegen ließ. Bei uns, so Stückl, kommt Jesus immer wie ein Jammerlappen, ein Ritter von der traurigen Gestalt daher, wie ein Passiver, sich ständig Entziehender. Er aber wolle ihn als kraftvollen, streitbaren Propheten deuten, als göttlichen Revoluzzer und Unangepassten, an dem sich, wie die Schrift sagt, alle ärgern, Feinde wie Freunde.

Wo die Hauptfigur, mit Verlaub, derart aufgemöbelt wird, bekommen selbstverständlich auch die Chargen neue und wenn möglich schärfere Konturen. Blenden wir uns noch mal kurz in die erwähnte Probe ein. Dem Lieblingsjünger Johannes – üblicherweise auch eine sehr abgehobene, verklärte Figur – gibt Stückl dies Rezept mit: »Du muasst kaasweiß sei im G'sicht, i woaß net, obsd des so schpuin konnst.« Bei der Stelle, wo Jesus stirbt und die Sonne sich verfinstert, erzählt er von einer Spiegel-Story zur heurigen Sonnenfinsternis. Darin habe gestanden, dass sich einmal in Spanien, bei Dreharbeiten zu einem »Jesus-Schinken«, die Sonne verfinstert habe, woraufhin die Schauspieler reihenweise in Ohnmacht gesunken seien. »Da müass ma schaun, wia ma des hikriagn«, sagt Stückl, und man hat nicht den Eindruck, dass er beleidigt wäre, wenn sich in seiner Passion Ähnliches begäbe.

Nun wäre allerdings nichts verkehrter als die Vermutung, die nächste Passion könnte sich Gott behüte an Schillers Räubern orientieren, mit einem Karl Moor als Jesus und mit Aposteln vom Schlage eines Spiegelberg oder Schufterle. Obwohl: Auch die Apostel sind vor Stückls und Otto Hubers, des dramaturgisch versierten zweiten Spielleiters, beherztem Zugriff keineswegs sicher. Zwar mussten sich die zwei an die historische Textvorlage halten, doch hatten sie, was Änderungen und Ergänzungen anging, einen für hiesige Verhältnisse fast berauschenden Freiraum, im Rahmen dieser Lizenz wollen sie den Aposteln bestmögliche individuelle Profile geben. Stückl skizziert das, wie ihm der Schnabel gewachsen ist: Die Apostel dürften nicht nur nett hinter dem Herrn herdackeln und sie dürften keine »Doadaschter« sein, also Bäume mit toten Ästen.

»Heilige Namen, allzeit beisammen.« An dieses alte Lied fühlt man sich erinnert, wenn man bei den Burkharts zu Besuch ist und die drei Kinder – ausgewachsene Leute mittlerweile – da sind, die je eine der zweifach besetzten Hauptrollen spielen werden: Anton (Christus), Ursula (Magdalena) und Stephan (Kaiphas). Vordergründig haftet ihnen nichts von dem verkünderischen Impetus an, der Stückl gelegentlich zu überkommen pflegt; insbesondere der 29-jährige Anton, Förster von Beruf, sieht – seines bildsamen Christuskopfes ungeachtet – nicht nach einem heilbringenden Revolutionär aus.

Die Unschuld ist blau

Von Kind auf sind die drei mit »dem Passion« eng verbunden, und sie sind noch Dörfler genug, um sich am gewissermaßen sozialen Nebennutzen des Spektakels zu erfreuen. Letztlich sei nämlich, sagen sie, die ganze Lernerei und Proberei immer auch »a Riesngaudi«. Gelegentlich stoße man auf einen, den man sonst vielleicht nie kennengelernt hätte, und stelle fest, dass der »a total netter Hund ist«. Die Pilatus-Mannschaft von 1990 zum Beispiel (Stephan spielte damals, alternierend mit Landrat Helmut Fischer, den fiesen Römer) hat im Lauf der Saison ein solches Gruppenbewusstsein gewonnen, dass man sich seither jedes Jahr einmal auf der Brunnenkopfhütte trifft. Sicher wird dort ein klassischer Passionsscherz beredet: dem Pilatus, wenn er seine Hände in Unschuld waschen will, blau gefärbtes Wasser vorzusetzen ...

Und wie sieht es hinter der Gaudi aus, die ja in Bayern nie als Jux zu verstehen ist, sondern als quasi ganzheitliches Leib-und-Seele-Vergnügen? Nun, die Kernriege der Passion 2000 hat erst kürzlich eine Reise nach Israel unternommen, um sich authentische Heilsluft um die Ohren wehen zu lassen. Man diskutierte über dies und das, so etwa über Jesu Messianität, und ob er die schon als Säugling gehabt habe oder erst später. Die biblischen Wunder waren ebenfalls ein Thema, mit dreifachem Ergebnis: Die Jungen hielten sie für Schmarren, der katholische Pfarrer für Wunder und der evangelische für ein schwieriges Thema.

Ihre Rollen gehen sie mit einer Ernsthaftigkeit an, die Vertretern der landläufigen Geld-und-Spiele-Kritik zu denken geben könnte. Dennoch wollen sie sich speziell in dieser Sache nicht unbedingt in Köpfe oder Herzen schauen lassen, sondern es so unterkühlt halten, wie die Ursula konstatiert: »Wennsd du dir selber glaubst, glauben dir auch die Leut.« Stephan wiegelt ohnedies gerne ab: Der Kaiphas, das sei eh nur zweite Garnitur, »net so wuid«. Vor allem beim Anton könnte man lange warten, wollte man etwas getragen Jesusmäßiges von ihm hören. Rolle und Leben? »Den Judas«, erwidert er, »fragt aa koana, ob er in Wirklichkeit a Verräter is.« Aus, amen. Später lässt er sich noch zu einer Anekdote herbei. Als er unlängst für den Festspiel-Bildband fotografiert wurde, muss er etwas verschlossen geschaut haben, worauf ihm ein alter Spieler den Rat gab: »Mach dei Maul a bissl auf!« und ihn dann lobte: »So is' schean.«

Ob die Passion »schean« wird, also schön, hängt nicht nur von Christi Mundstellung ab und der Glaubwürdigkeit der Botschaft, sondern ebenso sehr von den flankierenden Künsten: Musik, Bühnenbild, Kostümen. Der Komponist der altüberlieferten Bühnenmusik, Rochus Dedler, ist in Oberammergau heute so beliebt wie vor 200 Jahren, als er hier Schullehrer war; seine eingängigen Kompositionen weisen ihn als mehr denn nur respektablen Kleinmeister aus. Wenn sein Geist weiterwirkt, dann in dem Schulmusiker Markus Zwink, dem sich die Aufgabe stellte, das Stücklsche Konzept auch musikalisch schlüssig zu machen. Etwa 40 Prozent der Passionsmusik sind dabei neu entstanden, wobei Zwink es sich angelegen sein ließ, in Dedlers »harmonischem Vokabular« zu verbleiben, nicht jedoch in dessen manchmal trivialer Melodik. Zwink vermeidet es, seine Arbeit zu bewerten, führt stattdessen seine Frau in den Zeugenstand. Ihr zufolge hört sich Zwinks später Dedler ein wenig wie früher Mendelssohn an.

Die Verantwortung für das Bühnenbild und die Kostüme liegt bei Stefan Hageneier. Wie Stückl stammt er aus Oberammergau, wie Stückl hat er die Holzbildhauerei erlernt, und wie Stückl führte ihn sein Weg aufs große Theater, wo er unter anderem mit Robert Wilson zusammenarbeitete, intensiv und mit nicht alltäglichen Folgen fürs Heimatdorf – doch davon später. Die Bühnenbilder machten schon vor ein paar Jahren, als sie im Modell präsentiert wurden, den entschiedensten Eindruck. Auch Hageneier war von der Gemeinde auf die Tradition verpflichtet worden, doch war diese Einschränkung bei ihm, ebenso wie bei Stückl und Zwink, die Basis für ein vergleichsweise freies Schaffen und Entfalten. Es wird nächstes Jahr auf der Bühne, bei aller notwendigen Stilisierung, sehr farbig zugehen, sehr expressiv; der kraftvollere Jesus muss nicht vor matten Kulissen agieren.

Im Atelier hinter der Passionsbühne ist Hageneier ständig am Kritzeln und Skizzieren; erste Fotos belegen, dass die Oberammergauer in seinen neuen Kostümen erst heimisch werden müssen, sich diesem Prozess aber mit Laune unterziehen. Wie ein Berserker hat Hageneier recherchiert, in Büchern, Theater-Almanachen, Bibliotheken. Mongolisches stand ihm vor Augen, auch tibetanisch Mönchisches. Eines Tages sah er in München bei Ronstedt ein Stück Stoff, von dem er sofort wusste: Das ist das Richtige. Leider war es aus Jodhpur im indischen Rajasthan, so dass es nun an Hageneier war, sich nach Jodhpur zu verfügen und dort aufzukaufen, was irgend verfügbar war, von alten Röcken bis zu einem ausgedienten Militärzelt.

Daraus und aus heimischen Materialien entstehen die Gewänder fürs heilige Spiel. Was für prächtige, bunte Kaftane, was für ein Unterschied zu der braven Heilig-Land-Garderobe, wie sie uns von Krippen oder Andachtsbildern her im Gedächtnis ist! Was für Kappen und Hüte: rostrot, von Hand gefilzt! Und was für Klamotten hat Hageneier nicht erst für den grausam-verschlagenen Pilatus entworfen! Mütze und Robe sind mit Federn besetzt, als Ausweis von Pilatus' Liederlichkeit. Er hat dabei – und das betrifft nicht die Liederlichkeit, sondern das Gepränge – an den schrulligen Münchner Modemacher Rudolph Moshammer gedacht, der sich über die dubiose Patenschaft sicher diebisch freuen wird.

Dass Hageneiers Zusammenarbeit mit Wilson der Gemeinde fast einen Streit von biblischer Wucht beschert hätte, das kam so: Im Eintrittspreis ist ein Betrag enthalten, der für ein begleitendes Kunstereignis aufzuwenden ist, für »Kunst am Bau« sozusagen. Als sich auf diesem Feld nichts konkretisieren wollte, brachte Hageneier den Theatermann Wilson ins Gespräch. Der ließ sich in der Tat nicht lange bitten, sondern rückte alsbald mit dem Konzept eines Kreuzwegs heraus, »14 Stations« genannt und von zunächst eher irritierendem Zuschnitt: Holzhäuschen auf der Wiese hinter dem Passionsspielhaus, und in jedem der Häuschen höchst unkonventionelle Kreuzwegmotive. Das heißt, die Irritationen setzten erst ein, als Kopien des von einem ebenfalls irritierten Gemeinderat vorsichtshalber unter Verschluss gehaltenen Projekts in Umlauf kamen. Wenn Wilson ein großer Künstler ist, so wurde das Geschrei ihm und seinem Entwurf durchaus gerecht. Von einer »Therapie für ein Irrenhaus« war die Rede, auch davon, dass das religiöse Empfinden der Christen verletzt werde.

Bürgermeister Klement Fend bekam sein Fett ebenfalls ab: »Die Leut«, sagt er bedächtig »ham g'murrt: Da Bürgamoasta is a Arschloch – wia ma halt so redt da.« Nun war Fend freilich klug genug, sich wegen eines Kunstwerks, das zum Beispiel die sechste Station des Kreuzwegs (Veronika reicht Jesus das Schweißtuch) mit einer 2,60 Meter großen bügelnden Frau ausstattet, bei der Fachwelt Rückendeckung zu holen. Die bekam er. Der Braunschweiger Professor Friedhelm Mennekes nannte den Umstand, dass Wilson sich auf die Passion einlasse, geradeheraus »ein gnadenhaftes Ereignis«. In Oberammergau ist man mit solchen Einschätzungen zurückhaltender, doch dass ein erklecklicher Teil des für das avantgardistische Kunstwerk ausgeworfenen Honorars an heimische Künstler und Handwerker zurückfließt, das weiß man allemal zu schätzen.

(aus: Hermann Unterstöger »Mehr Profil für die Apostel«. In: Süddeutsche Zeitung Nr. 290, 15. Dezember 1999)

Modell zu Robert Wilsons sechster Kreuzwegstation

»Des gfallt uns fei net, Wilson!«

Zu »An Ausstellung zur Passion scheiden sich die Geister«:
Oberammergau, Nebenzimmer einer Wirtschaft. Ein paar Gemeinderäte sitzen zusammen. »Du Rudi, sog amol, wie mir über die Kunst-
ausstellung beim Passion 2000 abgstimmt ham, warn mir do dafür?«
»Jaa!« »Und daß do a paar Mark aufs Arrangement aufgschlogn
wern, damit des Ganze nix kost, warn mir do aa dafür?« »Woascht
doch selber, war alles einstimmig!« »Und daß der Wilson vo Amerika
drent den Auftrag kriagt, do warn mir dagegn, oder?« »Naa, do warn
mir aa dafür!« »Und daß des a paar Einheimsche aa kenna, des hamma aber gsagt, oder net?« »Naa, hamma net!« »Daß der Wilson a ab-
schtrakter is, hamma des gwußt?« »Jaa, aber i hatt net glabt, daß der
glei so abschtrakt is!« Eine dünne Stimme aus der CSU: »Wer hätt eez
au dees denkt ...!«
Wie anders als mit den Mitteln der Ironie soll man die neueste Posse
aus dem Oberammergauer Gemeinderat kommentieren? Da gelingt
es, einen weltweit renommierten Künstler zu gewinnen – da finan-
ziert man das Projekt schon vorab mit einem Aufschlag auf die Ar-
rangementspreise – da verweisen wir wieder einmal gerne auf unsere
Weltgeltung und stellen uns in eine Reihe mit Salzburg, Brüssel und
Los Angeles, und dann kommt der Künstler, legt erste Entwürfe vor
und wir, die Weltbürger aus dem Ammertal, hauen ihm seine Zeichnungen um die Ohren: »Des gfallt uns fei net, Wilson!«
Lieber Rudi Zwink, wieder mal Vorreiter: Zwar waren die Beschlüsse
einstimmig und alle waren dafür, aber jetzt maßt Du Dir bereits ein
Urteil an! Hier Wilson, den nicht wenige als den »Papst« des modernen Bühnenbildes ansehen und dort Du, Rudi, der Schöpfer von Pro-
duktionen wie »Der Raub der Sabinerinnen« oder »Der bayerische Jedermann«. Ich gestehe Dir ja zu, daß Du gegen das Moderne bist,
aber frag' Dich doch: Hast Du wirklich nicht gewußt, daß heutige
Künstler »abstrakt« arbeiten? Und denk doch mal daran: Die Tradition des Passionsspiels ist die einer ständigen Reform. Da paßt es
doch, wenn hinter dem Theater eine moderne Installation steht, am
Beginn der nächsten Jahrtausends. Warum lassen wir einen weltberühmten Mann wie Wilson nicht einfach bei uns arbeiten und freuen
uns auf das, was am Ende herauskommt?
Klaus Höldrich, Oberammergau

(Leserbrief aus: Münchner Merkur/Ammertal, 19. Juni 1999)

Gerd Holzheimer

Archetypus »Abendmahl«

Corinna Thierolf weist in ihrem Beitrag »All the catholic Things« in dem Ausstellungskatalog zu Andy Warhols »The last Supper« auf Goethes »Maximen und Reflexionen« hin, in denen er seine Eindrücke über Leonardos »Abendmahl« in dem Begriff »Aufregungsmittel« bündelt: »Das Aufregungsmittel, wodurch der Meister die ruhig heilige Abendtafel erschüttert, sind die Worte des Meisters: Einer ist unter Euch, der mich verrät! Ausgesprochen sind sie, die ganze Gesellschaft kommt darüber in Unruhe; aber er neigt sein Haupt, gesenkten Blickes; die ganze Stellung, die Bewegung der Arme, der Hände, alles wiederholt mit himmlischer Ergebenheit die unglücklichen Worte, das Schweigen selbst bekräftigt: Ja, es ist nicht anders! Einer ist unter Euch, der mich verrät.«
Im Unterschied zu früheren Abendmahl-Darstellungen versieht Leonardo seine Figuren nicht mit Heiligenscheinen, sie sind Menschen. Soweit sie Apostel sind, sind sie irritiert, allein Jesus gelingt es, in sich zu ruhen: Er kennt seinen Weg. Leonardo, führt Corinna Thierolf aus, »schuf keine bloß heilige Szene, sondern zeigte mit der Konzentration auf den dramatischen Moment das Abgründige des Menschen am Beispiel seiner ›Identifikationsfiguren‹, was zweifellos zum außerordentlichen Weltruhm des Wandbildes beigetragen hat.«
Allein die in der Darstellung der verschiedenen Handhaltungen verborgene Körpersprache weist jedem Apostel einen bestimmten Typus zu. Bartholomäus sucht Halt an der Tischplatte, die Hände von Jakobus dem Älteren und Andreas sind voller Entsetzen abwehrend erhoben, während Petrus das Messer zückt. Die Faust des Judas umklammert den Geldbeutel, den Lohn seines Verrats. Die Hand des Johannes weist alle Anzeichen der Schuldlosigkeit auf, die Handflächen von Jesus sind offen. Thomas fragt gleichsam mit Hilfe seines Fingers, während Jakobus der Jüngere schon allein von der Haltung seiner Hand her eher zu deklamieren scheint. Philippus und Matthäus, Simon und Thaddäus fragen selbst mit ihren Händen, wie das Geschehen auszudeuten ist.
Das Abendmahl gründet auf dem uralten Archetypus menschlicher Tischgemeinschaft. In Platons Gastmahl »Symposion« geht es um die Liebe, in aufklärerischen Tischgesellschaften findet das Abendmahl seine Fortsetzung. Werther nimmt Wein und Brot zu sich, bevor er sich umbringt,

kurz vor Weihnachten: Er leert den Kelch des Leidens. Bei den Budden-
brooks wiederum ist das wichtigste Essen das Weihnachtsessen gleich am
Anfang – die Beispiele ließen sich nahezu beliebig vermehren.

Das Letzte Abendmahl ist zugleich das erste – im Heilsgeschehen steht
das Letzte Abendmahl ganz am Anfang. Durch seinen darauf folgenden
Tod und die Auferstehung wird erst in Gang gesetzt, was wir als Geschichte des Christentums verstehen. Rituell erneuert wird dieser Vorgang
in jedem Gottesdienst – und auch in jeder Darstellung der Passion.

Figuren- und Kompositionsstudien von Leonardo da Vinci zum »Abendmahl«

Gerhard Neumann

Bilder lesen

Am Anfang der langen Geschichte des christlichen Abendmahls – gleichsam in deren dunkelstem Hintergrund – steht eine mythopoetische Szene: der Sündenfall im Paradies, wie er im Alten Testament aufgezeichnet ist. Das Essen vom Baum der Erkenntnis bezeichnet jene kritische Schwelle, an der sich die Geburt des »Kulturwesens« Mensch aus der »Natur« heraus ereignet. Der Mensch erwacht zur Selbstgewißheit in dem Augenblick, da er die verbotene Frucht schmeckt. Er gelangt zum Bewußtsein von Tod und Sexualität: also zum Wissen seines Wissens; damit aber zur Einsicht in seine Fähigkeit, Bedeutung zu stiften, das Zeichensystem des Ja und Nein in die Natur einzuführen und sie damit in »Kultur« zu verwandeln. »Geschmack« ist, nach diesem mythischen Muster, der Ursprung von Wahrnehmung und Erkennen.

Die Antwort auf die »Urszene« des Alten Testaments geben dann die Evangelien: und zwar mit dem Bericht über die Stiftung des Abendmahls durch Christus, die Realpräsenz von Fleisch und Blut des Erlösergottes in Brot und Wein auf dem Abendmahlstisch. Das malerische Urmuster dieser Szene liefert Leonardos »Abendmahl« von 1495/97. Die räumliche Inszenierung – Christus herausgehoben in der Mitte, die Apostel um ihn gereiht, die Tischfront mit Brot und Wein im Angesicht des Beschauers – wird über Jahrhunderte Vorbild bleiben. Die bildnerische Inszenierung bezeugt die heilsgeschichtliche Funktion der Einsetzung des Abendmahls. Sie »repariert« gleichsam den Schaden, den Adams und Evas Essen vom Baum der Erkenntnis angerichtet hat, durch einen zweiten Eßakt, in dem Christus, der zweite Adam, sich selbst zur Speise gibt: der Menschensohn, der selbst zum Speiseopfer wird. »Soma« wird »Sema«, Körper wie Zeichen, der Eßakt stiftet soziale wie heilsgeschichtliche Bedeutung.

Auf dem Hintergrund dieser langen Geschichte der christlichen Abendmahlzeit möchte ich (...) Bilder zu lesen versuchen. Das erste Beispiel stammt aus dem Benediktinerkloster Monte Oliveto und wurde, als Fresko, von Sodoma zwischen 1505 und 1508 gemalt. Die Darstellung Sodomas greift auf die Urszene des Abendmahls zurück, inszeniert diese aber als soziales Ritual neu: als die gemeinsame Mahlzeit der Mönche; als Entwurf eines »theatralen« Raums; und zuletzt als Bedeutungstheater. Das Szenario dieser Aufführung ist die Benediktinerregel, die strenge Regularien für den Vorgang der Mahlzeit im Kloster vorgibt: das Maß der erlaubten Sinnlichkeit setzend – im Zeichen von Dienen, Caritas, Gebet, Diät (»Askese«), Essen und gleichzeitiger Tischlektüre. Unmittelbar in die Augen springend ist dabei der abgegrenzte Raum der Mahlsgemeinschaft der Brüder. Essende und Dienende wirken in ihm in sorgsam geregelter Bewegung zusammen. Streng ritualisiert ist auch das Arrangement der Speisen auf der Tafel. Es finden sich abgebildet: zwei Fische auf jedem Teller, seit urchristlichen Zeiten durch ein Sprachspiel (»Ichthys«) mit dem Namen des Erlösers zu dessen Symbolen erhoben; Brot und Wein, Wasser, Öl und Salz; Lauch als eine der für die Mahlzeit zugelassenen (und auch im Klostergarten gezogenen) Gemüsearten. Ein zweiter Raum – dem Speiseraum zugeordnet – wird durch die Schrift und das durch sie arrangierte Schrift-Bild geöffnet. Es ist jene Tafel am linken unteren Rand, die, in Stein graviert, die Gründungsurkunde des Klosters und die Namen der Stifter enthält. Ein weiterer Raum bildet sich – den Speiseraum gleichsam überwölbend – durch das lebendige Wort, das der Vorleser auf der Kanzel spricht und das die Mahlzeit der stumm Essenden begleitet.

Die Lektüre während der Mahlzeit stellte einen Akt der »Überschreibung« des Eß- und Schmeckaktes durch das Wort dar, der Transzendierung der Sinnlichkeit des Schmeckens durch den Logos, einer Beschneidung der Welt um die Sinnlichkeit, wie die Schriften der Kirchenväter bezeugen und fordern.

Ein nächster durch das Szenario Sodomas ermöglichter Raum öffnet sich auf dem Fresko links im Hintergrund mit der Erzählung des »Wunders der Mehlsäcke«, das aus der Lebensgeschichte des Ordensgründers Benedikt überliefert ist: In einer Zeit der Hungersnot hatte er eines jener Nahrungswunder vollbracht, das, in der Nachfolge und »Imitatio« der Gestalten des Alten wie des Neuen Testaments – im Sinne einer »figuralen« Erfüllung – nachspielt, was etwa Habakuk in der Löwengrube Daniels, der Rabe, der Elia in der Wüste mit Nahrung versorgt, aber auch Christus bei der Speisung der Fünftausend »vorgespielt« hatten.

Ein abermals anderer Raum öffnet sich durch den Fensterblick auf die Landschaft: als die dem kulturellen Gehäuse gegenübergestellte Natur.

Der nächste und bedeutendste Bildraum, der sich im Rahmen von Sodomas Fresko auftut, läßt, gleichsam in der Perspektive des klösterlichen Mahlsgeschehens, die »Urszene« aller christlichen Speisung und ihres rituellen Hintergrunds im Leibesopfer erscheinen: das Opfer Christi am Kreuz, das überhaupt erst die eucharistische Mahlzeit ermöglicht.

Das ganze alltagsweltliche Geschehen des auf Sodomas Fresko wiedergegebenen Zusammenhangs einer »kulturellen« Inszenierung, als der Strukturformel einer christlich fundierten Gesellschaft, wird aber zuletzt in

Konfrontation mit jenen »Natur«-Körpern gezeigt und ins Bewußtsein gehoben, aus denen – durch den Sündenfall und dessen Heilung im Abendmahl – die Menschenkultur allererst hervorgegangen ist. Diese Natur erscheint durch die Tiere – nämlich Hund und Katze ganz im Vordergrund – repräsentiert, die die Reste von der Tafel der speisenden Mönche verzehren; aber auch durch die Vögel auf dem Gestänge im Kuppelraum des Gewölbes: »Sie säen nicht, sie ernten nicht, und der himmlische Vater nähret sie doch« (Matth 6, 26) – eine »andere«, nicht durch das menschliche Essen vom Baum der Erkenntnis geprägte Welt der Nahrung und Selbsterhaltung.

Die von Sodoma dargestellte Mahlzeitscene bietet somit ein Theater der Eucharistie unter dem Leitwort christlicher Askese – als einem fundamentalen kulturellen Gestaltungsprinzip des Eßaktes – in kunstvollem Raumarrangement dar. Von »Geschmack« als einem physiologischen oder ästhetischen Phänomen ist in diesem Bildtext freilich nicht die Rede. Das Ziel von Sodomas malerischer Inszenierung ist die Besetzung der Lebenswelt (der Speisenden) mit Sinn – und zwar einem Sinn, der aus dem Vollzug der Mahlzeit entbunden erscheint. Die Konfiguration verschiedener Räume und ihrer differenten Zeitstrukturen bildet dabei ein gestalterisches Mittel der Dynamisierung des Geschehens, die erst der Film 400 Jahre später – wenn auch auf ganz andere Weise – erneut erzielen wird.

Sodomas Fresko hat in einem klösterlichen Refektorium seinen Platz. Seine Funktion ist somit wesentlich auch die einer Rauminszenierung: einer kulturellen Semantisierung jenes Ortes, wo gegessen und geschmeckt wird. Durch die Fresken Sodomas an die Wände dieses Raumes projiziert erscheint ein Bedeutungstheater, das die Ausstattung des alltagsweltlichen alimentären Vorgangs mit sozialem, religiösem und kulturellem Sinn betreibt. Was sich hier ereignet, ist nichts Geringeres als die Selbstvergewisserung einer Kultur in dem Versuch, das Nahrungsgeschehen des klösterlichen Alltags durch Transport in ein anderes Medium, das der Malerei, zu einem Schau-Spiel als kulturellem Deutungsspiel zu machen. Im Fluchtpunkt dieses Geschehens – im wörtlichen wie im übertragenen Sinne – erscheint der Leib des Menschensohnes, der sich selbst zum Opfer darbringt: Es ist die Erinnerung an das »Schmecken Gottes« in der Eucharistie.

(aus: Gerhard Neumann »Geschmack-Theater. Mahlzeit und soziale Inszenierung«. In: Kunst- und Ausstellungshalle der Bundesrepublik Deutschland GmbH (Hg.) »Geschmacksache«. Göttingen 1996, S. 42 ff.)

A CHANGE IS AS GOOD AS A HOLIDAY !!

Alles
geben

NIE

Epilog

Gerd Holzheimer

Werdet Vorübergehende

»Die langen hin: Jesus kriegt 9.000 Mark im Monat« schreibt BILD, aber man könnte auch die bekannte Werbung bemühen: »Die tun was«, und besser noch eine Variante davon: »Die trauen sich was!« Zum Beispiel, sich den Bühnenbildner Wilson für eine absolut neue Konzeption eines Kreuzweges zu engagieren. Auch Zeit und Ort der Ausstellungseröffnung sind kühn gewählt: Gleich hinter dem Passionsspielhaus beginnt die erste Station des Kreuzweges, am Abend des Premierentages wird er eröffnet – und die Oberammergauer haben nichts als ein paar Entwürfe gesehen. Und es kostet etwas. Natürlich entbrennen die üblichen Auseinandersetzungen zwischen Traditionalisten und Neuerern, die an besonderer Brisanz dadurch gewinnen, da sich noch im Frühjahr 2000 kaum jemand tatsächlich ein Bild von dem künftigen Kreuzweg machen kann – außer dass er eben ganz anders wird als jeder bisher dagewesene. Von einer Laubhütte als letzter Station wird gemunkelt, in der nichts als eine weiße strenge Figur zu sehen sein wird, die aber verkehrt herum zu sehen sein wird, usw.
Das Besondere an diesem Projekt wird über das künstlerische Wagnis hinaus bleiben, dass die weltberühmten Herrgottschnitzer von Oberammergau und der weltberühmte Bühnenbildner Wilson in seiner Watermill Station in USA an einem gemeinsamen Werk arbeiten – Modell einer globalen Zusammenarbeit zwischen zwei relativ kleinen menschlichen Kommunitäten: ein mutiger Entwurf, der zeigt, welche Wege noch möglich sind in Oberammergau.
»Werdet Vorübergehende!«, heißt es in schöner Doppeldeutigkeit im Evangelium des Thomas – eine Aufforderung, in der eine Wanderschaft verborgen liegt, die stets neue Interpretation erfordert, aus sich selbst heraus. Jede Kanonisierung errichtet ebenso wie jede Fixierung auf Tradition nur Barrieren auf diesem Weg. Die großen Religionsstifter waren Wandernde: Buddha, Jesus, Mohammed. Sie waren unterwegs und verkündeten ihre Botschaft als Wanderprediger. Sie waren Vorübergehende und hinterließen einen bleibenden Eindruck. Ein verfestigtes und institutionalisiertes Regelwerk schufen jedoch erst ihre Schüler und Nachfolger. Der Mönch Raimon Pannikar weist in diesem Zusammenhang darauf hin, dass »Kanon« etymologisch von »Kanna« komme: Rohr, Wanderstab.

Mehr an Kanon gibt es nicht für einen Gehenden als einen Wanderstab, doch erweist sich gerade in ihm das rechte Medium, die entstandene Entfremdung des Menschen von seinen Ursprüngen zumindest in Teilen wieder aufzuheben.

In Oberammergau wird diese Möglichkeit in Bildern dargestellt. Bernhard von Clairvaux, zentrale Gestalt des Zisterzienser Ordens, stellt die mystische Schau jeder verstandesmäßigen Analyse vor. Seine Andacht gilt nicht so dem Gottvater und Gottkönig als vielmehr dem Jesus in seinem größten Leiden; in ihm erblickt er Vorbild und Weg des Lebens zugleich. Von den möglichen Wegen einer Annäherung an Gott wählt er diejenige, die sich nicht auf Sprache, Behauptung und Theorie beruft. Er gehört in die große Tradition gläubiger Weltaneignung, die sich über das Bild ein Bild vom Sinn der Welt zu machen sucht und nicht im Wort.

Oberammergau stellt eine Vermittlung zwischen diesen beiden: Bild und Wort spielen ineinander in der Passion. Passion ist Leben, Leben ist Spiel, Spiel ist Leidenschaft und die Passion in Oberammergau ist eine Passion, die Leiden schafft, Leiden darstellt und auf die Erlösung vom Leiden hinweist.

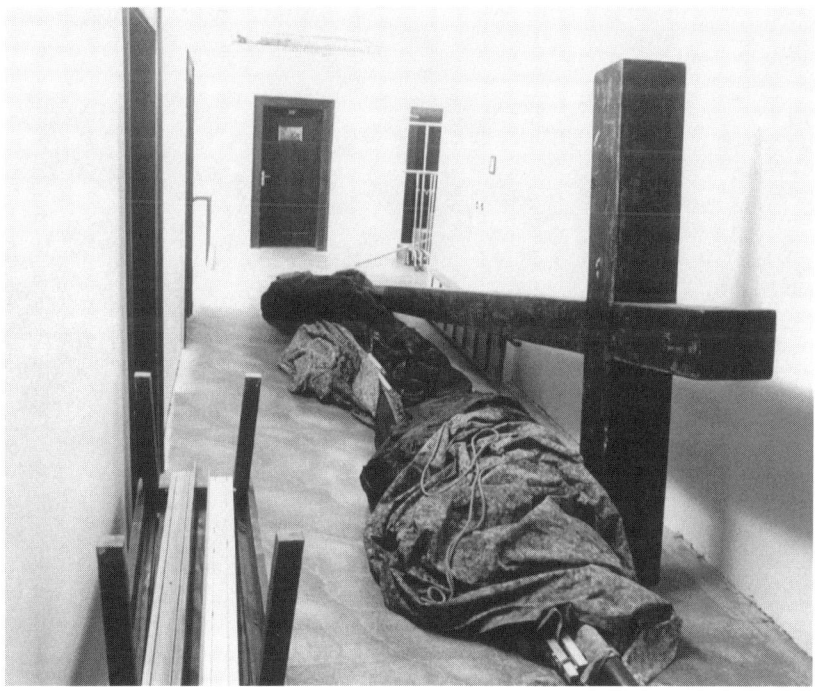

Requisite Passion 2000

Spielleiter Christian Stückl

Blick in den Orchestergraben

290

Einzug nach Jerusalem, Probe April 2000

Jesus spricht mit den Händlern, Probe April 2000

Christian Stückl mit dem Christus-Darsteller Martin Norz

Jesus vertreibt die Händler, Probe April 2000

292

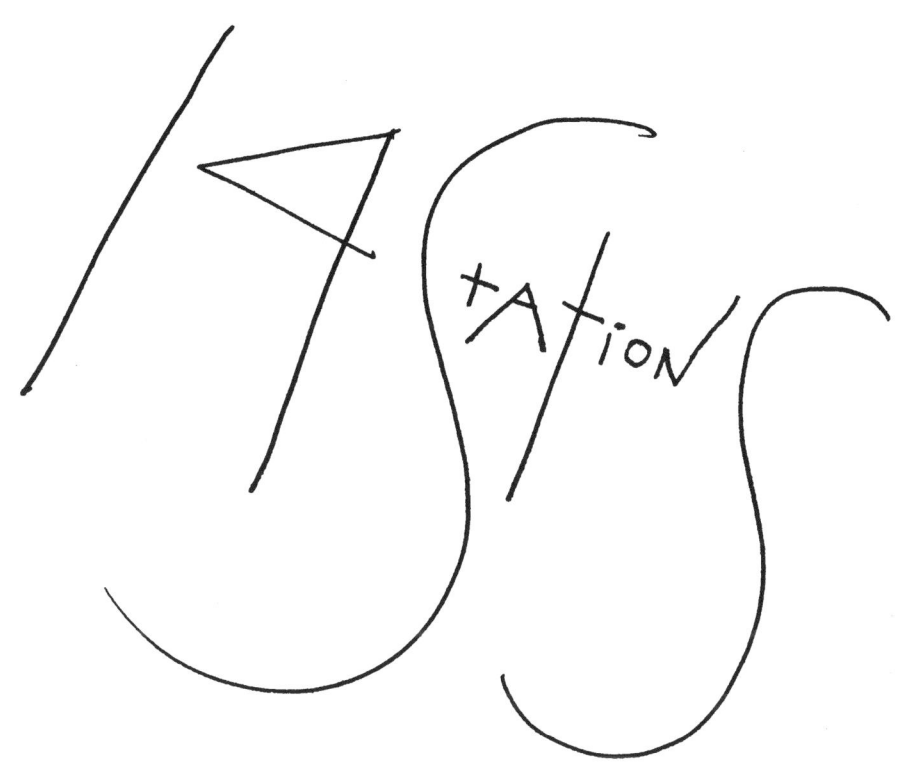

robert wilson

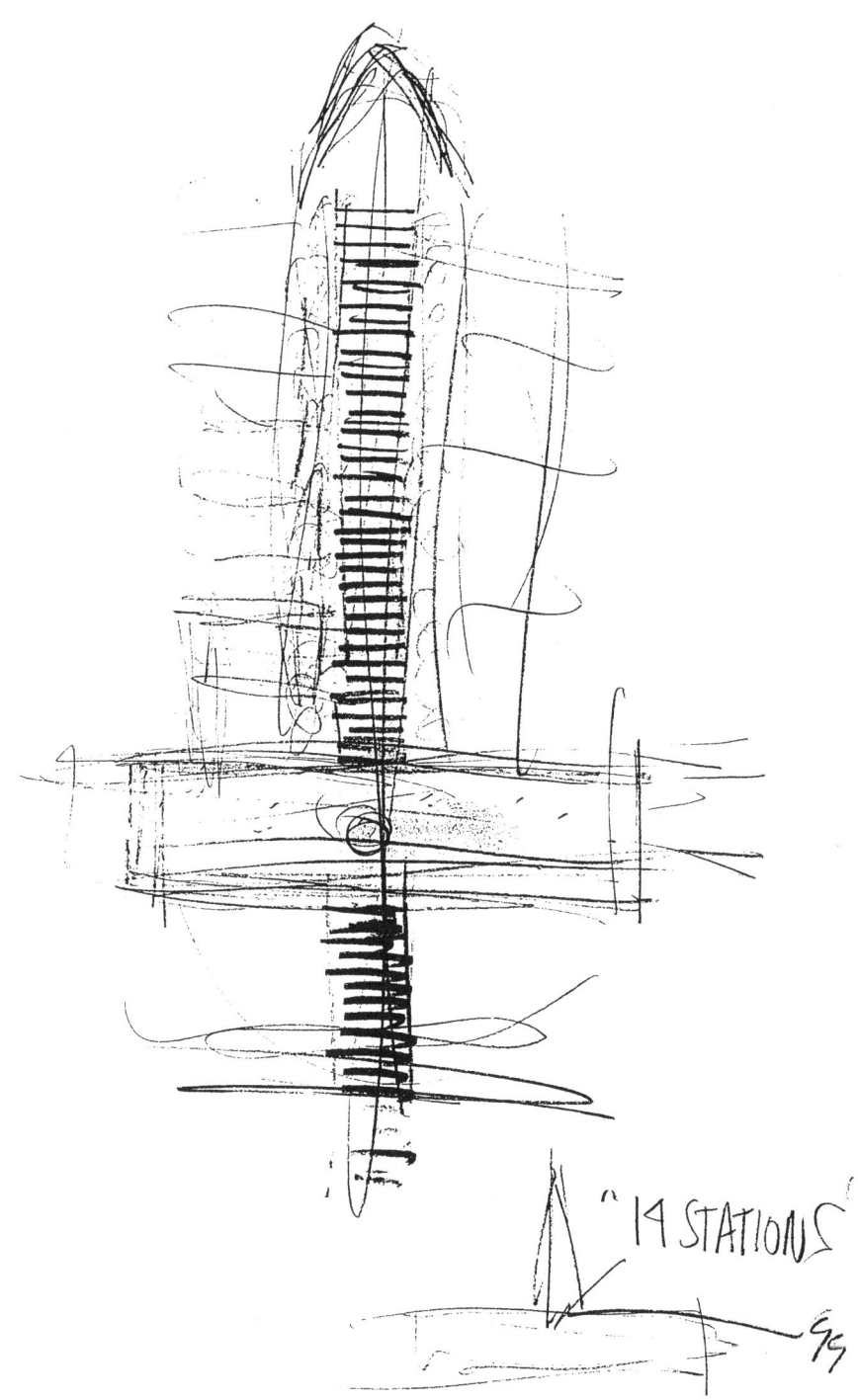

"14 STATIONS"

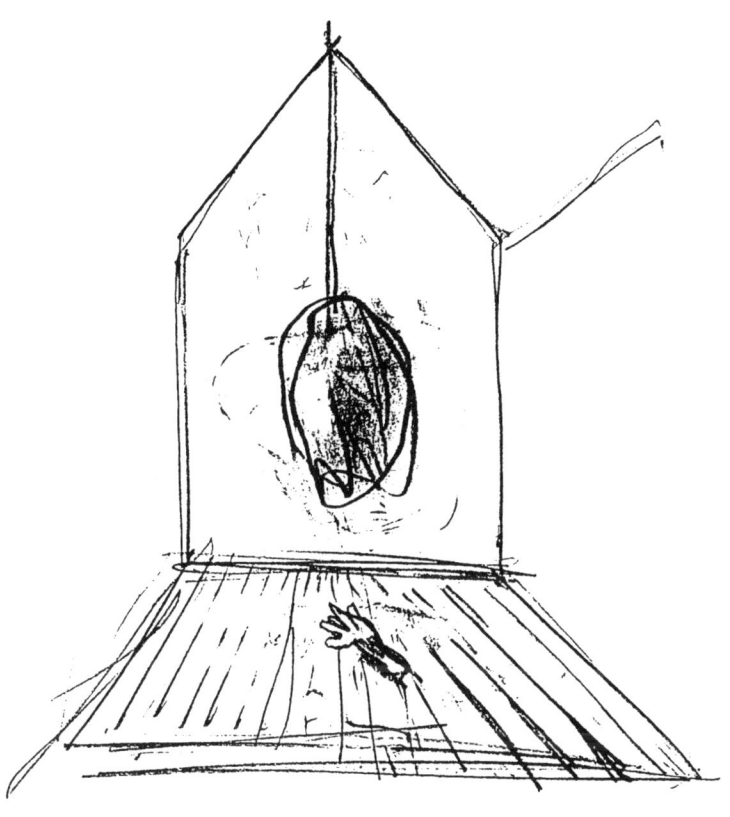

STATION II

'98

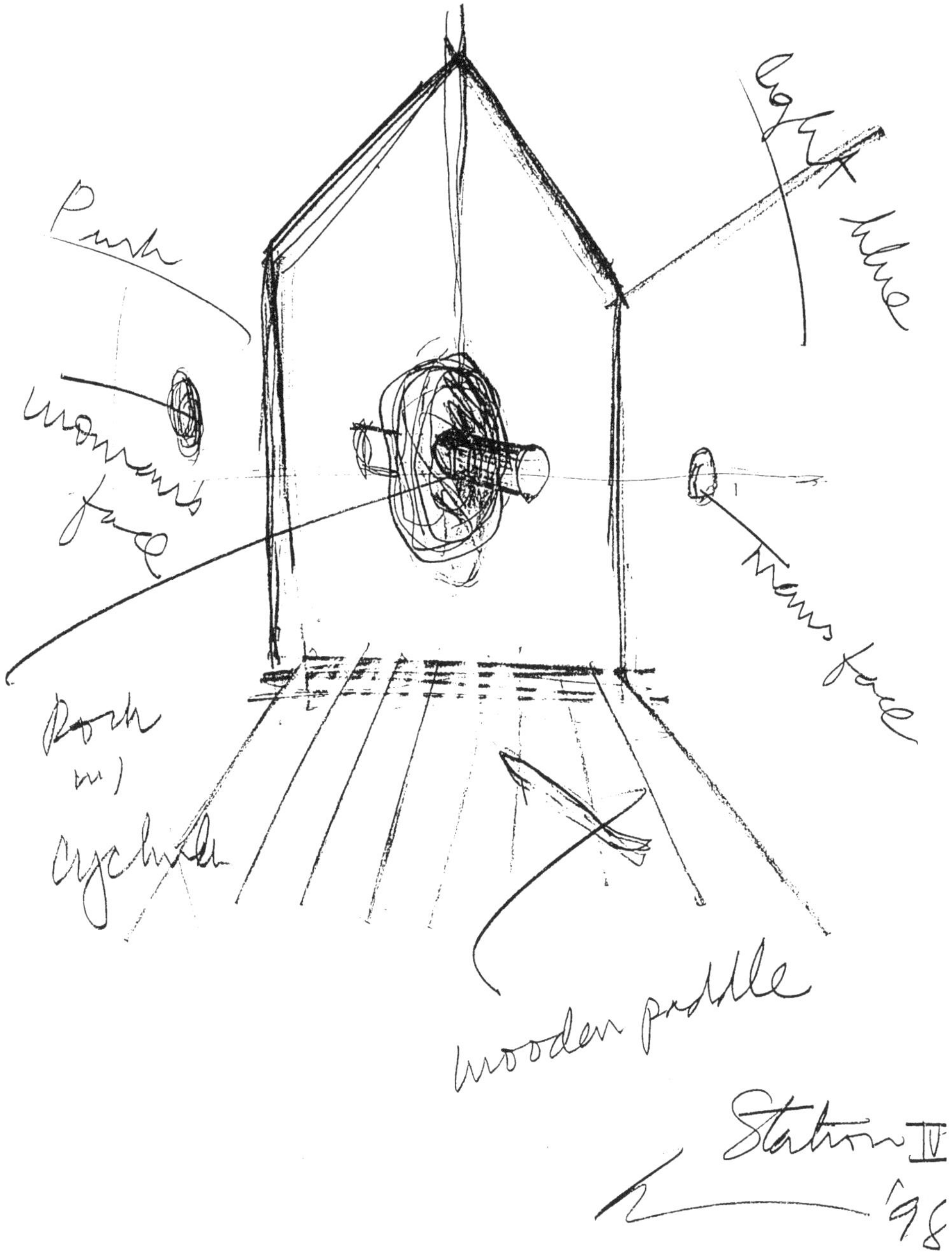

Push

moment's
pause

light
blue

Rock
in)
crystals

lens focus

wooden paddle

Station IV
'98

Bed

airplane

old man

neatly
made
Bed

Plan view   Station IV

Literaturnachweis

Achleitner, Arthur »Im Passionsdorfe«. München 1890

Beauvoir, Simone de »In den besten Jahren«. Rowohlt, Reinbek 1961

Ben-Chorin, Schalom in: Michael Henker, Eberhard Dünninger & Evamaria Brockhoff (Hg.) »Hört, sehet, weint und liebt. Passionsspiele im alpenländischen Raum«. Haus der Bayerischen Geschichte, München 1990

Boccaccio, Giovanni »Das Dekameron«. Winkler-Verlag, München 1965, © 1999 Artemis & Winkler Verlag, Düsseldorf Zürich

Brandenburg, Hans »Vom reichen Herbst. Bekenntnisse zu europäischer Kunst«. Seifert Verlag, Stuttgart 1950

Deutinger, Martin »Wallfahrt nach Oberammergau«. Max Hueber Verlag, München 1934

Dostojewskij, Fjodor Michailowitsch »Die Brüder Karamasow«. München 1978

Feuchtwanger, Lion »Ein Buch nur für meine Freunde«. Zitiert nach der Lizenzausgabe Fischer TB, Frankfurt am Main 1984, © Aufbau-Verlag, Berlin

Feuchtwanger, Lion »Erfolg. Drei Jahre Geschichte einer Provinz«. Aufbau-Verlag, Berlin 1952, © Aufbau-Verlag, Berlin 1948

Fink, Alois in: Alois Fink (Hg.) »Unbekanntes Bayern. Das Komödi-Spielen«. Süddeutscher Verlag, München 1961

Ganghofer, Ludwig »Der Herrgottschnitzer von Ammergau und andere Hochlandgeschichten«. Volksausgabe. Droemersche Verlagsanstalt, München 1952, © Droemer Knaur Verlag, München

Ganghofer, Ludwig »Brief vom 24. Juli 1900 an Hugo von Hofmannsthal«. Deutsches Literaturarchiv, Marbach am Neckar

Gemeinde Oberammergau (Hg.) »Das Passions-Spiel in Oberammergau. Ein geistliches Festspiel in drei Abteilungen. Mit 20 lebenden Bildern«. Mit Benützung der alten Texte verfaßt von J. A. Daisenberger. Jos. C. Huber's Verlag, Dießen 1934

Gemeinde Oberammergau »Oberammergau 1950«. Textbuch. Herausgegeben von Heiner Süden. R. Stadelmeier, München 1950

Gemeinde Oberammergau (Hg.) »Passionsspiele 1960 Oberammergau«. Offizieller Führer. Süddeutscher Verlag, München 1960

Gemeinde Oberammergau (Hg.) »Das Echo auf die Rosner-Probe 1977«. Oberammergau 1978

Gemeinde Oberammergau (Hg.) »Passion Oberammergau«. Offizielles Begleitbuch. Eigenverlag der Gemeinde Oberammergau, Oberammergau 1980

Gemeinde Oberammergau (Hg.) »Passion Oberammergau 1990«. Offizieller Bildband. Eigenverlag der Gemeinde Oberammergau, Oberammergau 1990

Goethe, Johann Wolfgang von »Die Wahlverwandtschaften«. In: Erich Trunz (Hg.): Goethes Werke (Hamburger Ausgabe in 14 Bänden) Bd. 6. C. H. Beck'sche Verlagsbuchhandlung, München 1981

Goldschmidt, Lina »Show Oberammergau«. In: Die Weltbühne, 26. Jahrgang 1930. Athenäum Verlag, Königstein im Taunus 1978

Günzler, Otto & Zwink, Alfred »Oberammergau. Berühmtes Dorf – Berühmte Gäste. Drei Jahrhunderte Passionsspiel im Spiegel seiner Besucher«. Münchener Dom-Verlag, München 1950

Hasse, Else »Betrachtungen zur Oberammergauer Passion«. In: Hochland, 7. Jahrgang, Nr. 2, Dezember 1909/1910

Herburger, Günter »Birne kann alles«. Luchterhand, Darmstadt Neuwied 1971

Herburger, Günter »Jesus in Osaka«. Luchterhand, Darmstadt Neuwied 1970

Hillern, Wilhelmine von »Am Kreuz. Ein Passionsroman aus Oberammergau«. Union Deutsche Verlagsgesellschaft, Stuttgart Berlin Leipzig o. J.

Horváth, Ödön von »Kasimir und Karoline«. In: »Ödön von Horváth – Gesammelte Werke« Bd. 5. Suhrkamp Verlag, Frankfurt am Main 1986

Huber, Otto in: Helmut W. Klinner (Hg.) »Joseph Alois Daisenberger. Das Urbild eines gütigen Priesters«. Eigenverlag der Gemeinde Oberammergau 1999

Ipser, Karl »Oberammergau. Eine deutsche Sendung«. Paracelsus-Verlag, Leibnitz Graz 1950

Janda, Fritz »Die Passionsfrauen jubeln: Endlich dürfen sie heiraten«. In: Münchner Abendzeitung, 23. Februar 1990

Kaltenegger, Roland »Oberammergau und die Passionsspiele 1634-1984«. © Langen Müller in der F. A. Herbig Verlagsbuchhandlung GmbH, München 1984

Klein, Charlotte »Das entstellte Evangelium. Kritische Anmerkungen zum Textbuch der Oberammergauer Passionsspiele«. In: Publik Nr. 18, 1. Mai 1970

Klinner, Helmut W. & Henker, Michael (Hg.) »Die Erlösung spielen«. Eigenverlag der Gemeinde Oberammergau 1993

Krause-Lang, Martha »Erinnerungen an Christus Anton Lang aus Oberammergau«. Aventinus Verlag, Eggenfelden 1980

Krochmalnik, Daniel in: Michael Henker, Eberhard Dünninger & Evamaria Brockhoff (Hg.) »Hört, sehet, weint und liebt. Passionsspiele im alpenländischen Raum«. Haus der Bayerischen Geschichte, München 1990

Lamm, Hans »Oberammergau – ein Trauerspiel«. In: Allgemeine unabhängige jüdische Wochenzeitung Nr. 18, 1. Mai 1970

Lang, Anton »Aus meinem Leben«. Oberammergau 1930

Lessing, Theodor »Oberammergau. Epilog eines Ewig-Malkontenten«. In: Die Schaubühne, VI. Jahrgang (1910), Nr. 38

Mehring, Walter »Oberammergau«. In: Die Weltbühne, Jahrgang 1930. Athenäum Verlag, Königstein im Taunus 1978

Nenning, Günter »Gott ist verrückt. Die Zukunft der Religion«. Patmos Verlag, Düsseldorf 1997

Neumann, Gerhard in: Kunst- und Ausstellungshalle der Bundesrepublik Deutschland GmbH (Hg.) »Geschmacksache«. Steidl Verlag, Göttingen 1996

Panizza, Oskar in: Walter Schmitz (Hg.) »Die Münchner Moderne«. Stuttgart 1990

Panizza, Oskar »Das Liebeskonzil. Eine Himmelstragödie«. Edition Spangenberg, München 1991

Pasolini, Pier Paolo in: Franca Faldini & Goffredo Fodi (Hg.) »Pier Paolo Pasolini. Lichter der Vorstädte. Die abenteuerliche Geschichte seiner Filme«. Wolke Verlagsgesellschaft, Hofheim 1986

Picker, Henry »Hitlers Tischgespräche im Führerhauptquartier. Entstehung, Struktur, Folgen des Nationalsozialismus«. Propyläen bei Ullstein, Berlin 1997

Preisinger, Anton in: Gemeinde Oberammergau (Hg.) »Report Oberammergau '70/80« Völker hörten die Signale. Berichte, Dokumente, Zahlen. Eine Weltdiskussion. Oberammergau 1980

Queri, Georg in: Georg Queri (Hg.) »Der älteste Text des Oberammergauer Passionsspiels«. Oberammergau 1910

Rappmannsberger, Franz J. »Das große Gelübde. Oberammergau. Legende und Wirklichkeit«. Süddeutscher Verlag, München 1960

Ratzinger, Kardinal Joseph »Hoffnung inmitten der Herrschaft des Todes«. Predigt zur Eröffnung der Oberammergauer Passionsspiele 1980

Sattler, Florian Unveröffentlichter Originalbeitrag

Schmidt, Maximilian »Der Schutzgeist von Oberammergau«. Waldschmidt-Verlag, Regensburg 1928

Schumacher, Ernst »Eurasische Gedichte (1942 – 1956)«. Rütten & Loening, Berlin 1957, © Ernst Schumacher

Schumacher, Tony »Meine Oberammergauer von einst und jetzt«. Levy & Müller, Stuttgart o. J.

Staatsarchiv München Auszüge aus: Schreiben des Bayerischen Staatsministeriums des Innern an das Bezirksamt Garmisch vom 15. März 1922. RA 51035

Staatsarchiv München Auszüge aus: Schreiben des Bezirksamts Garmisch an das Präsidium der Regierung von Oberbayern vom 5. Oktober 1922. RA 51035

Thoma, Ludwig »Erinnerungen«. Albert Langen, München 1919

Trenker, Luis »Das Wunder von Oberammergau«. Verlag J. Berg, München 1979, © Erbengemeinschaft Luis Trenker

Unterstöger, Hermann »Mehr Profil für die Apostel«. In: Süddeutsche Zeitung Nr. 290, 15. Dezember 1999

Weismantel, Leo »Gnade über Oberammergau. Die Pestnot 1633«. Hohenloher Druck- und Verlagshaus, Gerabronn und Crailsheim 1984

Ziegler, Josef Georg »Das Oberammergauer Passionsspiel. Erbe und Auftrag«. EOS Verlag Erzabtei St. Ottilien, St. Ottilien 1990

Wir danken allen Verlagen für die Abdruckgenehmigung. Trotz intensiver Recherche konnten wir dennoch nicht alle Rechteinhaber ausfindig machen. Wir bitten deshalb, sich diesbezüglich mit dem Verlag in Verbindung zu setzen.

Inhalt

1. Auflage 2000
© A1 Verlags GmbH
Alle Rechte vorbehalten
Satz: Fotosatz Kretschmann GmbH, Bad Aibling
Typographie, Titelentwurf und Gestaltung: Konturwerk, Herbert Woyke
Titelabbildung: Andy Warhol »The Last Supper«,
mit freundlicher Genehmigung der Artist Rights Society, New York

Bildnachweis:
Gemeinde Oberammergau (S. 20/Korbinian Christa, S. 31/F. Bruckmann A.-G., S. 34/Pressefoto A. Modl,
S. 37/Thomas Klinger, S. 48, S. 72/Concess. Kunstverlag Leo Schweyer, S. 94, S. 112, S. 129/Stone/Reichsbahn-
zentrale für den Deutschen Reiseverkehr, S. 146/Traut/Bruckmann, S. 156/Siegbert Bauer, S. 168, S. 210,
S. 218/219/Pressefoto A. Modl, S. 220/Presse- und Informationsamt der Bundesregierung/Bundesbildstelle,
S. 232, S. 236, S. 242/European & Overseas Photo-Agency, S. 243/H. Kronburger, S. 248/249)
Volker Derlath (S. 8/9, S. 15, S. 16/17, S. 18, S. 26, S. 41, S. 42, S. 49, S. 52/53, S. 60, S. 82, S. 89, S. 107,
S. 108/109, S. 114, S. 143, S. 144/145, S. 147, S. 161, S. 167, S. 188/189, S. 190, S. 192, S. 195, S. 278, S. 285,
S. 286/287, S. 289-292)
dpa (S. 59, S. 177/Gobel, S. 260/Frank Mächler, S. 273/Frank Leonhardt)
Robert M. Wilson (S. 293-297)
Matthäus Merian/Baseler Totentanz (S. 54, S. 58)
Christina Garcia Rodero (S. 196)
Staatsarchiv München, LRA 5457 (S. 90)
Leonardo da Vinci (S. 281/Louvre Paris)
Trotz sorgfältiger Recherche ließen sich nicht alle Inhaber von Bildrechten ermitteln.
Für Hinweise wenden Sie sich bitte an den Verlag

Druck und buchbinderische Verarbeitung: Friedrich Pustet, Grafischer Großbetrieb, Regensburg
Papier: 100 g/m² Munken Pure
Umschlagüberzug: 120 g/m² Cotton Wove von Fedrigoni
Gesetzt aus der 10,5/12,4 Punkt Rotis Semi Serif regular
Printed in Germany
ISBN 3-927743-49-6

Die Deutsche Bibliothek – CIP-Einheitsaufnahme

Ein Titeldatensatz für diese Publikation ist bei der Deutschen Bibliothek erhältlich.